高等职业教育教材

高速铁路通信信号设备维护

主　编　李俊娥
副主编　付海燕　罗明玉
主　审　张仕雄

中国铁道出版社
2010年　北京

内 容 简 介

本教材的编写基于高速铁路通信信号设备维护的实际工作过程，系统阐述了高速铁路通信信号设备的基本知识、基本概念、基本工作原理及其使用与维护的基本技能。

教材内容编排基于任务驱动、项目导向，共分为高速道岔转换设备、客专 ZPW-2000A 轨道电路设备、DS6-K5B 计算机联锁设备、应答器与地面电子单元 LEU、LKD2-T2 型列控中心设备、无线闭塞中心(RBC)设备、FZK-CTC 分散自律调度集中设备、TSR 临时限速设备、CTCS-3 级列控车载设备(ATP)及铁路综合数字移动通信系统(GSM-R)等十个项目。

本教材为铁路高职高专职业教育的教学用书，也可作为铁路技术人员、技术工人培训教材及对高速铁路通信信号有兴趣的相关人员学习参考。

图书在版编目(CIP)数据

高速铁路通信信号设备维护 / 李俊娥主编．—北京：中国铁道出版社，2010.9

高等职业教育教材

ISBN 978-7-113-11814-3

Ⅰ.①高…　Ⅱ.①李…　Ⅲ.①高速铁路—铁路信号—信号设备—维修—高等学校：技术学校—教材　Ⅳ.①U284.92

中国版本图书馆 CIP 数据核字(2010)第 163007 号

书　　名：高速铁路通信信号设备维护
作　　者：李俊娥　主编

责任编辑： 武亚雯　朱敏洁　**电话：** 010-51873134　**电子信箱：** zhuminjie_0@163.com　**教材网址：** www.tdjiaocai.com
封面设计： 郑春鹏
责任校对： 孙　玫
责任印制： 陆　宁

出版发行： 中国铁道出版社（100054，北京市宣武区右安门西街 8 号）
网　　址： http://www.tdpress.com
印　　刷： 三河兴达印务有限公司
版　　次： 2010 年 9 月第 1 版　2010 年 9 月第 1 次印刷
开　　本： 787mm×1092mm　1/16　印张：10.75　字数：256 千
书　　号： ISBN 978-7-113-11814-3
定　　价： 25.00 元

前言

qianyan

高速铁路具有全天候、大运能、高速度、舒适安全、低能耗、轻污染、成本低、占地少，投资省、效益高等特点，发展高速铁路可为社会、经济发展提供强大支撑。

中国“城市群”在经济地图上的崛起，需要高速铁路网络的配套。按照我国《中长期铁路网规划》，“十一五”期间，中国通过建设高速铁路客运专线、发展城际客运轨道交通和既有线提速改造，初步形成以高速铁路客运专线为骨干，连接全国主要大中城市的快速客运网络。到2020年，中国每小时200公里及以上时速的高速铁路，建设里程将超过1.8万公里，占世界高速铁路总里程的一半以上。中国高速铁路不仅填补了中国运输体系中的缺失，而且在中国经济发展中也具有非常重要的战略意义。

由于高速铁路具有运行速度高，行车密度大等特点，其安全性一直是铁路行业乃至全社会关注的焦点。铁道通信信号设备是保证铁路运输安全和效率的耳目，随着铁路运输向重载、高速、高密度的方向发展，大量的新技术、新工艺、新材料、新设备在铁道通信信号系统中得到了广泛的运用，大幅度提高了铁道通信信号的装备水平，极大提高了高速铁路的行车安全水平，也对使用及维护人员的专业素质提出了更高的要求。

本教材的编写，基于铁路现场实际工作过程，以专业知识为主要内容，以提高职业技能为核心。在内容的组织编排上，强调实训任务的针对性、实用性和有效性，通过项目驱动技能训练，旨在培养系统掌握高速铁路通信信号技术，建设、维护及管理高速铁路通信信号各项设备设施的高技能人才。

本教材由湖北省教育厅2008年度重点科研项目《国家高速铁路实训基地“铁道通信信号”专业实训方案的研究》课题组编写。武汉铁路职业技术学院李俊娥主编，武汉铁路局付海燕、武汉铁路职业技术学院罗明玉副主编，武汉铁路职业技术学院张仕雄主审。

本教材在编写过程中，得到了北京全路通信信号设计研究院、铁道第四勘测设计有限责任公司、武汉铁路局等单位的大力支持并提供了相关编写资料，在此深表感谢！

由于编者水平有限、时间仓促、资料收集不全，书中难免有疏漏和错误之处，恳请广大读者批评指正。

编　者
2010 年 7 月

目录

mulu

项目一 高速道岔转换设备 ………… 1
知能目标 ………… 1
知能链接 ………… 1
操作实践 ………… 11
【任务1】S700K型转辙机的安装使用维护 ………… 11
【任务2】ELP-319型密贴检查器的安装调整及维护 ………… 13
【任务3】钩式外锁闭装置的安装调整及维护 ………… 14
【任务4】ZYJ7型电液转辙机的安装与调整 ………… 16
【任务5】S700K型及ZYJ7型转辙机机械装置的检修 ………… 18
【任务6】S700K型及ZYJ7型转辙机的测试 ………… 20
【故障案例A】S700K型转辙机故障案例 ………… 20
【故障案例B】ZYJ7型转辙机故障案例 ………… 22
自我检测 ………… 23
项目二 客运专线ZPW-2000A型轨道电路设备 ………… 24
知能目标 ………… 24
知能链接 ………… 24
操作实践 ………… 37
【任务1】ZPW·F-K型发送器的安装调试与维护 ………… 37
【任务2】ZPW·F-K型发送器的测试 ………… 40
【任务3】ZPW·J-K型无绝缘接收器的安装调试与测试 ………… 42
【任务4】ZPW·RS-K型衰耗冗余控制器的安装调试与测试 ………… 46
【任务5】ZPW·ML-K型网络盘的安装调试与测试 ………… 48
【任务6】ZPW·PT型匹配单元的安装使用与维护 ………… 52
【任务7】ZPW·PT型匹配单元测试 ………… 53
【任务8】ZPW·XKD空芯线圈的安装与维护 ………… 56
【任务9】ZPW·BPLN站内匹配变压器的安装维护与测试 ………… 57
【任务10】客专ZPW-2000A轨道电路室外设备的在线测试 ………… 59
【故障案例A】客专ZPW-2000A轨道电路设备故障案例 ………… 63
自我检测 ………… 63
项目三 DS6-K5B计算机联锁设备 ………… 64
知能目标 ………… 64
知能链接 ………… 64

操作实践 …… 73
【任务 1】DS6-K5B 联锁系统的操作与维护 …… 73
【故障案例 A】DS6-K5B 联锁设备故障案例 …… 75
自我检测 …… 80
项目四 应答器与地面电子单元 LEU …… 81
知能目标 …… 81
知能链接 …… 81
操作实践 …… 83
【任务 1】应答器与 LEU 的安装与维护 …… 83
【故障案例 A】应答器与 LEU 设备故障案例 …… 89
自我检测 …… 90
项目五 LKD2-T2 型列控中心设备 …… 91
知能目标 …… 91
知能链接 …… 91
操作实践 …… 97
【任务 1】LKD2-T2 型列控中心设备的操作与维护 …… 97
【任务 2】LKD2-T2 型列控中心设备的故障处理 …… 99
【故障案例 A】LKD2-T2 型列控中心设备故障案例 …… 100
自我检测 …… 103
项目六 无线闭塞中心(RBC)设备 …… 104
知能目标 …… 104
知能链接 …… 104
操作实践 …… 107
【任务 1】无线闭塞中心(RBC)设备的维护 …… 107
【故障案例 A】无线闭塞中心(RBC)设备故障案例 …… 108
自我检测 …… 109
项目七 FZK-CTC 分散自律调度集中设备 …… 110
知能目标 …… 110
知能链接 …… 110
操作实践 …… 117
【任务 1】FZK-CTC 分散自律调度集中设备的维护 …… 117
【故障案例 A】FZK-CTC 型分散自律调度集中设备故障案例 …… 120
自我检测 …… 121
项目八 TSR 临时限速设备 …… 122
知能目标 …… 122
知能链接 …… 122
操作实践 …… 126

【任务1】TSR临时限速设备的维护 …… 126
【故障案例A】TSR临时限速设备故障案例 …… 126
自我检测 …… 127
项目九　CTCS-3级列控车载设备(ATP) …… 128
知能目标 …… 128
知能链接 …… 128
操作实践 …… 133
【任务1】列控车载设备(ATP)的检修 …… 133
【任务2】列控车载设备(ATP)的校正维护 …… 136
【故障案例A】上电测试故障案例 …… 139
【故障案例B】驾驶室激活测试故障案例 …… 144
自我检测 …… 145
项目十　铁路综合数字移动通信系统(GSM-R) …… 146
知能目标 …… 146
知能链接 …… 146
操作实践 …… 151
【任务1】GSM-R系统设备的维护 …… 151
【任务2】GSM-R系统设备的故障处理 …… 154
【任务3】GSM-R系统的网络优化 …… 158
【故障案例A】GSM-R系统设备故障案例 …… 159
【故障案例B】GSM-R业务故障案例 …… 162
自我检测 …… 163
参考文献 …… 164

项目一　高速道岔转换设备

道岔是实现机车车辆转线运行的轨道设备。根据《中长期铁路网规划》，到 2020 年我国将建成客运专线 1.8 万 km 以上，共需时速 250 km 以上的高速道岔约 7 000 多组，总投资达 250 多亿元。

客运专线高速道岔由道岔本身、岔枕及转换设备三部分组成。转换设备一般包括转辙机、外锁闭、安装装置和密贴检查器四部分，对道岔的正常使用起着至关重要的作用。目前，客运专线采用 S700K 型、ZD9 型、ZYJ7 型三种转辙机。

本项目主要介绍客运专线高速道岔转换设备的结构、功能及原理，重点阐述对其的安装使用，维护及常见故障的分析与处理的知识与技能。

知能目标

1. 高速道岔转换设备的认知。
2. 理解高速道岔转换设备的工作原理。
3. 能按要求安装、调整及维护转换设备。
4. 高速道岔转换设备常见故障的分析与对策。

知能链接

一、高速道岔转换设备技术要求

客运专线 60 kg/m 钢轨 18 号道岔尖轨长度为 21.45 m、42 号道岔尖轨长度为 44.24 m。当温度变化时，尖轨伸缩量比较大，外锁闭机构要适应尖轨大伸缩量要求；42 号道岔辙岔部位采用了双肢弹性可弯结构，心轨采用水平藏尖结构，要求外锁闭结构适应辙岔的新结构；42 号道岔尖轨设置了六个牵引点，要采用多点多机牵引，以实现大号码道岔的转换同步。为此，转换设备要满足以下技术要求。

(1)符合故障—安全原则。

(2)采用多点多机的牵引方式。

(3)外锁闭能满足大号码道岔尖轨大伸缩量要求。

(4)道岔尖轨锁闭方式采用分动钩形外锁闭方式。

(5)道岔心轨锁闭方式采用钩形外锁闭方式。

(6)转换设备适用于左开、右开道岔。

(7)转换设备满足转辙机在道岔左侧及右侧的安装。

(8)转换设备设置绝缘，满足轨道绝缘要求。

(9)转辙器第一、二牵引点间、第二、三牵引点间、第三、四牵引点间、第四、五牵引点间设置密贴检查器,检查牵引点间尖轨与基本轨的密贴状况。

二、道岔转换设备的结构及工作原理

(一)道岔转换设备概述

当列车或车列需由一条轨道线路转至另一条轨道线路时,就必须改变道岔的位置,为改变道岔位置所用的设备即为道岔转换设备。

道岔锁闭是把道岔可移动的部件(尖轨或心轨)固定在某个开通位置,当列车通过,不因外力的作用而改变。

道岔按其锁闭方式可分为内锁闭和外锁闭两种。内锁闭方式锁闭道岔是对道岔可动部分进行间接锁闭,当道岔由转辙机带动转换至某个特点位置后,转辙机通过其内部器件将道岔锁闭,由转辙机动作杆经外部部件对道岔实现位置固定,使其不因震动等外力而发生位移,即锁闭道岔。若道岔由转辙机带动转换至某个特点位置后,通过本身所依附的锁闭装置,直接把尖轨与基本轨(或心轨与翼轨)密贴夹紧、固定,即为道岔的外锁闭,实现这种锁闭方式的设备就称为外锁闭装置。由于道岔两根尖轨之间没有连接杆,在道岔转换过程中,两根尖轨是分别动作的,故称为分动外锁闭道岔。

S700K 型、ZD9 型、ZYJ7 型转辙机主要完成转换道岔尖轨或心轨,锁闭尖轨或心轨在某一个特定的位置,并不间断地监督尖轨或心轨工作状态的功能。

(二)S700K 型电动转辙机及 ELP-319 型密贴检查器

S700K 型电动转辙机采用三相交流 380 V 电源,可以操纵各种型号和规格的道岔,适用于尖轨或可动心轨处采用外锁闭的道岔。也能在一定条件的无外锁闭道岔上使用,例如线路允许的列车速度较低时。此外,它还能操纵脱轨器以及吊桥、旋桥或闸门等栓锁装置。其型号解释如下所示。

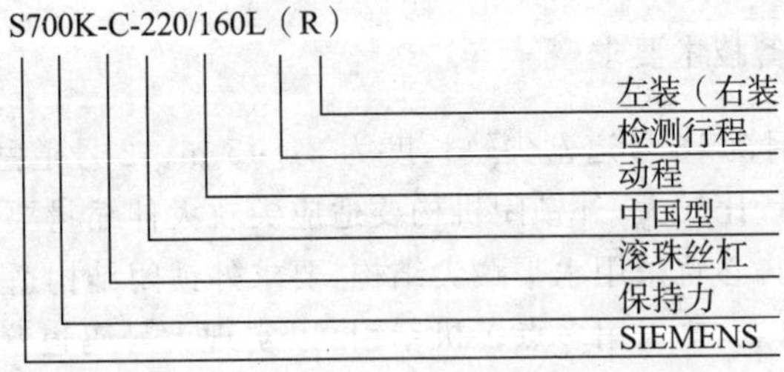

1. S700K 型电动转辙机的分类

S700K 型电动转辙机规格品种齐全,不仅能满足道岔尖轨、可动心轨的单机牵引,还能满足多机牵引的需要。S700K 型电动转辙机机身通用,经配件组装,可组成不同种类。按安装位置的不同,可分为左装右开及右装左开两种。安装位置的确定,是当操作人员面对尖轨或心轨时,转辙机安装在线路左侧的,即为左装;转辙机安装在线路右侧的,即为右装。当面对转辙机的安全开关锁时,动作杆由左侧伸出的,称为左开;动作杆由右侧伸出的,称为右开。由此可知,S700K 型电动转辙机可分为尖轨左装右开型、心轨左装右开型,尖轨右装左开型、心轨右装左开型。

2. S700K 型电动转辙机的组成

S700K 型－C 型电动转辙机主要由外壳部分、动力传动机构、检测和锁闭机构、安全装置、配线接口五大部分组成，如图 1-1 所示，具体如下。

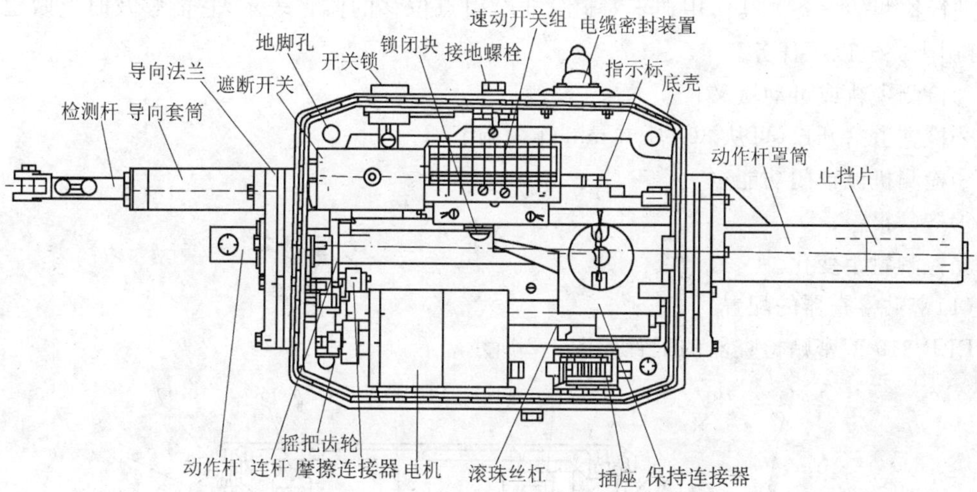

图 1-1　S700K 型电动转辙机结构图

(1)外壳部分。主要由铸铁底壳、机盖、动作杆套筒、导向套筒、导向法兰等四部分组成。

(2)动力传动机构。主要由三相交流电机、齿轮组、摩擦连接器、滚珠丝杠、保持连接器、动作杆等六部分组成。

(3)检测和锁闭机构。主要由检测杆、叉形接头(用于内外检测杆的连接)、速动开关组、锁闭块和锁舌、指示标等五部分组成。

(4)安全装置。主要由开关锁、遮断开关、连杆、摇把孔挡板等四部分组成。

(5)配线接口。主要由电缆密封装置、接插件插座两部分组成。

3. S700K 型电动转辙机的工作原理

S700K 型电动转辙机传动机构的工作过程如下。

电动机的转动通过减速齿轮组，传递给摩擦连接器→摩擦连接器带动滚珠丝杠转动→滚珠丝杠的转动带动丝杠上的螺母水平移动→螺母通过保持连接器经动作杆、锁闭杆带动道岔转换→道岔的尖轨或心轨经外表示杆带动检测杆移动。

S700K 型电动转辙机的动作可分为解锁过程(先断开表示，后机械解锁)，转换过程，锁闭道岔及接通表示接点(先机械锁闭，后接通表示电路)三个过程。

动作程序为断表示→解锁→转换→锁闭→给出另一位置表示。现以 220 mm 动程的 S700K 型电动转辙机为例说明。

电动机转动→中间齿轮传递→摩擦连接器→带动滚珠丝杠转动，同时丝杠螺母移动→操纵板将锁闭块顶入，切断原来表示→锁舌缩入，解锁→滚珠丝杠螺母带动保持连接器→外锁闭开始解锁→当动作杆移动约 60 mm 时，外锁闭解锁完毕→道岔开始转换→当动作杆动程达到 220 mm 时，内表示杆缺口对准锁闭块，锁闭块弹出进入表示杆缺口，锁舌伸出→切断启动电路，接通表示。

此外，S700K 型具有表示电路自检锁闭功能。如当卡缺口时，锁舌伸不出来就不能接通表示电路。

4. ELP-319 型密贴检查器

ELP-319 型密贴检查器与 S700K 型电动转辙机配套上道使用，是一种用于对铁路道岔的终位进行检测的设备。其作用在于对道岔非牵引点位移的监督表示，它能够及时反映道岔工况，可用来完成以下任务。

①检测尖轨或可动辙叉；

②检查道岔开口(可从 30～190 mm 连续调节)；

③检测机械锁闭功能；

④挤岔报警；

⑤检测轨距变化。

(1)密贴检查器的配置

ELP-319 型密贴检查器的配置如图 1-2 所示。

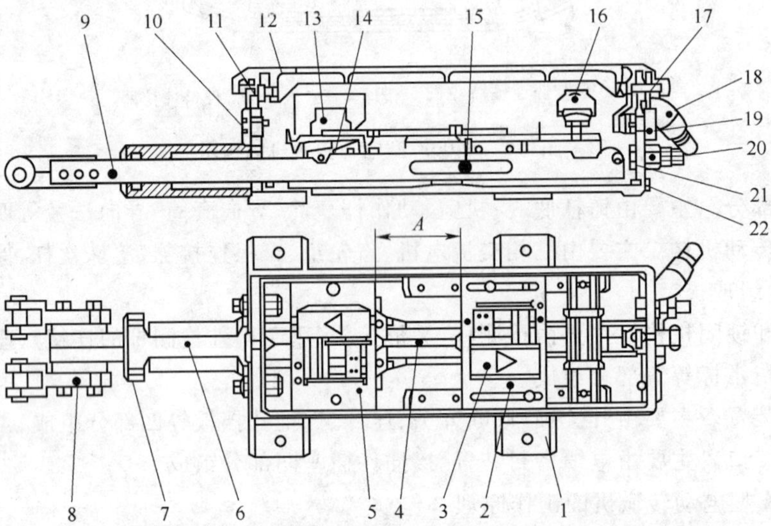

图 1-2　ELP-319 型密贴检查器的配置

1—外壳；2—可动接点座；3—速动开关组；4—螺杆；5—固定接点座；6—导套；7—杆衬垫；8—绝缘叉头；9—检测杆(带凹口)；10—通风口；11—卡块；12—盖子；13— 限位开关；14—摇杆；15—导架；16—端子；17—压紧螺钉(如带星形手轮)；18—电缆接头；19—内置锁(如要求)；20 —接地端子；21—止动销；22—排水螺丝

固定接点座用来检查检测杆处于“缩入”位置时的尖轨状况，可动接点座用来检查检测杆处于“伸出”位置时的尖轨状况。检测杆带有柱销、限位销以及连接表示拉杆的绝缘叉形接头，检测杆和可动接点座能适应 30～190 mm 尖轨行程的检测要求，2 个检测杆与尖轨相连时，应注意在检测点处 2 尖轨的差动量不大于 70 mm。柱销保证 2 检测杆能够连动，柱销连动是用于表示拉杆折断时报警的结构。

(2)密贴检查器的工作原理

ELP-319 密贴检查器的检测系统由 2 个检测杆与 2 个接点座组成。由于张开的尖轨所允许位移比密贴尖轨的允许位移大，所以在每个检测杆上开有大小不同的 2 个凹槽，并使一个检测杆的大凹槽与另一个检测杆的小凹槽对应，而其小凹槽与另一杆的大凹槽对应，如图 1-3 所示。与每组大小凹槽对应有接点座，该接点座主要由速动开关、开关架和托架组成。托架上的滚轴可以围绕固定轴摆动。在弹簧的作用下，滚轴落下，如图 1-4(a)所示，此时速动开关的 1、2 接点导通，3、4 接点断开。如果滚轴被检测杆顶起，它将带动开关的操纵杆上升，使原来导通的 1、2 接点被断开，而原来断开的 3、4 接点则被接通，如图 1-4(b)所示。轨距发生变比时，密贴尖轨的位置将随之变化。当位移量超过所调的检测精度时，由于小凹槽的移动，凹槽斜面将逐渐顶起滚轴，从而断开接点座的表示接点；同样，当张开的尖轨偏离其原先位置过多时，由于与之相连的检测杆大凹槽的相应移动，也会顶起滚轴、从而断开表示接点，切断原表示电路。

当发生挤岔时，张开尖轨其位置将首先变化。大凹槽位移后，当滚轴被顶起时，原表示电路即被切断，给出报警。如果尖轨和密贴检查器之间有一根拉杆折断，在下次转换时，柱销则处于滑移位置，从而防止定位或反位下显示“尖轨位置正常”。

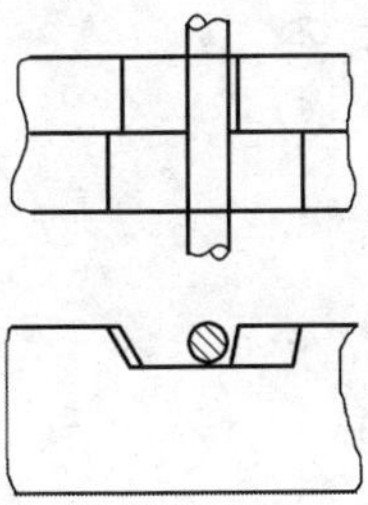

图 1-3 滚轴与检测杆的大小凹槽

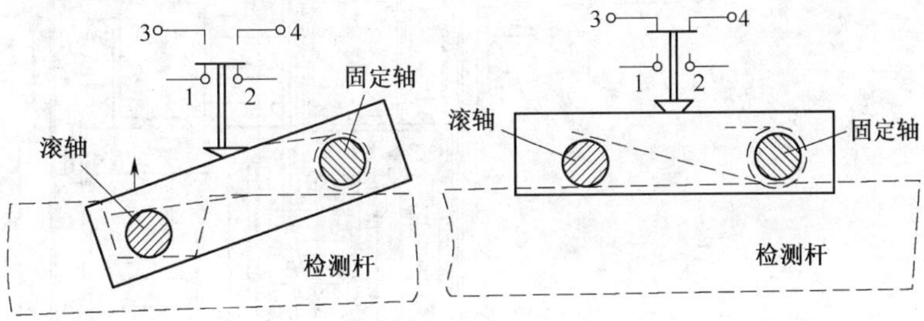

(a) (b)

图 1-4 滚轴与速动开关

(三)ZYJ7 型电液转辙机及 SH6 液压转换锁闭器结构与工作原理

液压传动是用液体作为工作介质来传递能量的。油压传动是液压传动的一种，是利用油液的压力来传递能量。ZYJ7 型电液转辙机，使用 380V 交流电源作为驱动力，驱动三项电动机，带动油泵输出高压油，送入油缸。活塞杆固定不动，油缸运动，带动动作及表示装置工作，实现道岔的转换和锁闭，并反映道岔的状态。

ZY(J)系列电动液压转辙机及其配套的安装装置与外锁闭装置，能转换、锁闭国内现有各种规格、型号的内、外锁闭道岔，并能正确反映尖轨及可动心轨辙叉的位置和状态。

ZYJ7 型电液转辙机由主机和副机两部分组成，副机即为 SH6 型转换锁闭器，主、副机分别用于第一，第二、第三等牵引点，并共用一套动力系统，两者之间靠油管连接传输动力。其型号与含义如下所示。

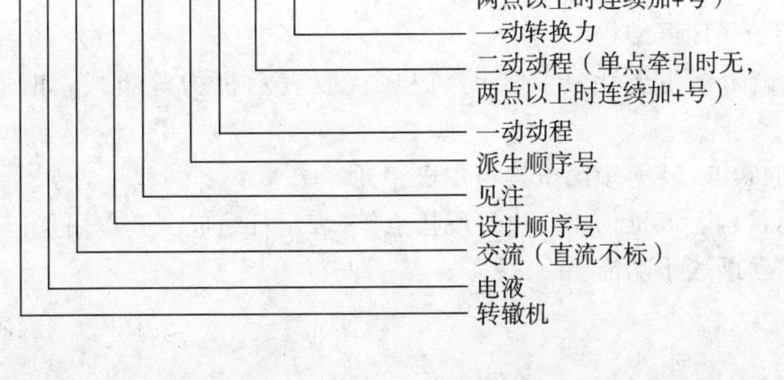

1. ZYJ7 型电液转辙机结构

ZYJ7 型电液转辙机主要由动力机构，转换锁闭机构，表示锁闭机构等组成，如图 1-5 所示。

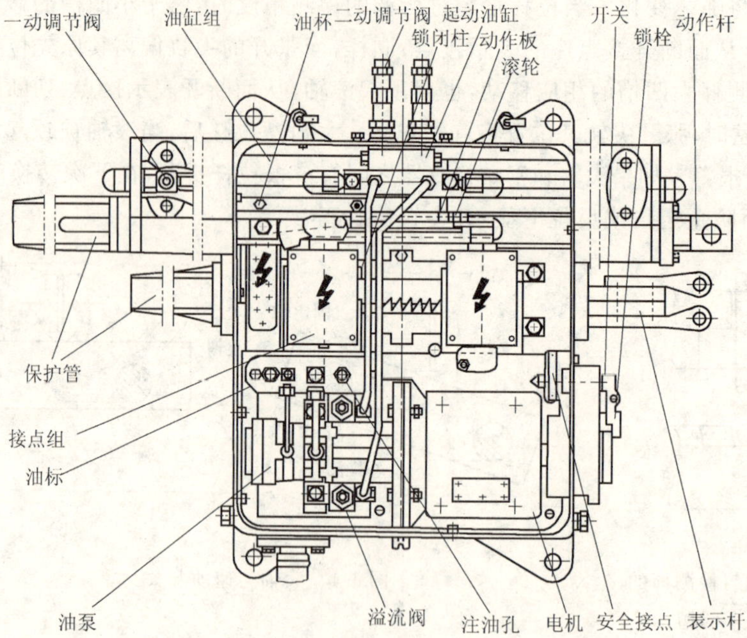

图 1-5 ZYJ7 型电液转辙机结构示意图

(1)动力机构。该机构主要由电机、联轴器、油泵、油管、单向阀、滤芯、溢流阀及油箱组成，用来完成将电能变为液压能的功能。

(2)转换锁闭机构。该机构主要由油缸、推板、动作杆、锁块、锁闭铁组成。其作用是转换并锁闭尖轨或心轨在终端位置，且锁闭尖轨或心轨后应能承受 98 kN 的轴向锁闭力。

(3)表示锁闭机构。该机构主要由接点组、锁闭杆组成。其作用是正确反映尖轨或心轨状态并锁闭尖轨或心轨在终端位置，且锁闭尖轨或心轨后应能承受 30 kN 的轴向锁闭力。

(4)手动安全机构(遮断器)。手动安全机构的作用是手摇电机扳动道岔前，可靠切断电机动作电源(即只有断开安全接点才能插入手摇把)，且非经人工恢复，不能接通电机动作电源。

2. SH6 型转换锁闭器结构

SH6 型转换锁闭器主要由转换锁闭机构、挤脱表示机构等组成，如图 1-6 所示，具体如下。

(1)转换锁闭机构。转换锁闭机构与主机相同。

(2)挤脱表示机构。该机构主要由挤脱接点组、表示杆组成。其作用是正确反映尖轨或心轨状态，且具有挤岔断表示功能。

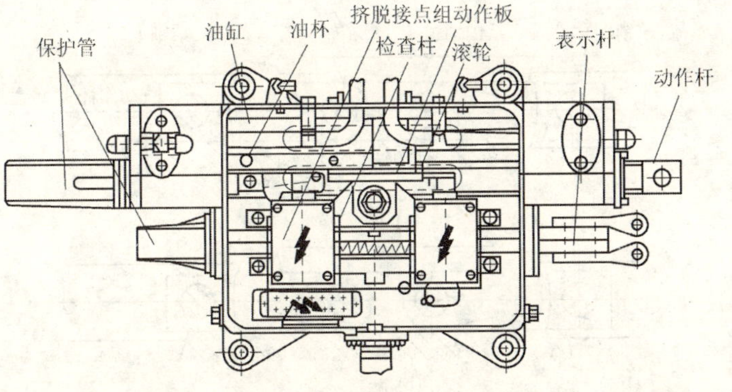

图 1-6 SH6 型转换锁闭器结构示意图

3. 油路系统

ZYJ7 型电动液压转辙机油路系统如图 1-7 所示，主要由油管、单向阀、滤芯、溢流阀及油箱组成，其作用是将液压能传输给执行机构。

本系统为闭环系统，当电机带油泵逆时针旋转时，油泵从油缸右侧腔吸入油，泵出的油使油缸左腔体积膨胀，油缸（主、副）向左侧移动。当油缸到位停止动作时，接点系统断开启动电源，接通新的表示电路。当因故不能到位时，泵从油箱经右边单向阀吸入油，泵出的油经左侧的滤油器和溢流阀回到油箱。

反之，电机顺时针旋转时，动作情况与上述相反。为改善交流电机的启动特性，油缸并联了启动缸。另外，主机、副机进出油缸之处加装了流量调节阀，用于调节主机和副机在转换道岔时实现近似同步动作。

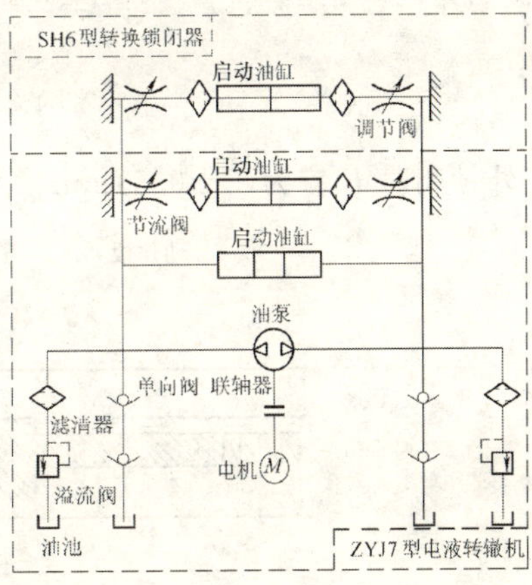

图 1-7 ZYJ7 型电动液压转辙机油路系统图

4. ZYJ 系列电液转辙机机械动作原理

(1)转换锁闭机构动作原理

电机经联轴器带动油泵顺时针方向旋转，由于活塞杆固定不动，使油缸向右动作，油缸侧面的推板接触反位锁块[如图 1-8(a)所示]后，油缸继续向前移动时，通过推板和反位锁块带动动作杆向右移动，同时定位锁块开始解锁，当油缸走完解锁动程后，反位锁块和定位锁块处于锁闭铁和推板的间隙内，油缸继续通过推板和反位锁块带动动作杆向右移动[如图 1-8(b)所示]，当动作杆继续移动到反位锁块与锁闭铁的锁闭面将要作用时，开始进入锁闭过程，继续向右移动 15.2 mm，将反位锁块推入锁闭铁的反位锁闭面，此时，动作杆的行程为 7.6 mm，因此，在此动程内，动作杆上的转换力可增加一倍，油缸继续向右移动，动作杆不动作，油缸侧面的推板进入反位锁块的锁闭面，进入锁闭状态[如图 1-8(c)所示]。

(2)表示锁闭机构动作原理

当油缸向右移动，动作板的斜面推动接点组转换，断开原表示接点，油缸继续向前移动接近锁闭时，接点组的启动片在接点组拉簧的动作下快速掉入动作板上速动片圆弧内，快速切断电源，接通反位表示（动作板、速动片、启动片动作关系如图 1-9 所示），同时锁闭柱插入锁闭杆缺口内（如图 1-10 所示），锁闭柱在锁闭杆缺口内的间隙为 L，内锁时 L 应为(1.5±0.5)mm，

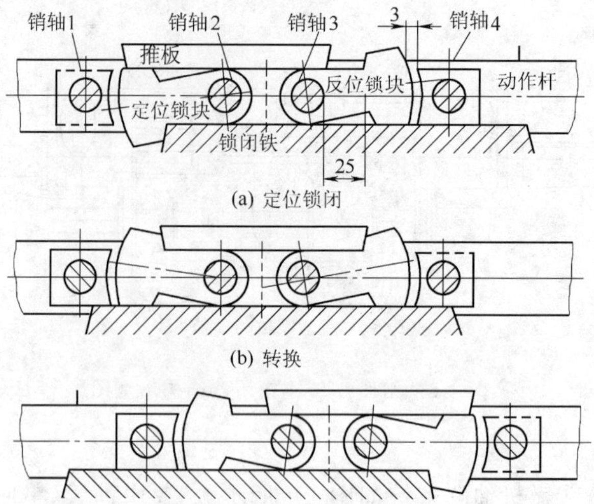

(a) 定位锁闭

(b) 转换

(c) 反位锁闭

图 1-8 转换锁闭机构解锁、转换及锁闭过程

外锁闭时 L 应为(2±0.5)mm。

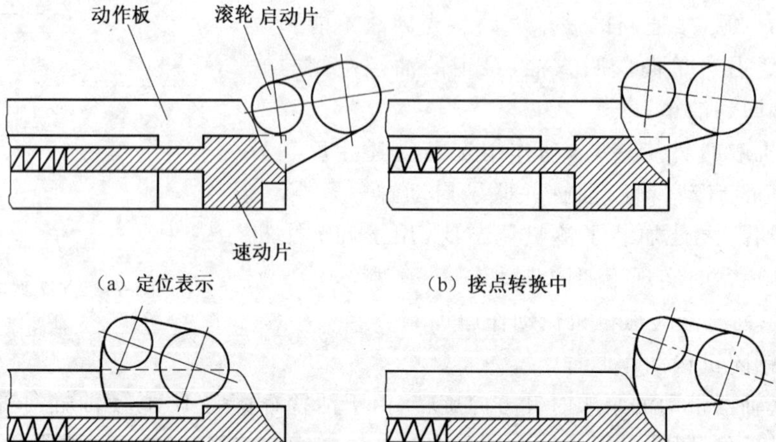

(a) 定位表示

(b) 接点转换中

(c) 接点在动作位

(d) 接点即将由动作位快速转换至表示位

图 1-9 动作板、速动片、启动片动作关系

(3)挤脱表示机构动作原理

当电液转辙机处于锁闭位尖轨被挤并超过规定挤脱力时，通过动作拉杆(或密贴调整杆)带动动作杆向右移动[如图 1-11(b)所示]，动作杆通过锁块推动锁闭铁一起向右移动，锁闭铁顶起挤脱块；由于尖轨移动，通过表示拉杆带动转辙机的表示杆向右移动使检查柱抬起切断表示；检查柱在表示杆缺口内两侧间隙为(4±1.5)mm，检查柱插入表示杆缺口内时的情况，如图 1-12 所示。

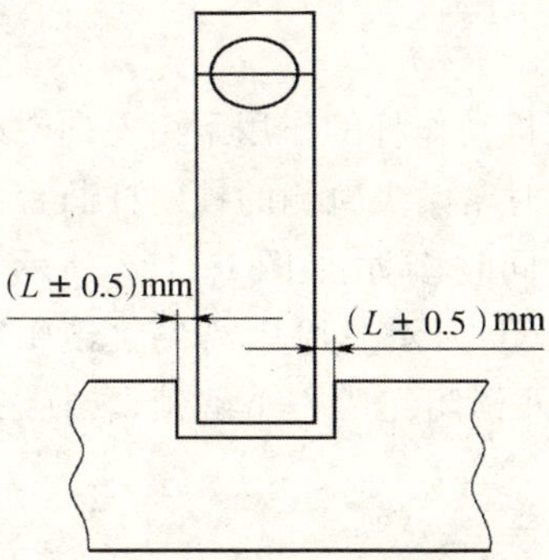

图 1-10　锁闭杆锁闭及锁闭缺口位置示意图

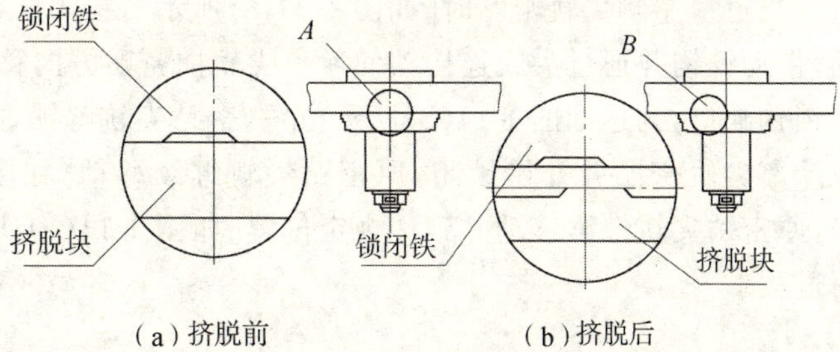

图 1-11　挤脱前、后位置示意图

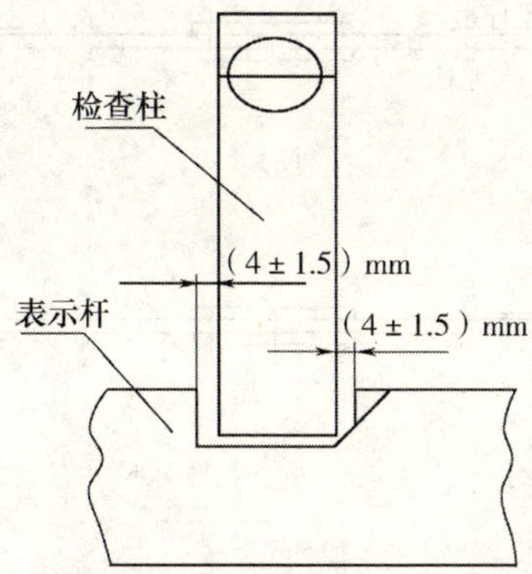

图 1-12　表示杆表示及检查缺口位置示意图

三、钩形外锁闭装置

钩形外锁闭装置由锁闭框、锁闭铁、调整片和锁闭杆导向销，尖轨连接铁，锁钩和锁闭柱四部分组成。尖轨及心轨钩锁结构分别如图 1-13、图 1-14、图 1-15 所示。

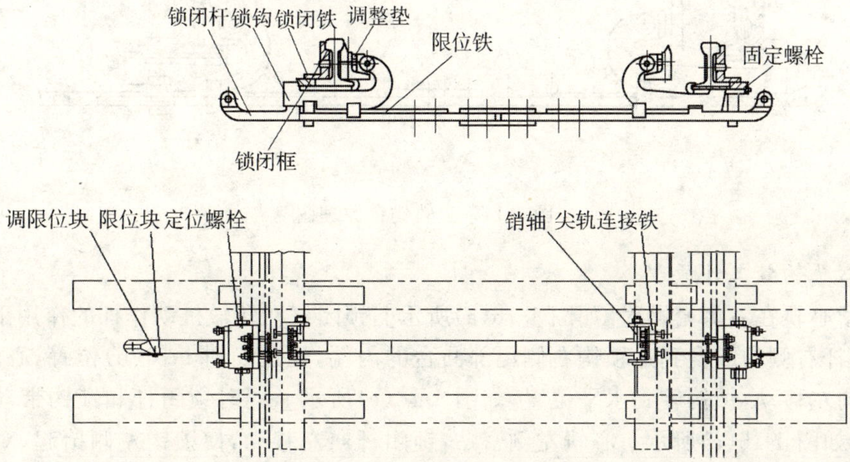

图 1-13　尖轨钩锁结构图

(一)尖轨钩锁工作原理

当道岔左侧尖轨密贴时[如图 1-14(a)所示],锁闭杆在转辙机动作杆的作用下由左向右移动,带动锁钩并通过尖轨连接铁使斥离尖轨向密贴方向移动;同时密贴尖轨侧的锁闭杆凸台滑入锁钩缺口,到达如图 1-14(b)所示位置,密贴尖轨解锁,两尖轨同时移动[如图 1-14(c)所示];原斥离尖轨密贴并开始锁闭,原密贴尖轨继续移动[如图 1-14(d)所示];原斥离尖轨锁闭完毕,原密贴尖轨继续移动并到达规定位置[如图 1-14(e)所示],外锁闭完成一个解锁、转换、锁闭过程。

(a)

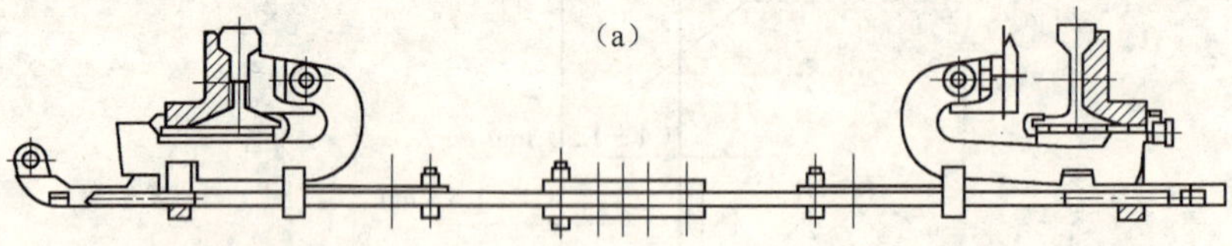

(b)

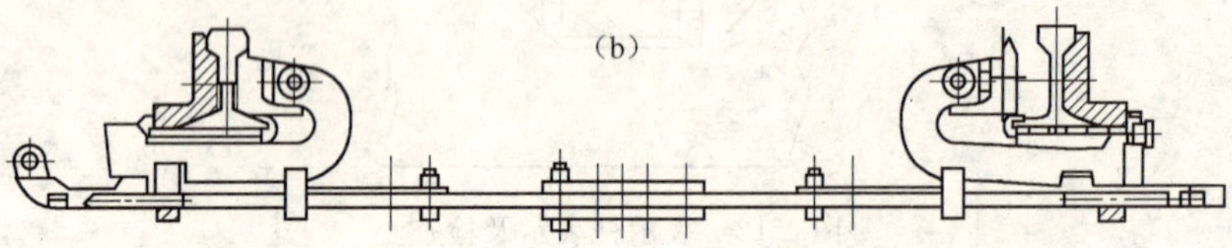

(c)

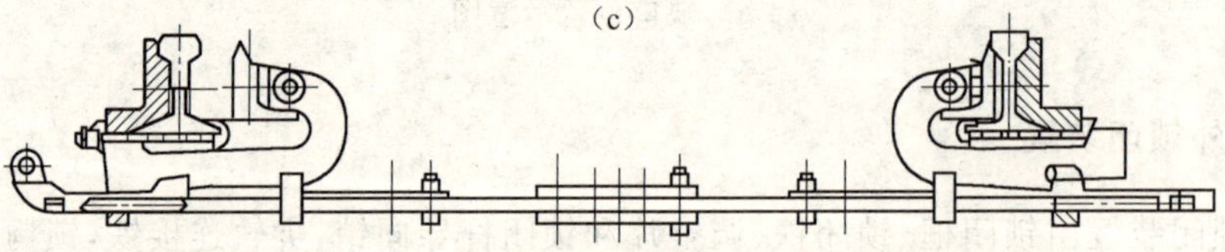

(d)

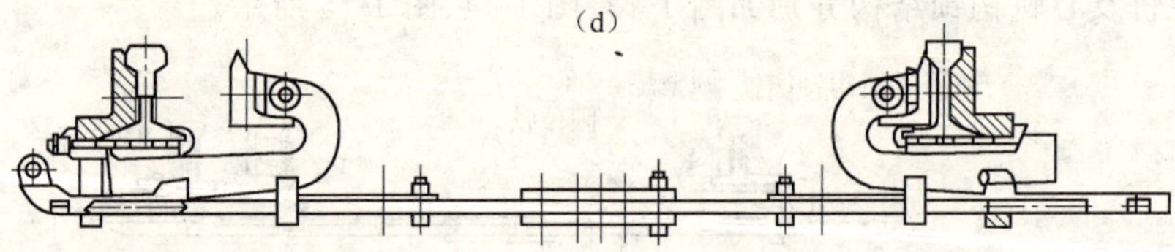

(e)

图 1-14 尖轨钩锁原理图

(二)心轨钩锁工作原理

当道岔心轨在右侧密贴时[如图 1-16(a)所示],锁闭杆在转辙机动作杆的作用下由右向左移动,锁闭杆右侧的凸台到达锁钩右侧尾部凸台的内端,到达如图 1-16(b)位置,心轨解锁,锁闭杆继续向左移动,锁钩转到水平位置[如图 1-16(c)所示],同时锁闭杆和锁钩带动心轨一起向左移动[如图 1-16(c)所示];心轨左侧密贴,锁闭杆向左移动,使锁钩左侧抬起,对心轨进行锁闭;锁闭杆继续向左移动并到达规定位置,锁闭完成[如图 1-16(d)所示];外锁闭完成一个解锁、转换、锁闭过程。

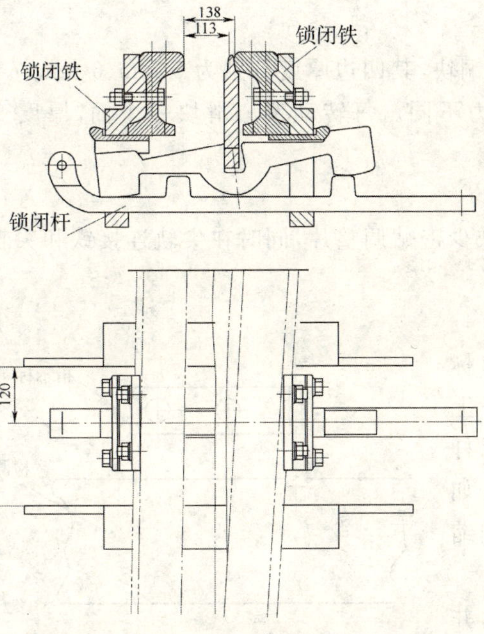

图 1-15 心轨钩锁结构图(单位:mm)

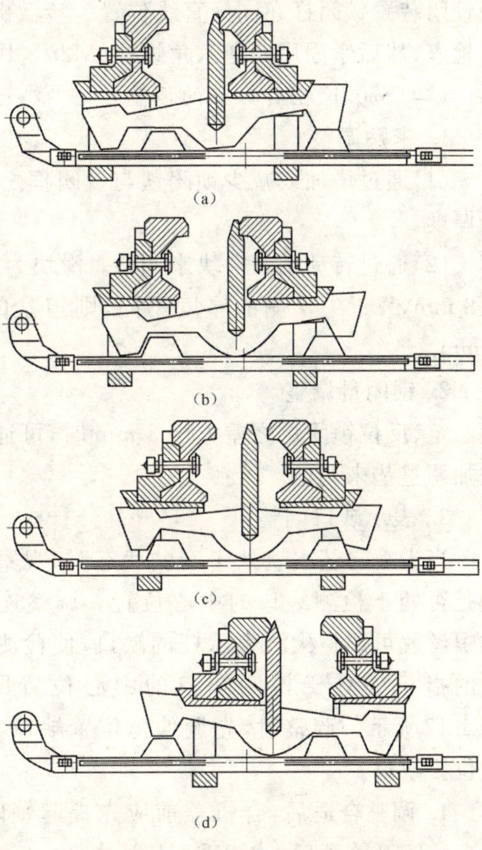

图 1-16 心轨钩锁动作原理图

操作实践

【任务 1】S700K 型转辙机的安装使用维护

一、任务描述

通过安装及调整 S700K 型转辙机,认知 S700K 型转辙机零部件及其作用,掌握 S700K 型转辙机的安装、调整方法及步骤。会按要求对 S700K 型转辙机进行维护。

二、所需设备与工具

S700K 型转辙机、定力矩套筒扳手、专用螺丝刀、拉力测试仪等。

三、操作步骤

(一)S700K 型转辙机的安装

1. 打开开关锁,此时手摇把可以插入摇把齿轮,打开机盖锁。

2. 连接基础托板,但各连接螺栓不要紧固。

3. 调水平。转辙机就位，连接各连接杆。调整基础托板位置使转辙机动作杆、连接杆和外锁闭装置锁闭杆在同一直线位置。转辙机高度可以在转辙机动作杆伸出端和外锁闭杆端进行检查，然后紧固用四个六角螺栓（M20×105）将转辙机固定在安装装置上。

（二）S700K 型转辙机的调整

1. 密贴调整

（1）通过增加或减少锁闭铁与锁闭框之间的调整片来调整。调整片有 1 mm 及 2 mm 两种厚度。

（2）通过转动偏心滑块来调整。滑块为偏心铜块，其四边厚度分别为 5 mm、6 mm、7 mm 及8 mm，靠近尖轨侧的厚度不同，则道岔的压力不同。每转动偏心滑块一个面，厚度变化 1 mm。

2. 锁闭量调整

定、反位锁闭量之差大于 3 mm 时，可通过减少密贴调整片，同时在尖轨连接铁和尖轨将增加调整垫来调整。

3. 表示缺口调整

当尖轨与基本轨处于密贴状态时，观察缺口标记是否处于检测缺口的中心位置。调整连接杆上的螺丝就可调整检测表示杆的缺口，使检测表示杆上的指示表处于检测缺口的中心位置即可，如图 1-17所示。调整时，先调伸出位置缺口，后调缩进位置缺口。

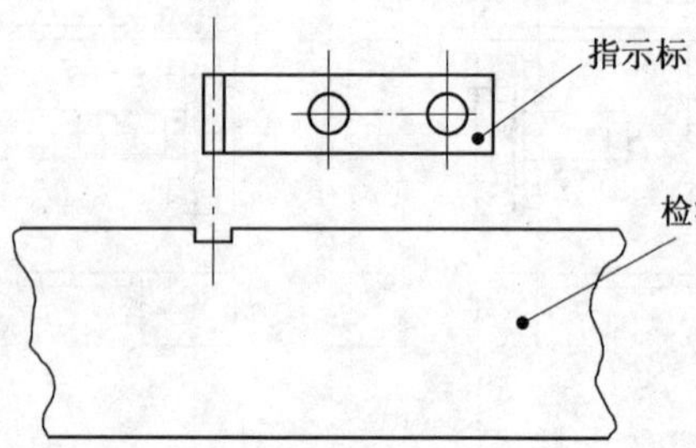

图 1-17 检测表示杆与在缺口中心位置

4. 调整合适后，合机盖前应先提起锁闭销，并反向关闭开关锁后，才能重新接通电源。

注：

1. S700K 型转辙机的开盖步骤。首先，用大钥匙将遮断开关打开，切断供电；其次，用暗锁钥匙打开机盖。

2. S700K 型转辙机机盖密封的调整。上下提拉机盖，检查机盖前后密封情况。如果前面出现旷动量，则将前面的锁栓适量向下调整；如果后面出现旷动量，则将后面的锁栓适量向下调整。

（三）维　　护

S700K 型电动转辙机维护内容及周期参见表 1-1。

表 1-1 S700K 型电动转辙机维护内容及周期

序　号	检修部位	检修内容及标准	油品选用	周　期
1	外观检查	机内外各部螺栓有无松动，开口销齐全，地线端子连接牢固		两个月
2	机内外动作表示杆	机外部分表面注油保证润滑、不锈蚀	润滑油	
3	机盖锁	开闭灵活（锁内注油）	20 号以上干净润滑油	
4	机盖防尘、防水	机内清洁、干燥、无积水、无锈等异物		
5	引线管及机内配线	引线管连接牢固、出线口无磨损，各端子接线牢固无松动、破损		

续上表

序　号	检修部位	检修内容及标准	油品选用	周　期
6	机内零部件	动作正常,无损坏		
7	表示缺口指示标对中	左右偏差小于 1 mm		
8	锁闭块及锁舌的状态检查	将锁舌/锁闭块顶入能够自动弹出、检查是否严重磨损(接点下注油孔及锁舌处注油)	20 号以上干净润滑油	
9	摇把挡板及遮断开关功能检查	开关锁/遮断开关功能良好,遮断器接点弹出长度一致	20 号以上干净润滑油	
10	检测杆注润滑油	机内滑动部分及表面涂油	20 号以上干净润滑油	半　年
11	齿轮表面涂润滑脂	电机齿轮、过轮和摩擦联结器大齿轮表面	专用润滑脂 243(黑油)或铁路二号锂基脂(黄油)	
12	摇把齿轮轴涂润滑脂	轴部加油防锈	20 号以上干净润滑油	
13	动作表示杆齿轮丝杠	无受潮锈蚀、丝杠弯曲	专用润滑脂 243(黑油)	一　年
14	保持联结器的状态检查	锈蚀或非正常过度磨损	20 号以上干净润滑油	
15	电机中间齿轮	需要拆卸给轴承内部加油	专用润滑脂 243(黑油)	

【任务 2】ELP-319 型密贴检查器的安装调整及维护

一、任务描述

通过安装及调整 ELP-319 型密贴检查器,认知其结构组成,掌握安装与调整 ELP-319 型密贴检查器,理解其配置意义。会按要求对 ELP-319 型密贴检查器进行维护。

二、所需设备与工具

ELP-319 型密贴检查器、塑料锤、十字螺丝起子、折尺或类似的量具。

三、操作步骤

(一)安装与调整

1. 在转辙机与道岔相连、并符合要求后,再将密贴检查器与尖轨相连,其安装如图 1-18 所示。无论在道岔左侧或右侧安装,检查器的左检测杆(站在检查器一端,面向钢轨,左手侧)总是与距离远的一根尖轨相连;右检测杆则与距离近的一根尖轨相连。

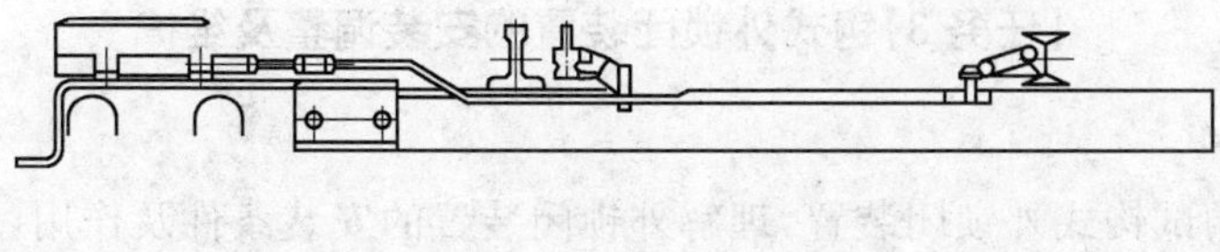

图 1-18　ELP-319 型密贴检查器安装图

2. 根据检测点处尖轨在左右两个终位的开口量平均值,调整 2 接点座的距离,使滚轴落于大凹槽的中间部位附近。

3. 在 2 个终位下，分别细调机外表示拉杆的长度，使小凹槽与滚轴之间有距离 a，如图 1-19所示。此时对密贴尖轨的检测精度为$(a\pm1.5)$mm。a 值的大小决定于对道岔密贴尖轨工况监督要求的高低，一般可在 2.5 mm 左右。

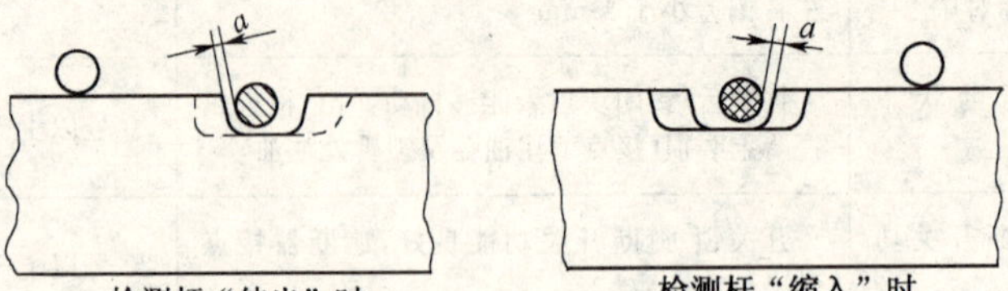

图 1-19 在两个终位下的细调整

（二）维　护

ELP-319 型密贴检查器维护内容及周期见表 1-2。

表 1-2 ELP-319 型密贴检查器维护内容及周期

序　号	检修部位	检修内容及标准	油品选用	周　期
1	外观检查	机内外各部螺栓有无松动，地线端子连接牢固		两个月
2	机盖锁	开闭灵活（锁内注油）	20号以上干净润滑油	
3	机盖防尘、防水	机内清洁、干燥、无积水、无锈等异物		
4	引线管及机内配线	引线管连接牢固、出线口无磨损，各端子接线牢固无松动、破损		
5	机内零部件	动作正常，无损坏		
6	表示杆缺口	左右偏差小于 1 mm		
7	机内动作部位润滑	涂专用润滑油	20号以上干净润滑油	半　年
8	两表示杆之间	注润滑油、均匀	润滑油	
9	轴上毡圈注润滑油	适量	润滑油	
10	机内外表示杆润滑	润滑、不锈蚀	润滑油	

【任务 3】钩式外锁闭装置的安装调整及维护

一、任务描述

通过安装及调试钩式外锁闭装置，理解外锁闭装置的安装条件及作用，掌握其安装及调试方法。会按要求对钩式外锁闭装置进行维护。

二、所需设备及工具

外锁闭装置、安装装置、手摇把、扳手、钳子等。

三、操作步骤

(一)安　　装

1. 安装前要检查道岔部分是否符合工务有关技术要求,然后方可安装电务设备。

安装必须在工务道床水平、钢枕位置准确、轨距标准及尖轨、心轨宏观密贴等相关部位达到安装技术标准的条件下实施。要检测并保证基本轨上锁闭框两安装孔中心距钢枕或水泥枕的尺寸偏差为±5 mm。

2. 道岔上道前,外锁闭装置必须进行试装。上道施工时,外锁闭装置必须在解锁状态下上道。上道过程中不允许有“放炮”现象,以避免在上道过程中对外锁闭装置造成损坏或留下隐患。

3. 安装顺序

(1)按转辙器外锁闭装置安装图的要求连接两个锁闭杆(暂不装限位圈),要求两个锁闭杆连接平直,与绝缘垫板、夹板配合良好,螺栓、螺母、垫圈连接紧固。

(2)安装一侧锁闭框(连同导向螺栓,但暂不拧紧)。

(3)安装左右尖轨连接铁。

(4)将连好的锁闭杆凸台放入锁钩缺口后穿入锁闭框。

(5)安装另一侧锁闭框。将此侧锁闭杆凸台放入锁钩缺口后穿入锁闭框。

(6)穿入销轴将锁钩和尖轨连接铁连接,然后紧固销轴。

(7)安装锁闭铁并用固定螺栓固定。

(8)按步骤(4)、(6)、(7)的方法安装另一侧锁钩、销轴、固定螺栓和锁闭铁。

(9)连接动作杆。

(10)安装尖端铁。

(11)上道后将限位铁安装在锁闭杆上并紧固。

(12)安装基础托板,安装转辙机垫板及转辙机;并将转辙机调整至水平。基础安装完后应将各处螺母拧紧。

注:基础托板安装应与钢轨垂直、平顺。紧固螺母时不可超过其紧固力,以免造成零件损坏。

(二)调　　整

1. 调整两锁闭框,使用锁闭框中心及锁闭杆、动作杆在同一轴线上。保证外锁闭装置在定反位转换过程中动作平稳,无卡阻现象。

2. 调整两尖轨密贴,通过调整锁闭铁和锁闭框之间调整片的数量使尖轨牵引点外锁闭中心处的尖轨和基本轨间有 4 mm 及以上间隙时不能锁闭或者接通表示。

3. 调整道岔开口。通过调整安装的动作杆活接头的螺扣的旋入量来保证定位、反位两侧的开口量相同(偏差小于 2 mm),并且符合技术指标。两侧尖轨开口均大时,可在尖轨连接铁和尖轨之间加调整片调整。

4. 表示杆的安装与调整。连接表示杆,调整无扣轴套使转辙机在定位、反位到位后均能落锁表示。

注:安装调整完毕,各部螺栓应紧固并达到规定的预紧力,但不可超过其预紧力(宏观上弹垫压平),以免造成零件的损坏。

钩式外锁闭装置的维护工作内容及质量标准见表 1-3。

表 1-3 钩式外锁闭装置维护工作内容及质量标准

序 号	工作内容及质量标准	周 期	备 注
1	设备有无外界干扰和异状,斥离轨和基本轨间无异物,各部件无破损	两个月	
2	道岔密贴状态良好,尖轨、基本轨、心轨、翼轨竖切部分无肥边		
3	尖轨、心轨爬行不超标,各种拉杆距其他部位有 10 mm 以上间隙		
4	各部螺栓齐全、紧固、无松动		
5	安装装置和外锁闭装置的紧固件、开口销、连接销、连接轴压板、表示杆和动作防松螺母,无脱落、不松动		
6	各部连接销、摩擦面油润无锈蚀		
7	基础面、设备外部清扫,杆件注油		
8	心轨夹具锁定牢固		
9	用 0.3 mm 的塞尺试道岔尖轨密贴		18 号道岔
10	18 号道岔尖轨的第一牵引点试 4 mm 不锁闭,尖轨的第二、三牵引点试 5 mm 不锁闭,心轨第一牵引点试 4 mm,心轨第二牵引点试 5 mm		38 号道岔
11	第一牵引点试 4 mm 不锁闭,尖轨的第二、三、四、五、六牵引点试 5 mm 不锁闭,心轨第一牵引点试 4 mm,心轨第二、三牵引点试 5 mm		
12	尖轨第一、二牵引点(含心轨)的开口量和锁闭量定、反位应均匀,其误差不大于 2 mm	一年	
13	塞尺检查尖轨滑床板辊轮间隙大于 0.5 mm		
14	用调整板检查心轨下拉装置 3 mm 和 6 mm 调整间隙		

【任务 4】ZYJ7 型电液转辙机的安装与调整

一、任务描述

通过安装与调整 ZYJ7 型电液转辙机,认知其设备构成,掌握 ZYJ7 型电液转辙机的安装与调整的方法与步骤。

二、所需设备与工具

ZYJ7 型电液转辙机、扳手、套筒、万用表、螺丝刀、手摇把等。

三、操作步骤

(一)安 装

1. 安装前要进行检查,工务部分符合道岔技术要求后方可进行外锁闭器及电动液压转辙机等电务设备的安装。

2. 按标记分别安装第一、第二牵引点处基础脱板。

3. 分别安装一、二动表示拉杆。

安装时有扣轴套永远位于尖轨下方,如图 1-20 所示。

4. 分别将一、二动转辙机和转换锁闭器安装就位。

5. 安装就位后,连接主副机油管。油管安装有地面安装和地下铺设两种,油管安装时的弯曲半径不小于 100 mm,进出槽钢和地面应留有一定余量、并用橡胶防护管防护,以防止油管损坏。地面安装时用管卡紧固牢靠,地下铺设时,铺设深度应符合要求。

6. 用专用注油器,将 YH-10 号航空液压油由注油孔注入油箱至油标上限,打开遮断器用

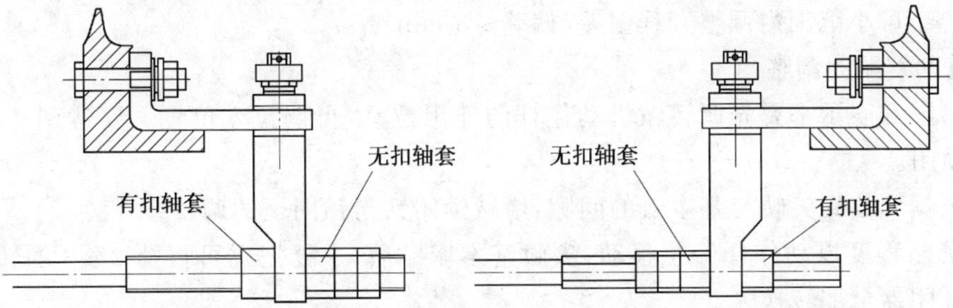

图 1-20　有扣轴套的安装位置

手摇把使手摇电液转辙机转换数次，排掉系统中的空气(排气方法：松开油标螺栓，在手摇电机时松紧溢流阀，使空气从油箱中排出)，同时检查油箱内油量，补至油标上限。注油方法如图 1-21所示。

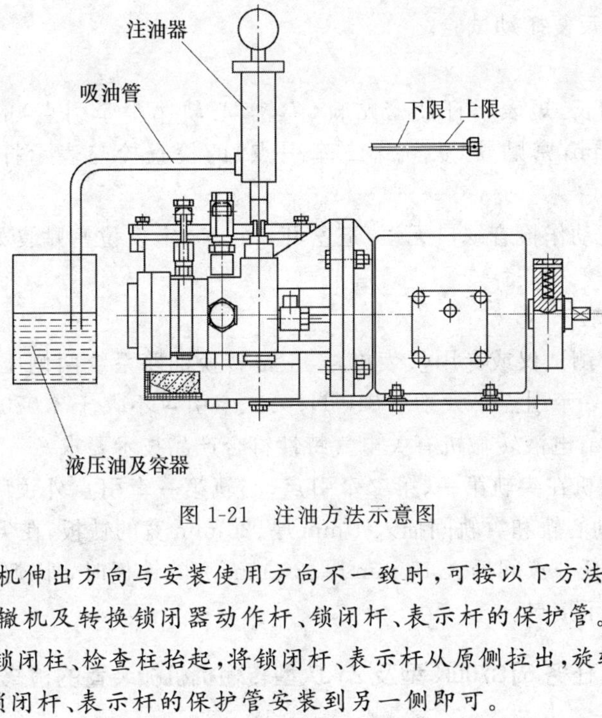

图 1-21　注油方法示意图

注：当电液转辙机伸出方向与安装使用方向不一致时，可按以下方法进行调整。

(1)拆下电液转辙机及转换锁闭器动作杆、锁闭杆、表示杆的保护管。

(2)扳起接点使锁闭柱、检查柱抬起，将锁闭杆、表示杆从原侧拉出，旋转 180°从另一侧插入。

(3)将动作杆、锁闭杆、表示杆的保护管安装到另一侧即可。

(二)调　　整

1. 开程的调整

(1)调整动作连接杆。对开程偏差超过 4 mm 以上的可以调整动作连接杆，减小开程偏差。每动一齿，动作连接杆变化 3 mm，也就是一边开程增加 3 mm，另一边开程减少 3 mm，可消除 6 mm 的开程偏差。手摇或电动使一、二牵引点到位，检查道岔开口，两侧应基本相同且符合(160±3)mm 和(75±3)mm 的要求。若不符合应根据两侧开口差除以 2 去调整动作拉杆长短即可。

(2)增加或减少内开程片。如开程大，应在尖轨连接铁与钢轨间增加开程片，反之，应去掉开程片。

(3)调整钢枕位置。保持基本轨不动，使钢枕作向左或向右的调整，改变了电机与基本轨之间的距离，可小范围内调整开程偏差(偏差≤3 mm)。

2. 道岔密贴的调整

(1)密贴和表示都要先调转辙机动作杆的伸出位置，再调拉入位置。要达到 2 mm 锁闭，4 mm不锁闭。

(2)根据到位到尖轨与基本轨的间隙，增减锁闭铁与锁闭框的调整垫片。

(3)密贴程度以动作杆停止移动，尖轨基本密贴后，手摇把仍可再摇 2～3 圈转辙机才锁闭，自动开闭器全部转换为好。

(4)若尖轨已密贴，转辙机不能锁闭、溢流阀溢流，说明密贴力调整过紧。若尖轨没密贴，转辙机已密贴、说明密贴力调整过小。

(5)密贴调好后再调表示，使检查柱落入表示杆缺口。锁闭柱缺口两侧间隙为(2.0±0.5)mm，转换锁闭器检查柱两侧间隙为(4.0±1.5)mm。

(6)主、副表示杆的调整定、反位可分别调整，互不影响。

(7)调整完后，要反复搬动试验。

3. 缺口的调整

调整安装装置的长、短表示杆使密贴轨（尖轨、心轨第一牵引点）的锁闭柱与锁闭杆缺口间隙为(2±0.5)mm，密贴轨（尖轨第二牵引点）的检查栓与表示杆的缺口间隙为(4±1.5)mm。

4. 手摇道岔往复动作检查缺口无误，道岔开口正确，定反位密贴良好后，拨出手摇把，合上遮断器。

(三)电操道岔试验

1. 用转辙机综合测试仪或专用仪表检查，正常转换油路系统两侧压力小于等于 9 MPa，道岔转换力定反位第一牵引点不大于 1 810 N；第二牵引点不大于 4 070 N；并将两侧溢流压力调整至 10～11 MPa，电液转辙机有关电气特性符合产品技术要求。

2. 电操电液转辙机在尖轨第一、第二牵引点，心轨第一牵引点外锁闭装置锁闭杆中心处的尖轨与基本轨，可动心轨和翼轨间插入 4 mm 厚、20 mm 宽的铁板，在尖轨第一、第二牵引点间的尖轨与基本轨间任一点间插入 10 mm 厚、20 mm 宽的铁板时，外锁闭和电液转辙机不锁闭且不得接通机内表示接点。

【任务 5】S700K 型及 ZYJ7 型转辙机机械装置的检修

一、任务描述

通过检修 S700K 型及 ZYJ7 型转辙机机械装置，掌握转辙机外部、内部检修作业的步骤及标准。

二、所需设备及工具

S700K 型转辙机、ZYJ7 型转辙机、扳手、套筒、万用表、螺丝刀、手摇把等。

三、操作步骤

(一)转辙机外部检修

1. 检查转辙机、各杆件安装情况。转换设备中的各种传动拉杆、表示连接杆及导管等的螺纹部分的内、外调整余量应不少于 10 mm；动作杆、表示杆及安装装置的各部连接销、摩擦面应油润；穿越轨底的各种杆件，距轨底的距离应大于 10 mm，距离石砟不少于

20 mm。

2. 检查测试道岔安装装置绝缘。检查安装装置绝缘良好,安装装置对两边钢轨电压应基本平衡,用 MF14 型万用表测试绝缘电阻不得小于 50 Ω。

3. 各部件清扫、擦拭。

(二)转辙机内部检修

1. 机内除潮、除尘,整修防潮、防尘装置。

2. 检查机内机件安装牢固,完整、无裂纹、无异状。

3. 检查电气螺丝及配线。内部螺丝紧固,配线良好、整洁、无破皮及混线可能,插接件插接良好。

4. 检查遮断器开关,摇把齿轮的轴用挡圈无脱落现象。

5. S700K 型转辙机检查滚珠丝杠、检测杆、锁闭块及锁舌状态,滚珠丝杠沿轴的串动量。

6. ZYJ7 型转辙机检查油路系统各密封部无漏油现象,油箱内的油量,溢流阀螺丝紧固情况,机内重点部位涂规定润滑油脂。

7. ZYJ7 型转辙机检查油管有无破损、裂纹问题。

8. 检查表示杆标尺内外是否一致。

(三)外锁闭装置检修

1. 检查尖轨尖端铁与锁钩连接铁间间隙。

2. 检查外锁闭装置的摩擦面及运动范围内无砂石、无异物等,运动灵活,无卡阻。

3. 检查锁钩横向轴串效果良好,能自动调节转角。

(四)扳动道岔检修

1. 开口及锁闭量测量、调整。

2. 道岔缺口检查、调整。S700K 型转辙机尖轨第一牵引点的转辙机,其检测杆缺口调整指示标对准检测杆缺口中央,距两侧各(1.5±0.5)mm;其余牵引点的转辙机,其检测杆缺口调整为指示标对准检测杆缺口中央,距两侧各(2.0±0.5)mm;电液转辙机锁闭柱与锁闭杆缺口两侧的间隙,第一牵引点外锁闭为(2.0±0.5)mm,其余牵引点检查柱与表示杆检查缺口为(4.0±1.5)mm。

3. 检查道岔是否密贴,工务顶铁是否有顶卡现象,尖、基轨是否肥边。

4. 试验 4 mm 不锁闭、2 mm 锁闭,道岔压力调整,提速道岔(列车运行速度大于160 km/h 线路上的道岔,两牵引点间有 5 mm 及其以上间隙时)第一、二牵引点间插入 10 mm 厚、20 mm宽的铁板,不得接通密贴检查器内或转辙机内的表示接点。

5. 手摇道岔检查道岔压力是否合适,道岔尖轨密贴后,锁钩是否旷动。

6. ZYJ7 型转辙机定反位溢流压力测试(每年)。

7. 测试道岔转换力(每年)。

8. Ⅰ级测试。

(五)箱盒内部检修

1. 箱盒内除潮、除尘,整修防潮、防尘装置。

2. 检查端子配线、电缆、螺帽良好。

3. 检查铭牌、图纸、电缆去向标齐全、正确。

4. 整流堆焊接良好、无异状,固定良好。

(六)道岔位置核对,检查防松措施,设备加锁。

【任务6】S700K型及ZYJ7型转辙机的测试

一、任务描述

通过S700K型及ZYJ7型转辙机的测试,掌握其测试项目、测试标准及测试程序。

二、所需设备与工具

S700K型转辙机、ZYJ7型转辙机、扳手、套筒、万用表、螺丝刀、手摇把。

三、操作步骤

(一)S700K型交流电动转辙机的测试

1. 测试项目

每年测一次,测工作电压、动作电流、故障电流、转换阻力和转换力。

2. 测试标准

额定工作电压为三相交流380 V;动作电流不大于2 A,故障电流一般不大于3 A。转换力:尖轨A机为2 500~3 000 N,B机为4 500~5 000 N;心轨A机为3 000~3 500 N,B机为6 500~7 000 N。

(二)ZYJ7型电液转辙机的测试

1. 测试项目

测试工作电压、动作电流、故障电流、溢流压力、动作压力(开程、锁闭量、密贴调整)。

2. 测试标准

(1)额定工作电压为三相交流380 V,动作电流不大于2 A,故障电流一般不大于3 A。

(2)溢流压力调整大小为11.5~12 MPa。

(3)动作压力调整大小为3~5 MPa。

(4)开程。主机开程为(160±3)mm,副机开程为(75±3)mm,正反位偏差不得超过3 mm。

(5)锁闭量。直接用钢直尺测量锁钩钩头露出锁闭杆凸起片面的尺寸x,用钩头的长度(从缺口至钩尾,主机为102 mm,副机为82 mm)减去x,就是锁闭量。

(6)电机方正。电机两端与直基本轨的垂直距离偏差不得大于5 mm。

(7)杆件方正。锁闭杆两端与钢轨或水泥枕的距离偏差不得大于10 mm。目测长短表示杆与锁闭杆基本平行;锁闭杆、动作连接杆、电机动作杆基本平行。

(8)宏观密贴。尖轨或心轨第一牵引点密贴尖轨与基本轨间的间隙不得大于0.5 mm;尖轨第二牵引点密贴尖轨与基本轨的间隙不得大于2 mm。

【故障案例A】S700K型转辙机故障案例

一、案例一

(一)故障现象

转辙机不动作。

(二)原因分析及对策

1. 有无三相电输入或缺相:正确输入三相交流电(安全接点是否接通)。

2. 配线是否脱落:使配线连接可靠。

3. 插接头(座)插针(套)是否脱落:插牢插针(套)或更换损坏件。

4. 电机是否有卡阻及电机绕组断路或短路:检查电机传动齿轮排除卡阻或更换电机。

注:检查安全接点是否接通。

二、案 例 二

(一)故障现象

电机转动摩擦连接器打滑,动作杆不能动作。

(二)原因分析及对策

机内外有无卡阻:排除卡阻。

三、案 例 三

(一)故障现象

动作中途停止转换。

(二)原因分析及对策

1. 机内外有无卡阻:排除卡阻。

2. 滚珠丝杠是否松脱:检查滚珠丝杠是否完好,更换有关零部件。

注:应由厂家技术人员完成。

四、案 例 四

(一)故障现象

转换到位后无表示。

(二)原因分析及对策

1. 机内检测杆检测位置是否正确:调整机外长短表示杆螺母。

2. 密检器检测杆检测位置是否正确:调整密检器检测缺口。

3. 叉形接头与鼓形销是否磨损旷量过大(>1mm):更换叉形接头或鼓形销。

4. 锁闭块是否卡阻:分解检查排除卡阻。

5. 速动开关组是否有卡阻:排除卡阻。

五、案 例 五

(一)故障现象

转换正常但表示时有时无。

(二)原因分析及对策

1. 接点是否虚接,配线是否受损:更换接点或使配线连接可靠。

2. 伸出位置的锁舌是否非正常回缩严重:综合调整道岔减小尖轨反弹力,更换锁舌。

3. 速动开关组固定螺钉是否松动:紧固螺钉。

4. 速动开关组轴用挡圈是否脱落:加装轴用挡圈。

5. 密检器接点架簧片、压板是否变形或固定螺钉松动导致检测杆抬起检测轴:更换变形零部件,紧固螺钉。

六、案 例 六

(一)故障现象

机盖松动。

(二)原因分析及对策

1. 机盖扣封位置是否正确:重新扣封,确认钩卡位置是否正确。

2. 锁栓、钩锁位置是否调整到位:调整锁栓及锁钩位置使机盖密封配合适当。

3. 密封圈是否失效:失效则更换。

4. 支撑板或锁栓是否失效:失效则更换。

【故障案例 B】ZYJ7 型转辙机故障案例

一、案例一

(一)故障现象

电机正常转动,油缸不动作。

(二)原因分析及对策

油箱严重缺油:应用专用注油器注入 YH-10 号航空液压油。

二、案例二

(一)故障现象

油缸动作而不到位。

(二)原因分析及对策

1. 油箱缺油:应注入 YH-10 号航空液压油。

2. 如尖轨已密贴,机械卡阻:应去掉卡阻物,若外锁闭器未调整好,应调整外锁闭器。

3. 尖轨没有密贴,若机械或外锁闭器及道岔有卡阻物,应调整或去除卡阻物;

若电液转辙机溢流压力低,调整至 10～11MPa;若道岔转换阻力超标,应与工务进行整治道岔。

三、案例三

(一)故障现象

油缸到位,接点不转接。

(二)原因分析及对策

锁闭柱或检查柱落不到锁闭杆或表示杆缺口内,则调整至规定要求;锁闭柱或检查柱在固定座内动作不灵活,应调整注油。

四、案例四

(一)故障现象

油缸到位,反弹断表示。

(二)原因分析及对策

要确认油路系统是否有气,按规定排气方法进行;判定惯性轮是否失效,判断方法,使电机轴不转,用专用测扭矩工具,拉动惯性轮看是否符合规定的扭矩,如扭矩过大可从弹簧孔处滴 2～5滴润滑油使其转动力矩达到规定要求,如达不到规定要求则应更换惯性轮装置。

五、案例五

(一)故障现象

主机与副机动作不同步。

(二)原因分析及对策

可将动作慢的牵引点相对应的调节螺栓(在两侧椭圆孔盖内),逆时针方向调整,使两点动作同步;如仍不同步则应将动作快的机子相应的调节螺丝适当调紧,减少该机油量流速达到宏观同步要求。

六、挤脱的判断与恢复

（一）判　　断

1. 挤脱后 SH6 转换锁闭器应可靠切断表示电路。

2. 锁闭铁横向移动处于不对称状态，可提前加标记线等，挤脱后便于判断。

3. 挤脱后，锁闭铁移动使挤脱块上移 3 mm。

（二）恢　　复

1. 手摇转辙机至道岔器开位置，使动作杆不变力，且处于解锁状态。

2. 打开铅封，松开调整螺母，注意不必拿下，只要使环形簧不受力即可。

3. 用小棍或螺丝刀拨动副机锁闭铁至原位，同时挤脱块落下 3mm 后，拧紧调整螺母到原位即可。

4. 挤脱后的安装，外锁闭及转辙器还应检查确认后，方可投入使用。

七、特殊情况的应急措施

如遇到油管被砸破或液压系统处于瘫痪状态，无压力，道岔又处于四开位，或必须用另一个位置时，处理方法如下。

1. 首先松开溢流阀，然后用撬杠或其他工具分别撬动一、二动转辙机和转换锁闭器的油缸，使动作杆解锁。

2. 用撬杠撬动斥离轨，使一、二动外锁闭解锁并至另一个位置，再撬动另一斥离轨。

3. 在用小撬杠撬动一、二动油缸，使转辙机和转换锁闭器锁闭，接点落下，给出另一表示即可。

自我检测

1. 说明 S700K 型电动转辙机的开盖方法。
2. 如何调整手摇把挡板？
3. 简述 S700K 型电动转辙机的动作原理。
4. 如何确认 S700K 型电动转辙机的左装和右装？
5. 说明 S700K 型动作杆、检测杆处密封油毡的更换及步骤。
6. S700K 型机盖密封应怎样调整？
7. 简述 ZYJ7 型电液转辙机的结构和动作原理。
8. 说明 ELP-319 型密贴检查器的安装与调整。

项目二　客运专线 ZPW-2000A 型轨道电路设备

客运专线 ZPW-2000A 型无绝缘轨道电路简称客专 ZPW-2000A 轨道电路。它在既有 ZPW-2000A 型无绝缘轨道电路设备基础上，针对客运专线的运营特点进行了适应性改进，优化后的客专 ZPW-2000A 型无绝缘轨道电路设备已应用于京津城际、合宁、合武及武广等客运专线。

本项目主要介绍客专 ZPW-2000A 轨道电路设备的结构、功能及原理，重点阐述对其的安装使用，维护及常见故障的分析与处理的知识与技能。

知能目标

1. 客专 ZPW-2000A 轨道电路设备的认知。
2. 理解客专 ZPW-2000A 轨道电路的工作原理。
3. 会安装、调整及维护客专 ZPW-2000A 轨道电路设备。
4. 客专 ZPW-2000A 轨道电路设备常见故障的分析与对策。

知能链接

一、客专 ZPW-2000A 轨道电路概述

客专 ZPW-2000A 轨道电路保留了既有 ZPW-2000A 轨道电路可靠稳定安全的特点，适用于时速 300 km 及以上的高速铁路列控系统，可作为轨道列车占用检查和向车载列控设备传递列控信息的主要设备。客运专线 ZPW-2000A 无绝缘轨道电路可应用于区间，也可应用于站内，可作为区间站内一体化轨道电路。

（一）客专 ZPW-2000A 轨道电路技术特点

1. 客专 ZPW-2000A 轨道电路、接收器载频选择可通过列控中心进行集中配置，发送器采用无接点的计算机编码方式。

2. 发送器由既有的 $N+1$ 提高为 $1+1$ 的备用模式，提高了设备的可靠性。

3. 将调谐单元和匹配单元整合为一个调谐匹配单元，减少了系统的设备数量。

4. 优化了补偿电容的配置，不同的信号载频采用不同的补偿间距。

5. 加大了空芯线圈的导线线径，提高了关键设备的安全容量要求。

6. 带有监测和故障诊断功能，为系统的状态修提供了技术支持。

7. 站内采用与区间同制式的客专 ZPW-2000A 轨道电路，提高系统的可靠性。

8. 站内道岔区段的弯股采用与直股并联的一送一受轨道电路结构，道岔分支长度由小于等于 30 m 延长到 160 m，提高了机车信号车载设备在站内使用的安全性、灵活性。

(二)信号特征

1. 载频频率

下行：1700－1、1700－2、2300－1、2300－2

上行：2000－1、2000－2、2600－1、2600－2

2. 低频频率

F18～F1 频率分别为 10.3 Hz、11.4 Hz、12.5 Hz、13.6 Hz、14.7 Hz、15.8 Hz、16.9 Hz、18 Hz、19.1 Hz、20.2 Hz、21.3 Hz、22.4 Hz、23.5 Hz、24.6 Hz、25.7 Hz、26.8 Hz、27.9 Hz、29 Hz；频偏为±11Hz。

3. 输出功率：70W(400Ω 负载)。

(三)轨道电路工作参数

1. 轨道电路的标准分路灵敏度如下。

(1)道砟电阻为 1.0 Ω·km 或 2.0 Ω·km 时，为 0.15 Ω。

(2)道砟电阻不小于 3.0 Ω·km 时，为 0.25 Ω。

2. 可靠工作电压。轨道电路调整状态下，接收器接收电压(轨出 1)不小于 240 mV，轨道电路可靠工作。

3. 可靠不工作。在轨道电路最不利条件下，使用标准分路电阻在轨道区段的任意点分路时，接收器接收电压(轨出 1)原则上不大于 153 mV，轨道电路可靠不工作。

4. 在最不利条件下，在轨道电路任一处轨面机车信号短路电流不小于规定值，见表 2-1。

表 2-1　机车信号短路电流不小于规定值

频率(Hz)	1 700	2 000	2 300	2 600
机车信号短路电流(A)	0.50	0.50	0.50	0.45

5. 直流电源电压范围：23～25 V。

二、系统框图及工作原理

(一)客专 ZPW-2000A 轨道电路系统结构

客专 ZPW-2000A 轨道电路包括区间设备和站内设备两种。各种类型轨道电路系统主要由室内和室外两大部分设备构成。

1. 区间轨道电路系统结构

(1)电气绝缘节—电气绝缘节轨道电路系统结构，如图 2-1 所示。

(2)机械绝缘节—电气绝缘节轨道电路系统结构，如图 2-2 所示。

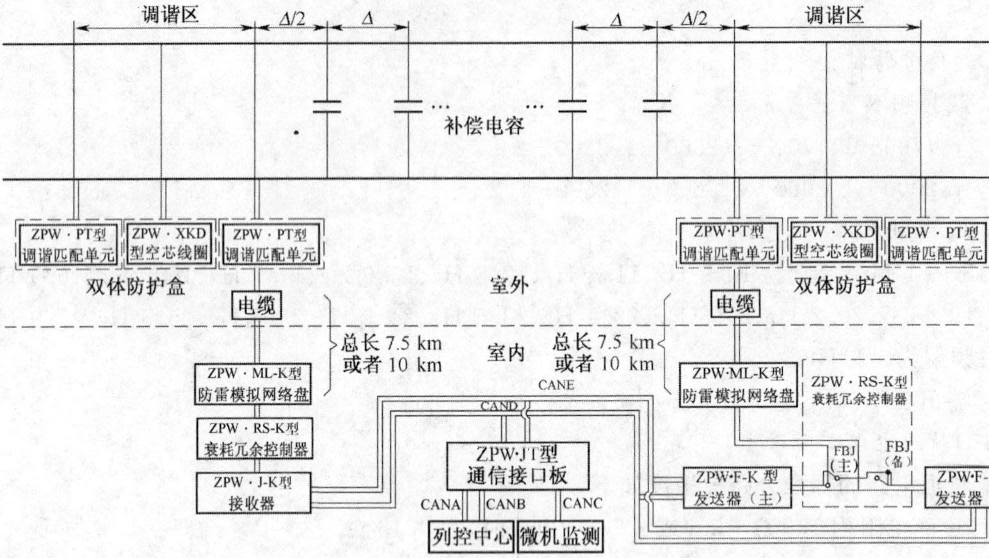

图 2-1　区间电气绝缘节—电气绝缘节轨道电路系统结构

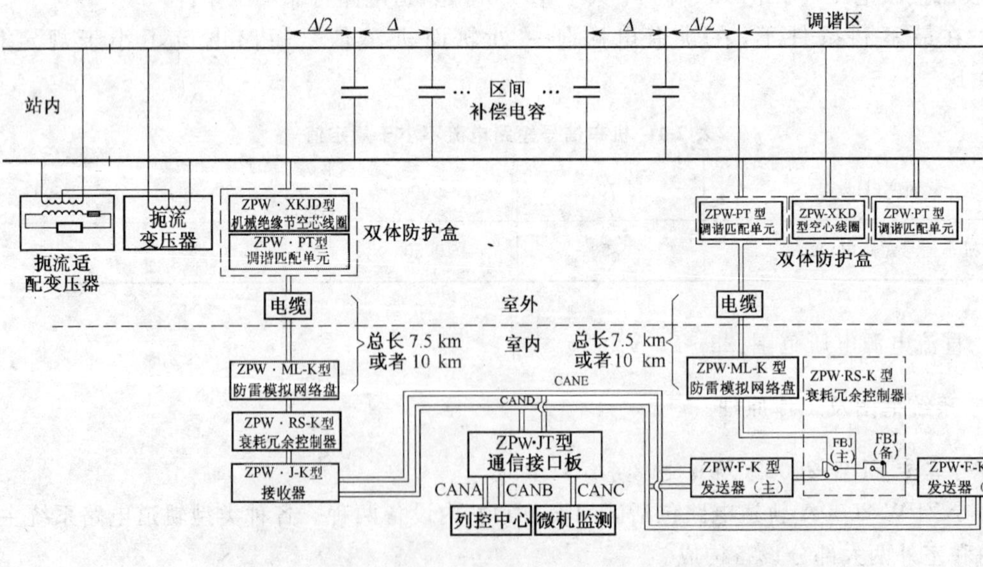

图 2-2　区间机械绝缘节—电气绝缘节轨道电路系统结构

2. 站内一体化轨道电路系统结构

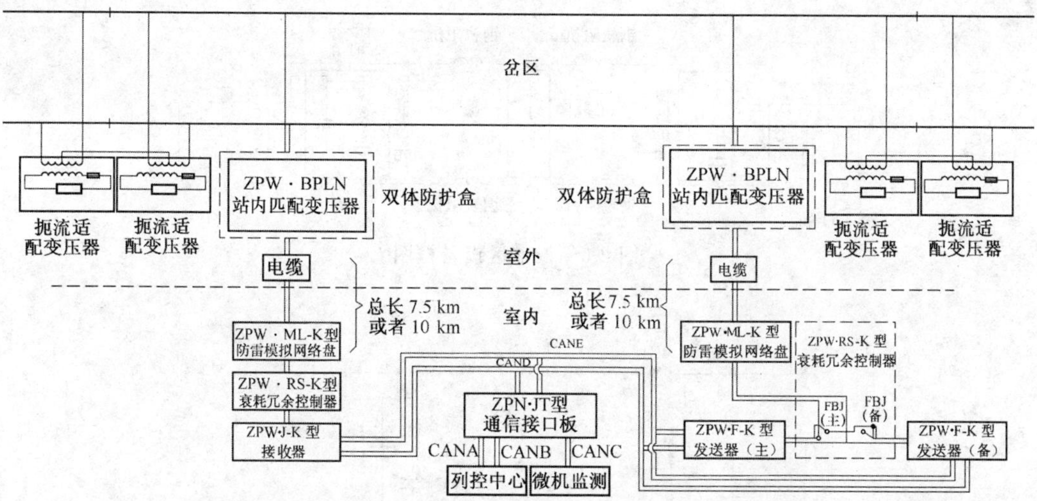

图 2-3　站内机械绝缘节—机械绝缘节轨道电路系统结构

（二）简要工作原理

1. 调谐区工作原理

调谐区用来实现两相邻轨道电路电气隔绝，其长度取决于轨道电路钢轨参数值。对无砟和有砟的路基地段按 29 m，桥梁地段一般情况下按 32 m 设计。由于客专铁路线路多为长轨，且多为电气化牵引，为了减少锯轨，采用电气分割相邻轨道电路信号，利用调谐单元对不同频率信号的不同阻抗值，实现相邻区段信号的隔离，划定了轨道电路的控制范围。调谐区工作原理如图 2-4 所示。

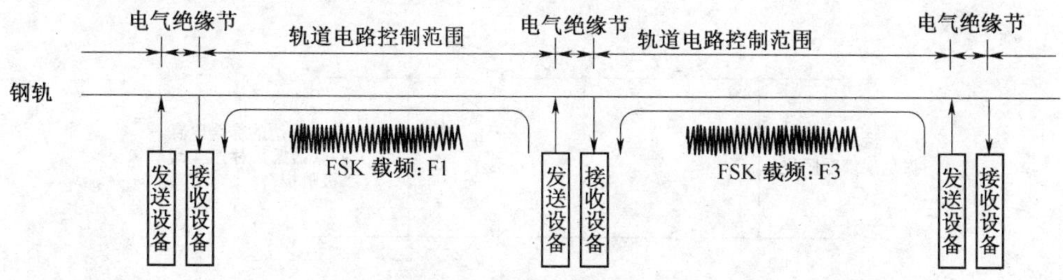

图 2-4　调谐区工作原理图

电气绝缘节长 $L_{调谐区}$ 米，其两端各设一个调谐匹配单元，对于较低频率轨道电路(1 700 Hz、2 000 Hz)端，设置 L_1、C_1 两元件的 F_1 型调谐单元；对于较高频率轨道电路(2 300 Hz、2 600 Hz)端，设置 L_2、C_2、C_3 三元件的 F_2 型调谐单元，如图 2-5 所示。“f_1”(f_2)端 BA 的 L_1C_1(L_2C_2)对“f_2”(f_1)端的频率为串联谐振，呈现较低阻抗（约数十毫欧姆），称“零阻抗”相当于短路，阻止了相邻区段信号进入本轨道电路区段，图 2-6 中(c)图左端[(b)图右端]。“f_1”(f_2)端的 BA 对本区段的频率呈现电容性，并与调谐区钢轨、SVA 的电感构成并联谐振，呈现高阻抗，称“极阻抗”。从而降低电气绝缘节对信号的衰减。

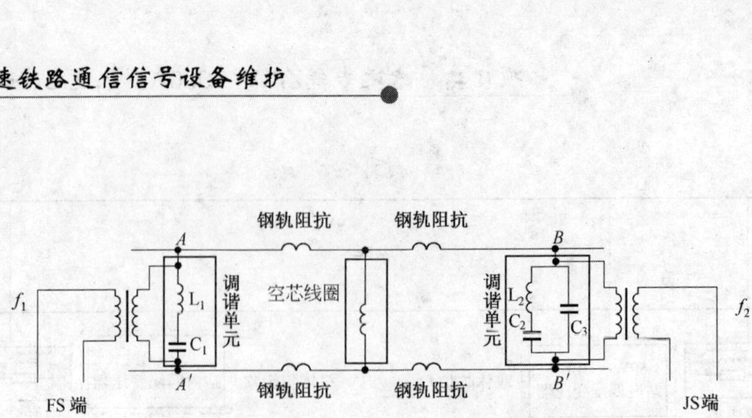

图 2-5　调谐区设备框图

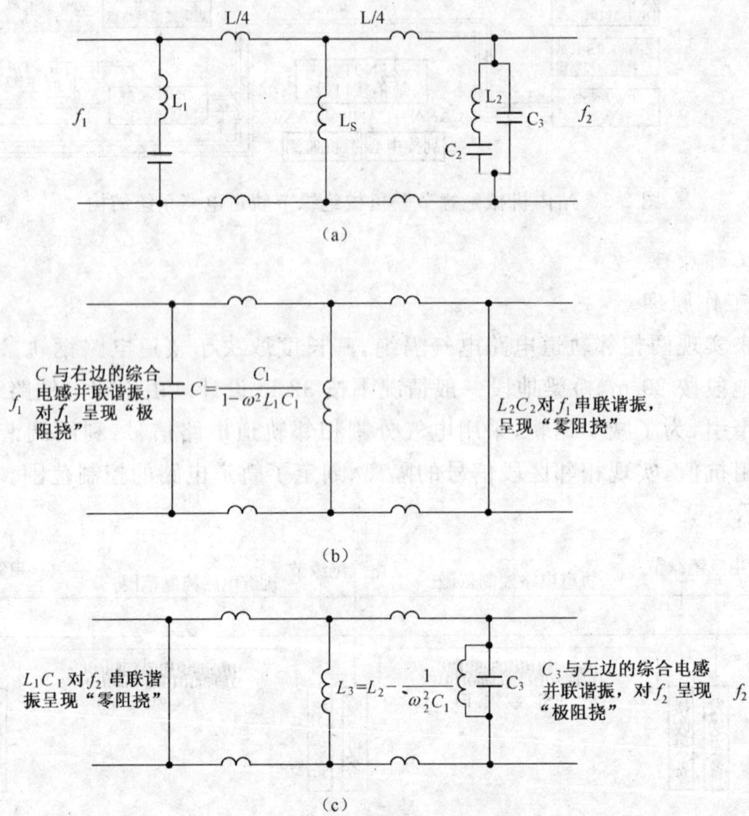

图 2-6　调谐单元工作原理

2. 电气绝缘节调谐区内的检测功能

将调谐区作为一段短小轨道电路(如 32 m)。利用相邻区段的接收器，对调谐区谐振信号进行解调处理，设置高低两个防护门限，对调谐区进行检查。如图 2-7 所示。接收器由本接收"主机"及另一接收"并机"两部分构成，发送器采用 1+1 冗余方式。

3. 补偿电容设置

当轨道电路区段长度大于 300 m 时，原则上需要设置补偿电容，以改善轨道电路信号在钢轨线路上的传输条件。

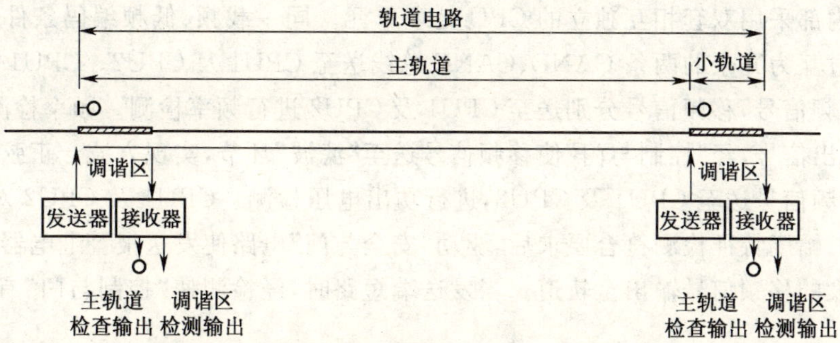

图 2-7　电气绝缘节调谐区内的检测功能示意图

三、客专 ZPW-2000A 轨道电路室内设备

室内设备由 ZPW·F-K 型发送器、ZPW·J-K 型无绝缘接收器、ZPW·RS-K 型无绝缘衰耗冗余控制器、ZPW·ML-K 型无绝缘防雷电缆模拟网络盘等设备构成，其中“K”均表示“客运专线”。

(一)ZPW·F-K 型发送器

1. 作用

发生器采用双机热备冗余方式，主要是用来产生以下高精度、高稳定的移频信号源。

(1)产生 18 种低频、8 种载频的高精度、高稳定的移频信号。

(2)产生足够功率的移频信号。

(3)对移频信号进行自检测，故障时向监测维护主机发出报警信息。

2. 发生器工作原理

发生器原理框图如图 2-8 所示，其工作原理如下。

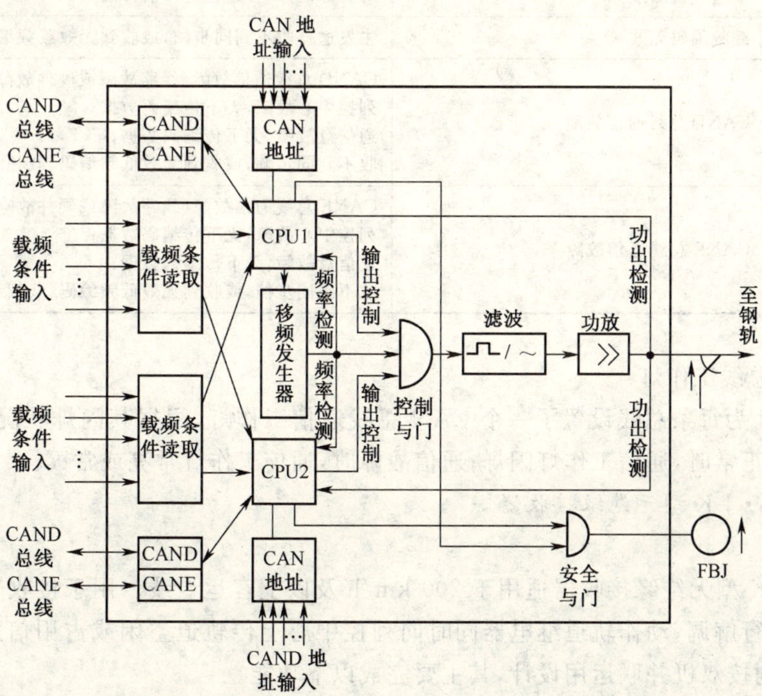

图 2-8　发生器原理框图

发送器内部采用双套相互独立的CPU处理单元。同一载频、低频编码条件源，以反码的形式分别通过互为冗余的两条CAND、CANE总线送至CPU1及CPU2。CPU1控制"移频发生器"产生移频信号，移频信号分别送至CPU1及CPU2进行频率检测。频率检测结果符合规定后，控制输出信号，经"控制与门"使移频信号送至"滤波"环节，实现方波－正弦波变换。"功放"输出的移频信号送至CPU1及CPU2，进行功出电压检测。CPU1及CPU2对移频信号进行低频、载频、幅度特征检测符合要求后，驱动"安全与门"电路使发送报警继电器吸起，并使经过"功放"放大的移频信号输出至轨道。当发送端短路时，经检测使"控制与门"有10 s的关闭(休眠保护)。

3. 工作表示灯

发生器工作表示灯设置于发送器内，发送器工作正常时，工作表示灯点绿灯；发送器故障时，工作表示灯点红灯。

4. 故障表示灯

每个CPU设置了一个指导维修人员查找设备故障的故障表示灯，根据其闪动状况，判断出现的故障点。具体含义见表2-2。

表2-2 发送器故障表示灯含义

闪动次数	含　义	可能的故障点
1	低频编码无效	主发送器收不到同步帧，或收到无效低频编码
2	功出电压检测故障	负载短路
3	低频频率检测故障	时钟源故障；可编程逻辑器件故障
4	上边频检测故障	时钟源故障；可编程逻辑器件故障
5	下边频检测故障	时钟源故障；可编程逻辑器件故障
6	载频编码无效	主发送器收不到同步帧，或收到无效载频编码
7	CAND总线通信故障	CAND总线通信故障(线路故障或硬件故障)； 列控中心故障，无下传编码数据； 通信盘故障，无下传编码数据； 收不到同步帧，或收到无效低频编码、载频编码
8	CANE总线通信故障	CANE总线通信故障(线路故障或硬件故障)； 列控中心故障，无下传编码数据； 通信盘故障，无下传编码数据； 收不到同步帧，或收到无效低频编码、载频编码

5. CAN总线工作灯

每个CPU为每条总线设置了一个CAN总线通信工作灯，根据其闪烁状况，判断出现的故障点。通信正常时，通信工作灯闪烁；通信故障时，通信工作灯常亮或常灭。

(二)ZPW·J-K型无绝缘接收器

1. 作用

ZPW·J-K型无绝缘接收器适用于200 km/h及以上客运专线。用于接收轨道上传输的移频信息并进行解调，动作轨道继电器同时向列控中心上传轨道空闲或占用信息。接收器输入端、输出端均按双机并联运用设计，其主要完成以下功能。

(1)用于对主轨道电路移频信号的解调，动作轨道继电器。

(2)实现与受电端相连接调谐区短小轨道电路移频信号的解调，给出短小轨道电路报警条件，并通过 CAND 及 CANE 总线送至监测维护终端。

(3)检查轨道电路完好，减少分路死区长度，用接收门限控制实现对 BA 断线的检查。

2. 接收器工作原理

接收器采用两路独立的 CPU 处理单元，对输入的信号分别进行解调分析，满足继电器吸起条件时输出方波信号，输出至安全与门电路。与另一台接收器的安全与门输出共同经过隔离电路，动作轨道继电器。接收器原理框图如图 2-9 所示。

接收器主要由模数转换器、微机系统、通信电路、安全与门、载频选择与地址选择电路组成。

(1)模数转换器。主轨道 A/D 和小轨道 A/D 为接收器的模数转换电路，其用来将主机和并机输入的模拟信号转换成计算机能处理的数字信号。

(2)微机系统。CPU1、CPU2 构成微机系统，其用来完成主机和并机的载频判决、信号采样、信息判决和输出驱动等功能。

(3)通信电路。与列控中心系统进行双向通信，列控中心向接收器发出应解调信号的载频信息。接收器根据该信息进行解调信号，同时向列控中心轨道空闲或占用信息。

(4)安全与门。为了保证设备的故障安全，接收器设有 2 个安全与门电路，将两路 CPU 输出的动态信号变成驱动继电器(或执行条件)的直流输出。

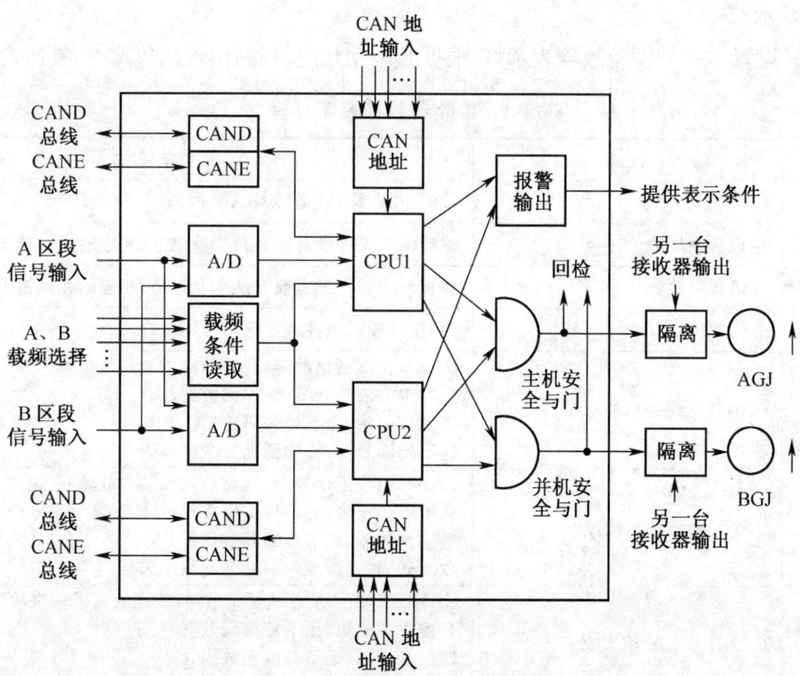

图 2-9 接收器原理框图

(5)频率选择电路。根据轨道电路的频率设定，接收器利用外部端子设定主机、并机载频信号，由 CPU 进行判决后，确定接收器的接收频率。

(6)地址选择电路。接收器利用外部端子设定接收器所在的单元号及槽号且根据所在位置接收通信总线上相应的载频选择信息，并将其送至微机系统进行处理。

3. 接收器双机并用原理

接收器按双机并联运用设计，分为主、并两部分，由两路独立的信号输入、执行条件输出和CAN地址及载频条件接口。同处理另一区段信号，可协从而构成互为热备的冗余系统，如图2-10所示。

(1)A主机输入接至A主机，且并联接至B并机。

(2)B主机输入接至B主机，且并联接至A并机。

(3)A主机输出与B并机输出并联，动作A主机相应执行对象。

(4)B主机输出与A并机输出并联，动作B主机相应执行对象。

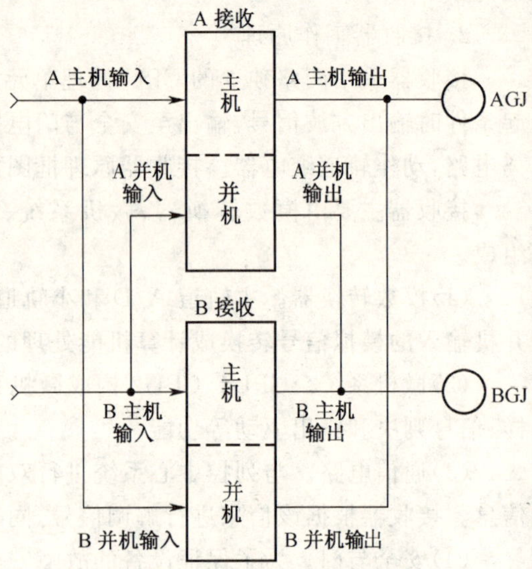

图2-10 接收器双机并用原理框图

4. 工作表示灯

工作表示灯设于接收器内，通过接收器网罩所开的窗户，可以观察点灯状况。

(1)接收器工作正常时，工作表示灯亮绿灯。

(2)招收器故障时，工作表示灯点红灯。

5. 故障表示灯

每个CPU设置了一个设备故障表示灯，根据其闪动状况，判断出现的故障点，具体含义见表2-3。

表2-3 接收器故障表示灯含义

闪动次数	含义	可能故障点
1	CPU故障	CPU内部RAM故障；RAM故障
2	主机载频故障	载频输入条件没有或有两个及以上；相应的光耦被击穿
3	备机载频故障	载频输入条件没有或有两个及以上；相应的光耦被击穿
4	通信故障	两CPU输入条件或处理结果不一致
5	CAND总线通信故障	CAND总线通信故障(线路故障或硬件故障)； 列控中心故障，无下传编码数据； 通信盘故障，无下传编码数据； 收不到同步帧，或收到无效载频编码
6	CANE总线通信故障	CANE总线通信故障(线路故障或硬件故障)； 列控中心故障，无下传编码数据； 通信盘故障，无下传编码数据； 收不到同步帧，或收到无效载频编码
7	CAND及CANE均故障	CAND及CANE总线通信故障(线路故障或硬件故障)； 列控中心故障，无下传编码数据； 通信盘故障，无下传编码数据； 收不到同步帧，或收到无效载频编码
8	EPROM故障	
9	主轨主机安全与输出故障	该路安全与输出故障
10	主轨备机安全与输出故障	该路安全与输出故障

(三)ZPW·RS-K 型无绝缘衰耗冗余控制器

1. 作用

ZPW·RS-K 型无绝缘衰耗冗余控制器(简称衰耗冗余控制器),适用于 200 km/h 及以上客运专线,用于区间轨道电路,确保发送设备工作的连续性和可靠性。

(1)对接收器的主轨道、小轨道输入信号电平进行调整。

(2)提供主备发送器、接收器的工作、轨道占用情况及列车运行方向的指示。

(3)提供对主备发送器和接收器工作电源电压、主备发送报警继电器电压、功出电压、功出电流、轨道继电器电压、轨入、主轨出以及小轨出的测试。

(4)实现主发送器的故障倒机。

2. 衰耗冗余控制器构成及工作原理

衰耗冗余控制器由轨道电路调整、设备参数测试和发送器冗余转换等电路构成。其工作原理如图 2-11 所示。

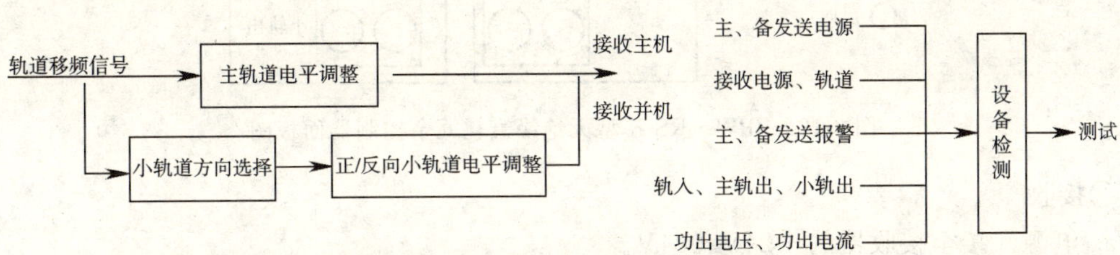

图 2-11　衰耗冗余控制器原理框图

(1)轨道电路调整

来自主轨道和小轨道的移频信号经线簧连接器端子 A1、A2 分别送至主轨道调整变压器 SB1、方向选择电路和小轨道调整电路。通过调整变压器 SB1 次级线圈,可以实现接收主轨道电路电平的调整。通过方向选择电路和小轨道调整电阻,可以实现小轨道正、反两方向电平的调整,调整后的移频信号输出至接收主机和接收并机。

(2)发送器冗余转换

正常条件下,主、备发送器均工作,主发送器向轨道电路输出移频信号,备发送器处于热机备用状态。当主发送器故障后,通过衰耗冗余控制器内部的继电器接点自动倒机至备发送器,备发送器向轨道电路输出移频信号,同时主发送器故障报警。

(3)设备参数测试

发送器的 24 V 工作电源、功出电压、功出电流、报警继电器电压和接收器的 24 V 工作电源、接收器主机轨道继电器电压、并机轨道继电器电压等分别送至衰耗冗余控制器的检测电路,在面板上可以进行设备参数的维护测试。测试塞孔设置如图 2-12 所示,功能如下。

①发送

a. 主电源。其用来测量主发送器电源电压。

b. 备电源。其用来测量备发送器电源电压。

c. 发送(主报警)。其用来测量主发送器的报警继电器电压。

d. 发送(备报警)。其用来测量备发送器的报警继电器电压。

e. 发送[功出(V)]。测量经发送报警继电器接点输出至轨道的功出电压。

f. 发送[功出(A)]。测量经发送报警继电器接点输出至轨道的功出电流,测量串联的取样电阻电压。

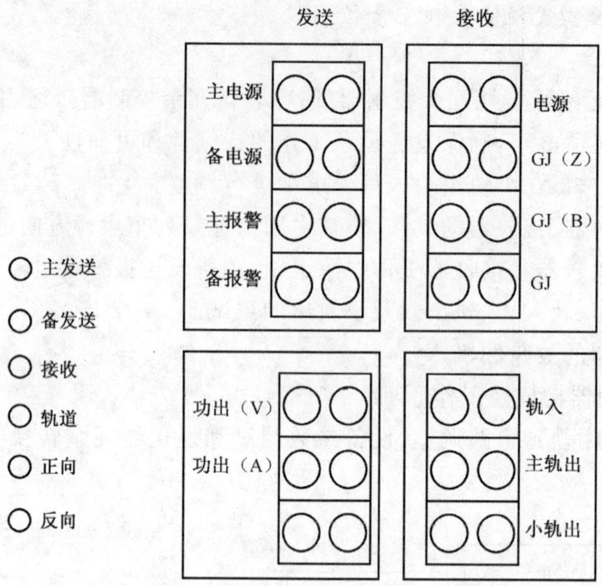

图 2-12　ZPW·RS-K 型无绝缘衰耗冗余控制器面板图

②接收

a. 电源。接至接收器的＋24V、024V。

b. GJ(Z)。主机主轨道继电器电压。

c. GJ(B)。并机主轨道继电器电压。

d. GJ。主轨道继电器电压。

e. 轨入。衰耗冗余控制器输入电压。

f. 主轨出。主轨道信号输出，经 B1 变压器电平调整后输出至接收器主机、接收器并机的主轨道输入。

g. 小轨出。小轨道信号输出，经调整电阻调整后，通过 B2 变压器升压后输出至接收器主机、接收器并机的小轨道输入。

3. 表示灯

表示灯的设置如图 2-12 所示，显示含义如下。

(1)主发送指示灯。其在主发送器正常工作时显示绿色灯光，故障时显示红色灯光。

(2)备发送指示灯。其在备发送正常工作时显示绿色灯光，故障时显示红色灯光。

(3)接收指示灯。其在接收器正常工作时显示绿色灯光，故障时显示红色灯光。

(4)轨道表示灯。其显示红色灯光表示轨道占用，显示绿色灯光表示轨道空闲，灭灯则表示断电。

(5)正向、反向表示灯。它们是列车运行方向表示灯，列车正方向或反方向运行时相应的指示灯显示绿灯。

（四）ZPW·ML-K 型无绝缘防雷电缆模拟网络盘

1. 作用

ZPW·ML-K 型无绝缘防雷电缆模拟网络盘(简称网络盘)，适用于 200 km/h 及以上客运专线。用于模拟 SPT 数字信号电缆的参数，实现对实际电缆长度的补偿，最大模拟长度为

9.75 km。另外，对从传输电缆引入的雷电进行纵向和横向防护。

2. 网络盘

网络盘用于模拟电缆参数，实现对 SPT 数字信号电缆的补偿。电缆模拟网络为 0.25 km、0.5 km、1 km、2 km、2 km 和 4 km 六节对称 π 型网络，可按 0.25 km 间隔任意设置补偿模拟电缆值，补偿范围为 0～9.75 km；另外，网络盘采用进口压敏电阻和低转移系数防雷变压器，对从电缆引入的雷电冲击进行横向和纵向防护，保证移频自动闭塞发送和接收设备稳定可靠工作。网络盘原理框图如图 2-13 所示。

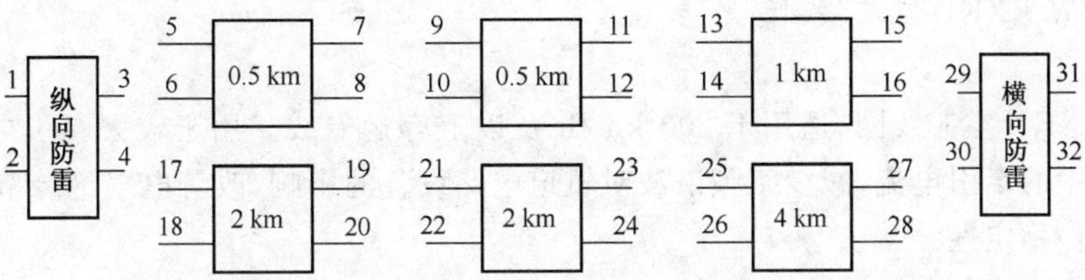

图 2-13　ZPW · ML-K 型无绝缘防雷模拟网络盘原理框图

四、客专 ZPW-2000A/K 型轨道电路室外设备

室外设备由 ZPW · PT 型无绝缘轨道电路调谐匹配单元（简称调谐匹配单元）、ZPW · XKD 无绝缘大电流空芯线圈（简称空芯线圈）、ZPW · BPLN 型无绝缘站内防雷匹配变压器（简称匹配变压器）、补偿电容器 ZPW · CBGM 等设备构成。

（一）ZPW · PT 型调谐匹配单元

1. 作用

ZPW · PT 型调谐匹配单元，适用于 200 km/h 及以上客运专线。用于轨道电路中的电气绝缘节和机械绝缘节处。调谐部分形成相邻区段载频的短路，且与调谐区内钢轨电感（或机械绝缘节处的机械绝缘节扼流空芯线圈）形成并联谐振，实现相邻区段信号的隔离和本区段信号的稳定输出。匹配部分主要实现钢轨阻抗和电缆阻抗的匹配连接，以实现向钢轨输出较大功率的信号。可简单的看做是原 ZPW-2000A 轨道电路中调谐单元和匹配变压器的二合一设备。

2. 设备主要工作原理

调谐匹配单元由调谐和匹配两部分电路构成，设备原理框图如图 2-14 所示。

（1）调谐匹配单元。本区段所设的调谐单元对邻区段频率构成谐振。呈现较低阻抗（约数十毫欧姆），称“零阻抗”，相当于短路，阻止相邻区段信号进入本轨道电路区段。本区段调谐单元对本区段频呈现容性，并与调谐区钢轨、空芯线圈的综合电感构成并联谐振，呈现较高阻抗，称“极阻抗”（约 2Ω）。减少对本区段信号的衰耗。

（2）匹配变压器部分。接线端子 V1、V2 经调谐单元接至轨道。E1、E2 经 SPT 数字信号电缆接至室内。变压器 AFT 实现轨道电路阻抗与 SPT

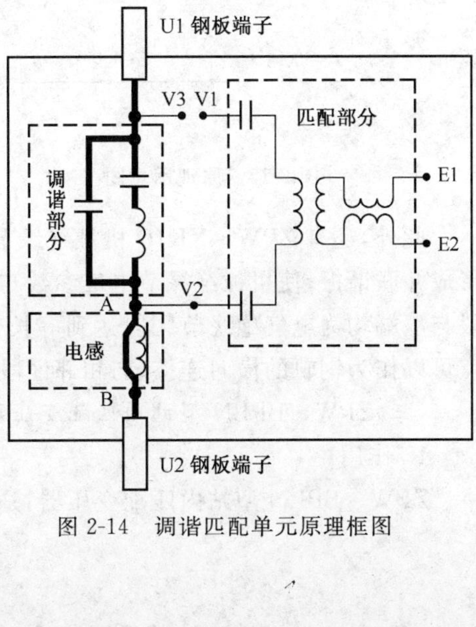

图 2-14　调谐匹配单元原理框图

数字信号电缆阻抗匹配连接。电解电容器C1、C2起到隔直通交的作用,使匹配变压器适用于直流电力牵引区段;防雷单元并接于V1、V2,实现横向雷电防护。电感线圈PTL用作对SPT数字信号电缆表现出容性的补偿。同时与匹配变压器相对应处轨道电路被列车分路时,它可以作为一个负载阻抗。

(3)电感部分。电感为补偿原空芯线圈至钢轨间的钢轨引接线的参数而增设。在机械绝缘节处,空芯线圈和调谐匹配单元共用一对引接线连接至钢轨。串接该电感线圈,即拆下AB点的小连接片;若在电气绝缘节处不用该电感,则不必拆下AB点小连接片。

(二)ZPW·XKD空芯线圈

1. 作用

ZPW·XKD空芯线圈,适用于200 km/h及以上客运专线。用于较大牵引电流区段,用于平衡钢轨中的牵引电流,减少工频谐波对轨道电路设备的影响,改善电气绝缘节Q值,保证调谐区的工作稳定性。

2. 设备工作原理

空芯线圈设置在29 m长调谐区的两个调谐单元之间,由于它对50 Hz牵引电流呈现很小的交流阻抗(约10 mΩ),因此可起到平衡牵引电流回流的作用,原理示意如图2-15所示。

设I_1、I_2有100 A不平衡牵引电流回流,可近似将空芯线圈视为短路,$I_3=I_4=(I_1+I_2)/2=$ 450 A。由于空芯线圈对牵引电流的平衡作用,减少了工频谐波干扰对轨道电路的影响。

对于上、下行线路间的两个空芯线圈中心线可等电位连接,一方面平衡线路间牵引电流,一方面可保证维修人员安全,原理示意如图2-16(a)所示。在道岔斜股绝缘两侧各安装一台空芯线圈时,两中心线连接可作为抗流变压器使用。其长时间通电总电流不大于200 A,如图2-16(b)所示。

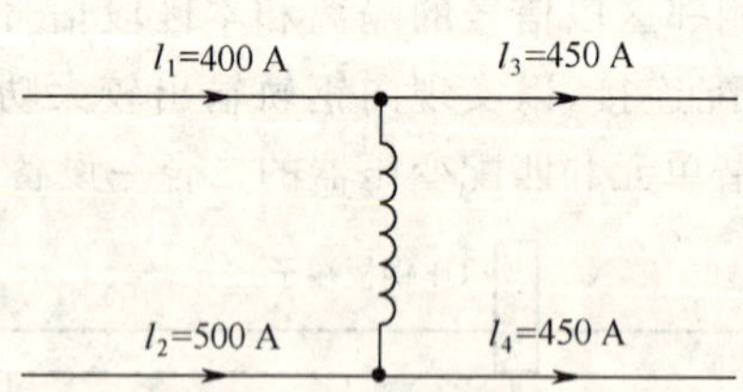

图2-15 原理示意图

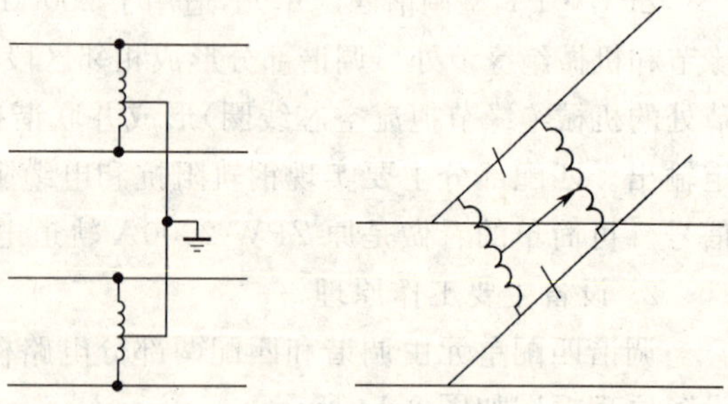

(a) (b)

图2-16 原理示意图

此外,还有ZPW·XKJD机械绝缘节空芯线圈,设置于进出站口处。其与调谐匹配单元形成并联谐振,使机械绝缘节电气参数与电气绝缘节等效,从而使含有机械绝节的轨道电路区段与双端均为电气绝缘节区段达到等长传输距离。由50 mm² 玻璃丝包电磁线绕制,线圈中点可以作为钢轨的横向连接、与相邻区段扼流中心点连接和纵向防雷的接地连接使用。

(三)ZPW·BPLN型站内匹配变压器

1. 作用

ZPW·BPLN型站内匹配变压器,适用于200 km/h及以上客运专线。其用于站内机械绝缘节分割的股道、咽喉区的无岔和道岔区段以及其他双端为机械绝缘节的轨道电路的发送和接收端，主要完成钢轨阻抗和电缆阻抗的连接，以实现轨道电路信号的有效传输及雷电的横向防护。

2. 设备工作原理

该匹配单元中匹配变压器变比可调，根据站内道岔布置和载频信号的频率，依据调整表进行设置。站内匹配变压器工作原理如图 2-17 所示。

(1)接线端子 V1、V2 经调谐单元接至轨道。E1、E2 经 SPT 数字信号电缆接至室内。

(2)变压器实现轨道电路阻抗与 SPT 数字信号电缆阻抗匹配连接。

(3)电解电容器 C1、C2 起到隔直通交的作用，使匹配变压器适用于直流电力牵引区段。

(4)防雷单元 F 并接于 V1、V2 端子间，实现横向雷电防护。

(5)电感线圈 L1、L2 用作对 SPT 数字信号电缆表现出容性的补偿。同时与匹配变压器相对应处轨道电路被列车分路时，它可以作为一个负载阻抗。

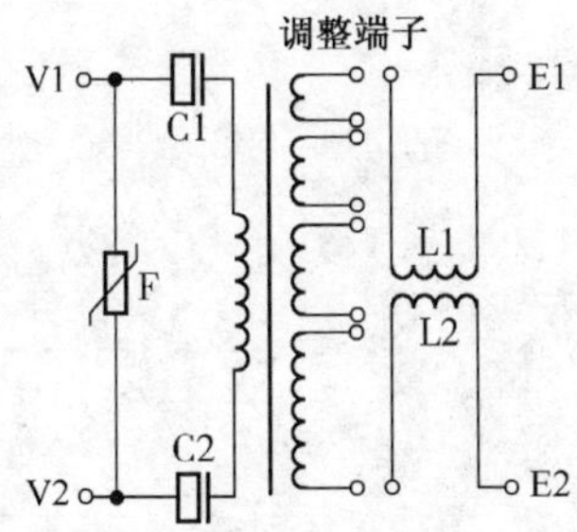

图 2-17　匹配变压器原理图

(三)ZPW·CBGM 补偿电容

补偿电容是为了补偿因轨道电路过长，钢轨电感的感抗所产生的无功功率损耗，改善轨道电路在钢轨上的传输性能。根据通道参数并兼顾低道砟电阻道床传输，选择电容器容量。使传输通道趋于阻性，保证轨道电路具有良好传输性能。其主要功能如下。

(1)保证轨道电路传输距离。

(2)保证接收端信号有效信干比。

(3)实现了对断轨状态的检查。

(4)保证了钢轨同侧两端接地条件下，轨道电路分路及断轨检查性能。

操作实践

【任务 1】ZPW·F-K 型发送器的安装调试与维护

一、任务描述

知道 ZPW·F-K 型发送器的安装处所，掌握安装及调试方法，会分析及处理故障。

二、所需设备与工具

ZPW·F-K 型发送器、CD96-3Z 移频测试表、万用表、锁闭杆钥匙、万可螺丝刀。

三、操作步骤

(一)安装与调试

1. 发送器的安装

发送器为模块化结构。由 CPU 板、数字板、电源板、功放板及母板构成。发送器底座示意图及端子说明分别如图 2-18、表 2-4 所示。

发送器只有在室内配线施工完成并测试机上发送器底座的“＋24”和“024”两端子间电压在23～25V范围内，且极性正确后，方可安装到机柜的U形槽上，并用钥匙将锁闭杆锁紧，防止接触不良。

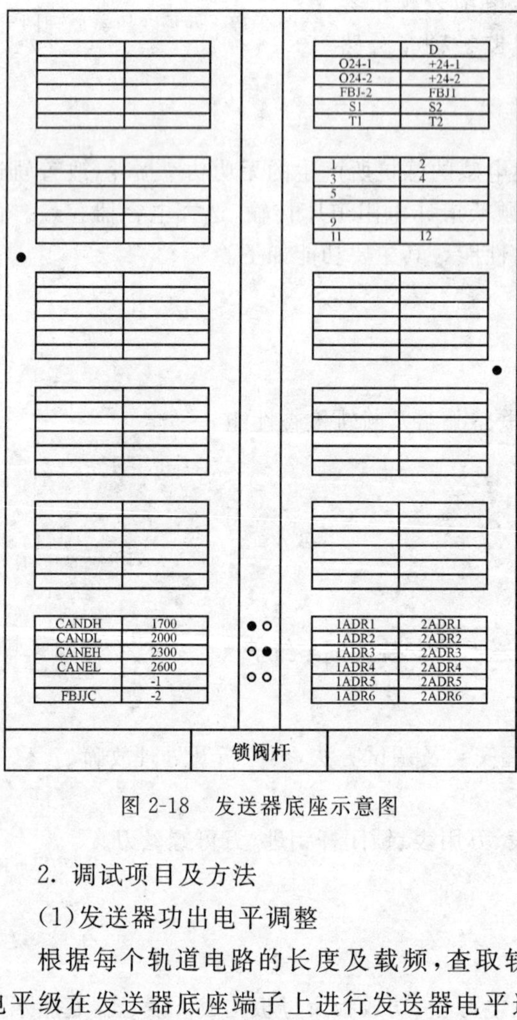

图 2-18　发送器底座示意图

表 2-4　发送器底座端子代号及用途说明

序号	代　号	用　途
1	D	地线
2	＋24－1	＋24电源外引入线1 接至冗余控制器电源端子ZFS＋24或BFS＋24
3	＋24－2	＋24电源外引入线2 用于CAN地址条件及载频编码条件
4	024－1	024电源外引入线1 接至冗余控制器电源端子ZFS024或BFS024
5	024－2	024电源外引入线2
6	1700	1700Hz载频
7	2000	2000Hz载频
8	2300	2300Hz载频
9	2600	2600Hz载频
10	－1	－1型载频选择
11	－2	－2型载频选择
12	1ADR1～1ADR6	配置CPU1的CAN地址
13	2ADR1～2ADR6	配置CPU2的CAN地址
14	CANDH	柜内总线CANDH
15	CANDL	柜内总线CANDL
16	CANEH	柜内总线CANEH
17	CANEL	柜内总线CANEL
18	1～5、9、11、12	功放输出电平调整端子
19	S1、S2	功放输出端子
20	T1、T2	功放输出测试端子
21	FBJ1、FBJ2	发送报警继电器输出线，接至冗余控制器ZFBJ1、ZFBJ2或BFBJ1、BFBJ2
22	FBJJC	发送报警继电器吸起接点回采，接至冗余控制器的ZFBJJC或BFBJJC(发送报警继电器吸起时有＋24V电平，落下时没有＋24V电平)

2. 调试项目及方法

(1)发送器功出电平调整

根据每个轨道电路的长度及载频，查取轨道电路调整表以确定发送器功出电平级，按电平级在发送器底座端子上进行发送器电平连线，每种电平的选择连接方式及输出电压见表2-5。

表 2-5 发送器空载输出电平端子连接图

发送电平	底座端子连接		电压参考值(V)	发送电平	底座端子连接		电压参考值(V)
1	9—11	12—1	176	6	4—11	12—1	64
2	9—11	12—2	158	7	5—11	12—3	59
3	9—11	12—3	137	8	4—11	12—2	47
4	9—11	12—4	111	9	3—11	12—1	38
5	9—11	12—5	78	10	5—11	12—4	33

(2)载频选择校对

按照工程设计对发送器载频选择连接进行校对,载频有八种,载频连接方式见表 2-6。

表 2-6 发送器载频连接方式

载频频率	1700—1	1700—2	2000—1	2000—2	2300—1	2300—2	2600—1	2600—2
端子连接	+24—2 与 1700—1	+24—2 与 1700—2	+24—2 与 2000—1	+24—2 与 2000—2	+24—2 与 2300—1	+24—2 与 2300—2	+24—2 与 2600—1	+24—2 与 2600—2

(3)发送器双机热备冗余功能试验

①在室内调试时要试验发送器的双机热备冗余功能,可以通过用钥匙松开主发送器锁闭杆后观察是否切换至备机。

②在无绝缘衰耗冗余控制器面板设有主、备发送器工作状态指示灯和主、备发送器工作电源电压、报警继电器电压,功出电压,功出电流等工作参数测试塞孔。

③松开主发送器锁闭杆后,测试主发送报警继电器电压小于 1 V,备发送报警继电器电压正常,功出正常。

④如果松开主发送锁闭杆后切换至备机,拧紧主发送又切换回主机则发送器的双机热备冗余功能正常。

⑤主、备发送器正常工作时,在无绝缘衰耗冗余控制器面板上“主电源”塞孔可测得主发送工作电压,“备电源”塞孔可测得备发送工作电压,“主报警”塞孔可测得主发送报警继电器电压,“备报警”塞孔可测得备发送报警继电器电压,“功出(V)”塞孔可测得功出电压,“功出(A)”塞孔可测得功出电流,测试参考值见表 2-7。

表 2-7 发送器正常工作衰耗冗余控制器面板测试参考值

测试塞孔名称	仪表使用	测试数值范围
发送—主电源	选择直流挡	23～25 V
发送—备电源	选择直流挡	23～25 V
发送—主报警	选择直流挡	≥20 V
发送—备报警	选择直流挡	≥20V
发送—功出(V)	选择单载频挡	符合轨道电路调整表范围
发送—功出(A)	选择单载频挡	与“发送—功出(V)”相当

(二)故障分析与处理

1. 发送器正常工作的条件。

24 V电源并保证极性正确;有且只有一路载频编码条件、"-1"或"-2"条件;CAND、CANE两路CAN总线接线正确;CAN地址选择正确;功出负载不能短路。

2. 发送器工作不正常

如果发送器工作不正常,应首先判断以上这些条件是否具备,如果条件具备而发送器仍不正常,则说明发送器故障。故障的发送器应及时送到检修工区或维修中心修复。

3. 故障处理

在使用过程中如果出现某发送器故障或断路器跳闸,则应及时取下故障发送器并合上跳闸断路器,排除外部因素引起设备故障后,应及时用备品更换。发送器为双机热备冗余方式,所以更换设备时不会对该轨道电路的使用造成影响,故障设备应及时送到检修工区或维修中心修复。

(三)维护与保养

1. 日常维护保养及测试

设备安装使用后,应定期进行测试,测试结果如不符合要求应及时进行更换或维修。

设备应在规定的工作环境条件下工作,保持机械室干燥。

2. 运行时的维护及保养

设备在运行时保持环境及设备表面清洁、干净、保持备品备件的完好。对运行使用的设备定期进行测试记录,并比较分析数据的变化趋势。若测试的数值偏离较大时,应进行分析比较,必要时需要换设备。

3. 正常维修程序

(1)定期进行备品监测及备件的检查,保持备品备件的完好。

(2)定期对运行中的设备进行测试。

(3)测试结果不合格的设备,进行比较分析,确认为故障的进行更换。

(4)送到维修中心修复。

【任务2】ZPW·F-K型发送器的测试

一、任务描述

知道ZPW·F-K型发送器的测试项目内容,会使用相关的仪表及器材,掌握ZPW·F-K型发送器的测试方法及步骤。

二、所需设备与工具

ZPW·F-K型发送器、CS2672C绝缘耐压测试仪、ZPW-2000A发送器绝缘耐压测试台、ZC-7DC 500 V兆欧表、BT-01U/K型无绝缘移频设备微机测试台、CD96-3Z型移频测试。

三、操作步骤

(一)绝缘电阻测试

本项测试使用工装为ZPW-2000A发送器绝缘耐压测试台。测试台面板如图2-19所示。

1. 将组装完毕的发送器整机装在发送器绝缘耐压测试台上(用钥匙锁紧),并将测试台与兆欧表连接,兆欧表输出设置为直流500 V,其输出端子依次施加于测试台A和M、B和M之间，测试结果应不小于 200 MΩ。

2. 将组装完毕的发送器整机装在发送器绝缘耐压测试台上（用钥匙锁紧），并将测试台与兆欧表连接，兆欧表输出设置为直流 500 V，其输出端子依次施加于测试台 A 和 M、B 和 M 之间，测试结果应不小于 200 MΩ。

（二）绝缘耐压测试

将组装完毕的发送器整机装在发送器绝缘耐压测试台上（用钥匙锁紧），并将测试台与 CS2672C 型高压发生器连接。高压发生器的输出调到交流 1 000 V、50 Hz，定时 1 min，漏流 1 mA。其输出端子依次施加于测试台 A 和 M、B 和 M 之间，上述过程中测试装置应无声光报警、设备无闪络现象。

（三）电气性能测试

电气指标测试采用 BT-01U/K 型无绝缘移频设备测试台进行自动测试。BT-01U/K 型无绝缘移频设备测试台由计算机、测试主台、测试接口条件箱等组成，其设备连接如图 2-20 所示。

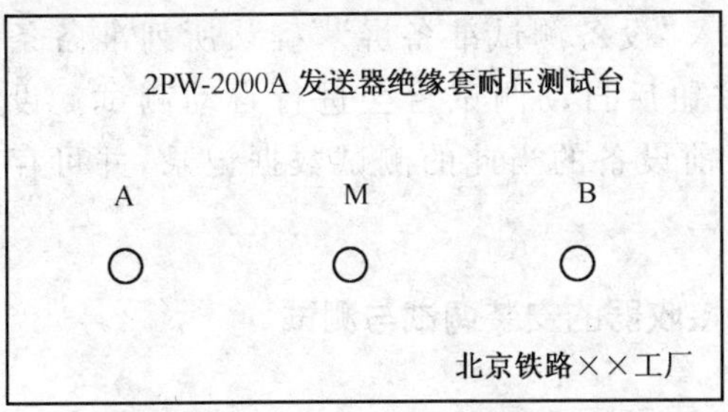

图 2-19　ZPW-2000A 发送器绝缘耐压测试台面板示意图

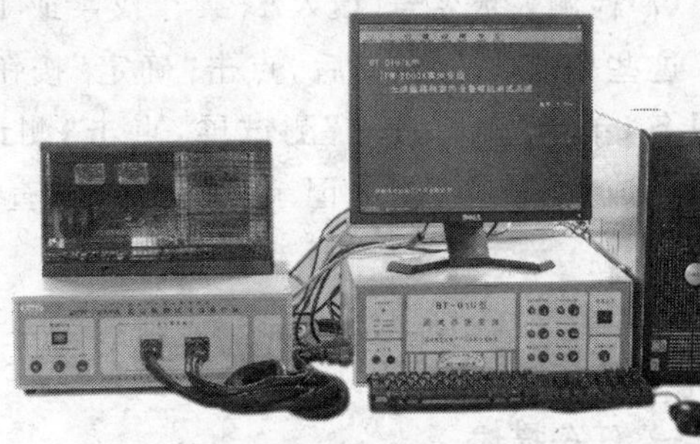

图 2-20　发送器电气性能测试设备连接图

1. 测试台的启动与关闭

(1)测试软件的安装。首先进行测试软件的安装，测试台测试软件安装完成后，在 Windows 2000 的桌面上显示有“BT-01U/K 型无绝缘移频设备测试台”的图标。

(2)测试台的开机步骤。在计算机已经启动的情况下应再开启测试主台的电源开关，建立测试的通信条件。

(3)测试台的关机步骤。先退出测试程序，再依次关断条件箱的 WD 直流电源开关，条件箱的总电源和测试主台开关。

2. 被测设备的选型

(1)在 Windows 桌面上双机测试台的图标，启动测试台的测试程序，测试程序启动后，自动进行测试主台的初始化，完成后会自动弹出设备选型对话框。

(2)在设备选型对话框中点击“接收器”，屏幕会出现目前已选设备“ZPW · F-K 型发送器”，点击此字符串使其变色后再点击右下角的“确定”按钮。

(3)再次弹出“选择对话框”对话框，问你选择的设备是“ZPW · F-K 型发送器，你确定么？”点击“是”后，将进入次自动测试台的主菜单，此菜单包括：①测试记录文件；②常设测项编排；③设备常规测试；④设备维修调试；⑤主台初始化；⑥设备选型；⑦设备选型定制；⑧测试帮助；⑨退出程序。

3. 常规测试

首次使用此自动测试台时，应先把发送器所要测的各项在“常规测项编排”进行录入，在自动测试台的主菜单中点击“常设测项编排”，点击后进入“设备常规测试一常设测项编排”屏，在此屏中会出现“工厂常设测项编排”，此处可点击“新建常设项”根据需要进行常设项编排，编排结束后，点击“保存常设项”命令保存常设项。返回主菜单，选中“设备常规测试”菜单项后，首先进入“常规测试登记”屏，此时需要测试人员对设备进行完整的“常规测试登记”，需要填写的内容如下：

(1)填入设备身份编号(00000000～99999999)。

(2)设备复测序号(××××)。

(3)常设测项选择(选择“出厂常设测项”)。

(4)指标判断依据(调试班选择“调试指标”；监察科选择“出厂指标”)。

(5)测试方法选择(选择“搜索法”)。

(6)环境温度记录(测试时室内实际温度)。

(7)检测人员名号(填入 1～4 个汉字或 1～8 个字母，数字)。

这些内容填写完成后，点击“确定”按钮，进入“设备测试准备屏”，确认所列准备条件已具备，单击“确定进入”测试屏，点击“测试”按钮后自动测试台会进行自动测试。设备测试完成后，点击“测试记录表”功能项，查看当前设备的当此的测试数据记录，并可存盘和打印。

【任务 3】ZPW·J－K 型无绝缘接收器的安装调试与测试

一、任务描述

知道 ZPW·J－K 型无绝缘接收器的安装处所，掌握安装及调试方法，会分析及处理故障。会使用相关的仪表及器材，掌握 ZPW·J－K 型无绝缘接收器的测试方法及步骤。

二、所需设备与工具

ZPW·J－K 型无绝缘接收器、CD96-3Z 移频测试表、万用表、锁闭杆钥匙、万可螺丝刀、

BT-01U/K 型无绝缘移频设备微机测试台、ZPW-2000A 接收器绝缘耐压测试台、ZC－7 兆欧表(DC500V)、CS2672C 绝缘耐压测试仪。

三、操作步骤

(一)安装与调试

1. 安装条件及要求

接收器为为模块化结构，底座由 2 块 NS1 模块构成，内部由 SZ 板、I/O 板、CPU 板及 NB 板四块电路板构成，外罩为黑色网罩，并通过锁闭杆与机柜固定。接收器外形图及底座端子代号示意图分别如图 2-21、表 2-8所示。

图 2-21 ZPW·J－K 型无绝缘接收器外形图

(1)安装条件。在室内配线施工完成并测试机柜上接收器底座的“＋24”和“024”两端子间直流电压在 23～25 V 范围内，且极性正确后，接收器才可安装到机柜的 U 形槽上。

(2)安装要求。接收器为带 NS1 底座的插座型盒体，安装在机柜的 U 形槽上，并用钥匙将锁闭杆锁紧，以防接触不良。

表 2-8　接收器底座端子代号示意图

CANDH	CANDL	●○		D
Z1N1(Z)	X1N1(Z)	●○	024	+24
Z1N2(Z)	X1N2(Z)	○○	1700(Z)	2000(Z)
G(Z)	GH(Z)		2300(Z)	2600(Z)
ADR1(Z)	ADR2(Z)		−1(Z)	−2(Z)
ADR3(Z)	ADR4(Z)		X1(Z)	X2(Z)
●				○
CANEH	CANEL		JB−	JB+
Z1N1(B)	X1N1(B)		(024)	(+24)
Z1N2(B)	X1N2(B)		1700(B)	2000(B)
G(B)	GH(B)		2300(B)	2600(B)
ADR1(B)	ADR2(B)		−1(B)	−2(B)
ADR3(B)	ADR4(B)		X1(B)	X2(B)
		锁闭杆		

注：●为鉴别销位置

2. 调试项目及方法

(1)接收器电平调整

①根据各轨道电路的长度及载频，查阅轨道电路调整表，确定接收器主轨道电平值，按电平值查找主轨道电平调整表，并按照调整表在衰耗冗余控制器上用 RVZR 23×0.1 mm 阻燃塑料线进行主轨道电平封线。

②按照工程设计对接收器的主备机载频选择及地址选择封连线进行校对。

(2)接收器双机互备功能

在室内调试时要实验接收器的双机互备功能，每个接收器可以通过用钥匙松开锁闭杆后，观察衰耗冗余控制器面板的轨道指示灯状态来判断(试验双机互备功能时轨道指示灯应为绿色)。如果锁闭杆松开后衰耗冗余控制器面板的轨道指示灯状态不变，则说明双机热备功能正常。

在无绝缘衰耗冗余控制器面板设有接收器工作状态指示灯和接收器工作电源电压、轨道继电器电压。轨入及轨出等测试塞孔，接收器正常工作测试参考值见表 2-9。

接收器通过其底座的 JB+、JB−两端子将本身的故障报警条件送入相应的衰耗冗余控制器内。当接收器正常工作时，接收器本身前面窗口灯点绿灯，衰耗冗余控制器面板的接收工作灯点绿灯。接收器故障时，接收器本身前面窗口灯点红灯，衰耗冗余控制器面板的接收工作灯点红灯。

表 2-9 接收器正常工作衰耗冗余控制器面板测试参考值

测试塞孔名称	仪表使用	测试数值范围
接收－电源	选择直流挡	23～25V
接收－GJ(Z)	选择直流挡	≥20V
接收－GJ(B)	选择直流挡	≥20V
接收－GJ	选择直流挡	≥20V
接收－轨入	选择多载频挡	主轨道信号电压符合轨道电路调整表范围小轨道信号电压大于 42mV
接收－主轨出	选择单载频挡	符合轨道电路调整表范围
接收－小轨出	选择单载频挡	110mV 左右

接收器的通信部分故障时，衰耗冗余控制器面板的接收工作灯仍点绿灯，接收器仍可通过载频选择封线选择的载频继续解调信号，并驱动轨道继电器。这部分电路故障将向微机监测反映，由微机监测判断故障。

(二)故障分析与处理

1. 若接收器在各种工作条件都具备的情况下(如主、并机的载频、"－1"或"－2"型及"X1"或"X2"及地址线已被选择)，而接收器面板上的工作指示灯点红灯，则说明接收器出现故障。可采用设备替换方法确认设备是否故障。通过查看对应的衰耗冗余控制器面板的接收工作灯是否点绿灯，来确定接收器所需的工作条件是否具备(如主、并机的载频、"－1"或"－2"型及"X1"或"X2"及地址线端子有＋24 V)及接收器本身是否存在故障。

2. 在使用过程中若出现某接收器断路器跳闸时，应及时取下故障接收器并合上跳闸断路器，排除外部因素引起设备故障后，应及时用备品更换，接收器为双机并用方式，所以更换设备时不会对该轨道电路的使用造成影响，故障设备应及时送到检修工区或维修中心修复。

(三)测　　试

设备安装使用后，应定期进行测试，测试项目及指标范围见表 2-10。

表 2-10 测试项目与指标及范围

序号	项目		指标及范围	备注
1	主轨道	吸起灵敏度	200～210 mV	电源电压 DC (24.0±0.1)V
		落下灵敏度	≥170 mV	
		继电器电压	≥20 V	
		吸起延时	2.3～2.8 s	
		落下延时	≤2.0 s	
2	小轨道	吸起灵敏度	70～80 mV	
		高落灵敏度	280～410 mV	
		低落灵敏度	≥63 mV	
		吸起延时	2.3～2.8 s	
		落下延时	≤2.0 s	

续上表

序　号	项　目		指标及范围	备　注
3	通信功能检查	CAND 关闭,CANE 正常	主、并机继电器吸起	满足 8 种载频 18 种低频
		CAND 正常,CANE 关闭		
		CAND 关闭,CANE 关闭		
4	CAN 地址设置检查	并机工作	主机继电器吸起	
		主机工作	并机继电器吸起	
5	绝缘电阻		≥200MΩ	各端子对机壳
6	绝缘耐压		测试装置无声光报警设备无闪络现象	交流 500 V、50Hz、定时 1min、漏电流 1 mA

首先测试接收器的绝缘电阻和绝缘耐压指标,测试合格后再进行电气性能测试。

1. 绝缘电阻测试

(1)本项测试使用工装为 ZPW-2000A 接收器绝缘耐压测试台,如图 2-22 所示。测试台面板如图 2-23 所示。将组装完毕的接收器整机装在接收器绝缘耐压测试台上,并用钥匙锁紧。

(2)将测试台与兆欧表连接,兆欧表设在直流 500 V 挡,并依次施加于测试台 G 和 M、F 和 M、I 和 M、J 和 M 位置进行绝缘电阻测试,测试结果应不小于 200 MΩ。

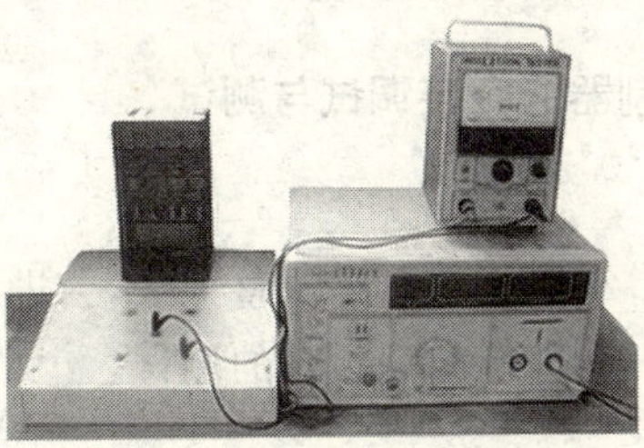

图 2-22　接收器绝缘耐压测试台

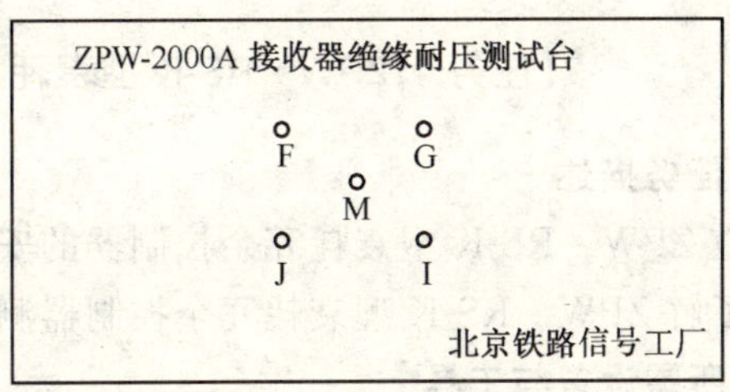

图 2-23　接收器绝缘耐压测试台面板示意图

2. 绝缘耐压测试

将组装完毕的接收器整机装在接收器绝缘耐压测试台上,并用钥匙锁紧。将测试台与 CS2672C 型高压发生器相连,高压发生器的输出调到交流 500 V、50 Hz,定时 1 min,漏流 1 mA,将其输出依次施加于测试台 G 和 M,F 和 M,I 和 M,J 和 M,上述过程测试装置应无声光报警,设备无闪络现象。

3. 电气性能测试

采用 BT-01U/K 型无绝缘移频设备测试台进行自动测试,其设备连接如图 2-24 所示。

(1)测试台的启动与关闭

①安装测试软件后,在 Windows 2000 的桌面上显示“BT-01U/K 型无绝缘移频设备测试台”的图标。

②测试台开机的步骤是在计算机已经启动的情况下应先开启测试主台的电源开关,建立

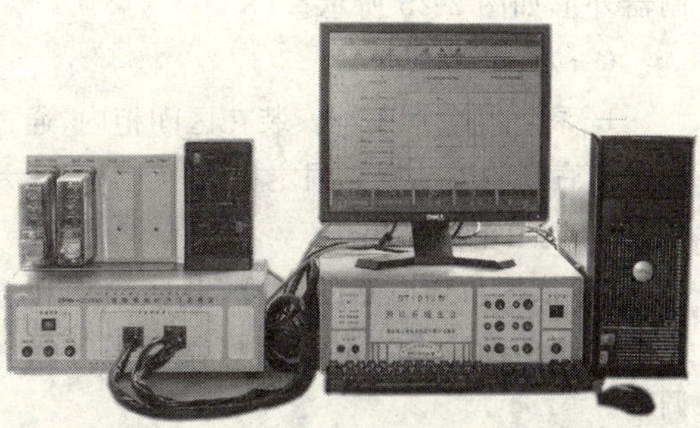

图 2-24　接收器电气性能测试设备连接图

测试的通信条件。

③测试台的关机步骤是先退出测试程序，再依次关断条件箱的 WD 直流电源开关、总电源和测试主台开关。

(2)被测设备的选型

在 Windows 桌面上双机测试台的图标，启动测试台的测试程序，测试程序启动后，自动进行测试主台的初始化，完成后会自动弹出设备选型对话框，在此点击“接收器”，屏幕会出现目前已选设备“ZPW·J－K 无绝缘接收器”，点击此字符串使其变色后再点击右下角的“确定”按钮。这时又会弹出“选择对话框”对话框，问你选择的设备是“ZPW·J－K 型无绝缘接收器，你确定么?”点击“是”后，将进入此自动测试台的主菜单。

(3)常规测试

首次使用此自动测试台时，应先把接收器所要测试的各项在“常规测项编排”进行录入，在自动测试台的主菜单中点击“常设测项编排”。点击后首先进入“常规测试登记”屏，在此屏中会出现“出场常设测项编排”此处要进行接收器需要测试项内容的录入，具体录入内容有设备身份编号、设备复测序号、常设测项选择、指标判断依据、测试方法选择、环境温度记录、检测人员名号、本次测试日期(填入测试时的实际日期)。以上内容填写完成后，点击“确定”按钮，进入“设备测试准备屏”，再次确定后自动测试台会进行自动测试。设备测试完成后，点击“测试记录表”功能项，可查看当前设备的挡次的测试数据记录，并可存盘和打印。

【任务 4】ZPW·RS-K 型衰耗冗余控制器的安装调试与测试

一、任务描述

知道 ZPW·RS-K 型衰耗冗余控制器的安装处所，掌握轨道电路调整方法，会进行设备的测试。了解 ZPW·RS-K 型衰耗冗余控制器测试项目，会进行相关项目的测试。

二、所需设备与工具

ZPW·RS-K 型衰耗冗余控制器、手捻螺钉、绝缘耐压测试仪，DC、500V 兆欧表，34401A 型数字多用表，衰耗冗余控制器绝缘耐压测试工装，衰耗冗余控制器绝缘电阻测试工装，BT-01 U/K 无绝缘移频设备测试台。

三、操作步骤

衰耗冗余控制器是盒体结构，外部装有黑色网罩。盒体正面装有发光二极管、测试塞孔，通过 69 芯线簧插头与外部连接。衰耗冗余控制器外形如图 2-25 所示。

图 2-25 衰耗冗余控制器外形图

(一)安装与使用

1. 衰耗冗余控制器安装在区间柜内，通过机柜的滑道与母板连接，用盒体后侧的手捻螺钉固定在机柜上。

2. 轨道电路调整

(1)依据轨道电路的长度、载频频率和道砟电阻条件，查“轨道电路调整表”，确定主轨道的接收器电平等级．在衰耗冗余控制器的母板上通过相应端子进行调整。

(2)依据轨入实际测得的小轨道信号的大小，查“小轨道调整表”，在衰耗冗余控制器的底座母板上进行小轨道调整(包括正、反方向)。

(二)故障分析与处理

1. 设备故障简易分析

当发送器、接收器工作正常,衰耗冗余控制器不能正常工作时,首先查找衰耗冗余控制器外配线是否正确。可采用设备替换方法,确认衰耗冗余控制器是否故障。

2. 设备故障处理

在设备故障时,应及时用备品更换,故障设备应及时送到维修中心修复。

(三)测　　试

1. 衰耗冗余控制器面板13个测试塞孔的功能与使用

(1)“主电源”、“备电源”和“电源”塞孔。用来测试主、备发送器、接收器的工作电源,测试值应在23~25 V范围内。

(2)“主报警”、“备报警”塞孔。用来测试主、备发送器的报警继电器电压。

(3)“功出(V)”塞孔。用来测试发送器的输出电压,测试值应与调整表的范围一致。

(4)“功出(A)”塞孔。用于测试发送器的功出电流。

(5)“轨入”塞孔。用于测试接收器主轨道输入电压和小轨道输入电压。

(6)“主轨出”塞孔。用于测试主轨道经过电平级调整后的输出电压,测试值应大于等于240 mV。

(7)“小轨出”塞孔。用于测试小轨道经过电平级调整后输出电压,测试值应在110 mV左右。

(8)“GJ(Z)”、“GJ(B)”和“GJ”塞孔。用来测试主机、并机输出的轨道继电器电压及总轨道继电器电压。继电器电压应大于20 V。

2. 绝缘电阻测试

选择兆欧表直流500 V挡,测量衰耗冗余控制器引出端子与外壳之间绝缘电阻,测试值应不小于200 MΩ。

3. 绝缘耐压测试

将衰耗冗余控制器安装于绝缘耐压测试台上,绝缘耐压测试仪输出设置为交流50 Hz、(1 000±1)V,施加于T、L之间,N、M之间,T、M之间,L、M之间,P、M之间,漏电流小于1 mA,保持1 min。

耐压测试仪无声光报警,设备不应有闪络及损坏现象。

4. 电气性能的测试

(1)测试所用设备

使用BT-01U/K型无绝缘移频设备测试台进行自动测试,测试台由计算机、测试主台、测试接口条件箱等组成,设备连接如图2-26所示。

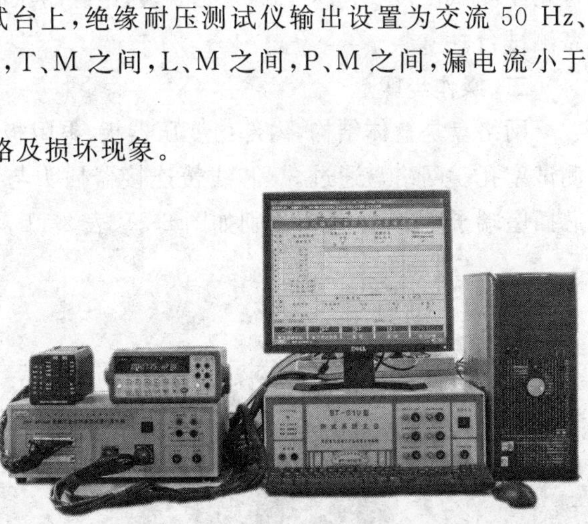

图2-26　衰耗冗余控制器电气性能测试设备连接图

(2)测试台的启动与关闭

首先是测试软件的安装,安装完后在Windows桌面上显示“BT-01U/K型无绝缘移频设备专用测试台”的图标。其次,注意测试台的启动与关闭程序。

(3)被测设备的选型

在 Windows 桌面上双击测试台图标，启动测试台的测试程序，测试程序启动后，自动进行测试主台的初始化，完成后会自动弹出设备选型对话框，在此点击“衰耗器”，屏幕会出现目前可选设备“ZPW・RS-K 型无绝缘衰耗冗余控制器”，用户可根据实际使用的设备型号选择。点击所选的字符串使其变色后再点击菜单右下角的“确定”按钮。这时又会弹出“请选择”对话框，问你选择的设备是“ZPW・RS-K 型无绝缘衰耗冗余控制器”，你确定吗？点击“是”后，将进入此自动测试台的主菜单。

(4)常规测试

当测试内容已经录入“常设测项编排”后，点击“确定”键。返回主菜单后选中“设备常规测试”菜单项后，首先进入“常规测试登记屏”此时需要测试人员对设备进行完整的“常规测试登记”，并填写设备身份编号、设备复测序号、常设测项选择、指标判断依据、测试方法选择、环境温度记录、检测人员名号、本次测试日期等内容，再点击“确定”按钮，进入“设备测试准备屏”，按提示准备完毕再次确定后自动测试台会进行自动测试。设备测试完成后，点击“测试记录表”功能项，查看当前设备的当次的测试数据记录，并可存盘和打印。

【任务 5】ZPW・ML-K 型网络盘的安装调试与测试

一、任务描述

认识 ZPW・ML-K 型网络盘，会进行 ZPW・ML-K 型网络盘的安装与调试，会分析与处理 ZPW・ML-K 型网络盘故障。知道 ZPW・ML-K 型网络盘功能，会进行其绝缘电阻、绝缘耐压及电气性能的测试。

二、所需设备与工具

ZPW・ML-K 型网络盘、锁闭杆钥匙，万可螺丝刀、ZPW・ML-K 型网络盘，CS2672C 绝缘耐压测试仪，ZC-7 DC500 V 兆欧表，绝缘耐压测试台，BT-01U/K 型 ZPW-2000A 无绝缘设备测试台。

三、操作步骤

网络盘是盒体结构，内部由变压器板、电阻板和防雷变压器三部分构成。盒体正面安装有测试塞孔。网络盘通过 35 芯线簧连接器插头与电缆模拟网络组匣相连接。网络盘外形，35 芯插座端子定义、示意图分别如图 2-27、表 2-11 及图 2-28 所示。

图 2-27 ZPW・ML-K 无绝缘防雷模拟网络盘外形图

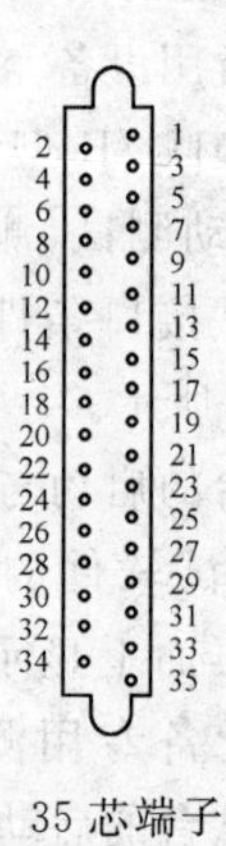

图 2-28 35 芯端子示意图

表 2-11　35 芯插座端子定义表

序　号	代　号	用　途
1	1、2	设备侧接线端子，防雷变压器初级
2	3、4	防雷变压器次级
3	5～30	0.25、0.5、1、2、2＊2km 电缆模拟网络接线端子
4	31、32	电缆侧接线端子
5	35	防雷变压器接地端

（一）安装与调试

1. 安装条件

网络盘安装在网络接口柜的组匣内。网络盘安装时，按机柜布置图将网络盘插入所对应的组匣的滑道内，并通过组匣背面的手捻螺钉将网络盘紧固。

2. 调试方法

查阅“电缆补偿长度调整表”，连接网络组匣 35 线插座的端子可进行电缆长度的补偿。根据各轨道电路的实际电缆长度，按照“电缆补偿长度调整表”，见表 2-12。跨接组匣背面的 35 芯端子，进行送、受端电缆长度补偿。当实际电缆长度≤10 km 时，通过调整 35 芯端子进行电缆长度补偿，使得实际电缆与补偿电缆之和接近 10 km。

例：依照轨道电路图，确认发送端实际电缆长度为 4.3 km，实际电缆长度≤10 km 时，应补偿 5.5 km。按照“电缆补偿长度调整表”规定，由于 4 250m<实际电缆<4 500m，补偿电缆应选择 5 500 m，用 RVZR 23×0.15 mm 阻燃塑料线将 3－9，4－10，11－13，12－14，15－25，16－26，27－29，28－30 端子连接，进行电缆长度补偿。

3. 使用前检查

使用前应按照“电缆补偿长度调整表”检查组匣背面的 35 芯端子跨线，确认送、受端电缆长度补偿是否正确。

（二）故障分析与处理

1. 盒体正面设有设备工作参数测试塞孔，可以测量轨道电路设备侧、电缆侧和防雷变压器侧的信号电压。

2. 用三个 CD96－3A 移频参数测试表，分别测量网络盘上的“设备”、“防雷”及“电缆”三个测试孔的电压值，应符合要求。测试参考值见表 2-13。

表 2-12　电缆补偿长度调整表

额定电缆长度 10 000 m		模拟网络长度（m）	端子封线
步长（m）	250		
实际电缆长度（m）			
下限长<L	L≤上限长		
9 750	10 000	0	3－29，4－30
9 500	9 750	250	3－5，4－6，7－29，8－30
9 250	9 500	500	3－9，4－10，11－29，12－30
9 000	9 250	750	3－5，4－6，7－9，8－10，11－29，12－30
8 750	9 000	1 000	3－13，4－14，15－29，16－30

续上表

额定电缆长度 10 000m		模拟网络长度(m)	端子封线
步长(m)	250		
实际电缆长度(m)			
下限长＜L	L≤上限长		
8 500	8 750	1 250	3—5,4—6,7—13,8—14,15—29,16—30
8 250	8 500	1 500	3—9,4—11,11—13,12—14,15—29,16—30
8 000	8 250	1 750	3—5,4—6,7—9,8—10,11—13,12—14,15—29,16—30
7 750	8 000	2 000	3—17,4—18,19—29,20—30
7 500	7 750	2 250	3—5,4—6,7—17,8—18,19—29,20—30
7 250	7 550	2 500	3—9,4—10,11—17,12—18,19—29,20—30
7 000	7 250	2 750	3—5,4—6,7—8,8—10,11—17,12—18,18—29,20—30
6 750	7 000	3 000	3—13,4—14,15—17,16—18,19—29,20—30
6 500	6 750	3 250	3—5,4—6,7—13,8—14,15—17,16—18,19—29,20—30
6 250	6 500	3 500	3—9,4—12,11—13,12—14,15—17,16—18,19—29,20—30
6 000	6 250	3 750	3—5,4—6,7—9,8—10,11—13,12—14,15—17,16—18,19—29,20—30
5 750	6 000	4 000	3—25,4—26,27—29,28—30
5 500	5 750	4 250	3—5,4—6,7—25,8—26,27—29,28—30
5 250	5 500	4 500	3—9,4—10,11—25,12—26,27—29,28—30
5 000	5 250	4 750	3—5,4—6,7—9,8—10,11—25,12—26,27—29,28—30
4 750	5 000	5 000	3—13,4—14,15—25,16—26,27—29,28—30
4 500	4 750	5 250	3—5,4—6,7—13,8—14,15—25,16—26,27—29,28—30
4 250	4 500	5 500	3—9,4—10,11—13,12—14,15—25,16—26,27—29,28—30
4 000	4 250	5 750	3—5,4—6,7—9,8—10,11—13,12—14,15—25,16—26,27—29,28—30
3 750	4 000	6 000	3—17,4—18,19—25,20—26,27—29,28—30
3 500	3 750	6 250	3—5,4—6,7—17,8—18,19—25,20—26,27—29,28—30
3 250	3 500	6 500	3—9,4—10,11—17,12—18,19—25,20—26,27—29,28—30
3 000	3 250	6 750	3—5,4—6,7—9,8—10,11—17,12—18,19—25,20—26,27—29,28—30
2 750	3 000	7 000	3—13,4—14,15—17,16—18,19—25,20—26,27—29,28—30
2 500	2 750	7 250	3—5,4—6,7—13,8—14,15—17,16—18,19—25,20—26,27—29,28—30
2 250	2 500	7 500	3—9,4—10,11—13,12—14,15—17,16—18,19—25,20—26,27—29,28—30
2 000	2 250	7 750	3—5,4—6,7—9,8—10,11—13,12—14,15—17,16—18,19—25,20—26,27—29,28—30
1 750	2 000	8 000	3—17,4—18,19—21,20—22,23—25,24—26,27—29,28—30
1 500	1 750	8 250	3—5,4—6,7—17,8—18,19—21,20—22,23—25,24—26,27—29,28—30
1 250	1 500	8 500	3—9,4—10,11—17,12—18,19—21,20—22,23—25,24—26,27—29,28—30
1 000	1 250	8 750	3—5,4—6,7—9,8—10,11—17,12—18,19—21,20—22,23—25,24—26,27—29,28—30
750	1 000	9 000	3—13,4—14,15—17,16—18,19—21,20—22,23—25,24—26,27—29,28—30
500	750	9 250	3—5,4—6,7—13,8—14,15—17,16—18,19—21,20—22,23—25,24—26,27—29,28—30
250	500	9 500	3—9,4—10,11—13,12—14,15—17,16—18,19—21,20—22,23—25,24—26,27—29,28—30
0	250	9 750	3—5,4—6,7—9,8—10,11—13,12—14,15—17,16—18,19—21,20—22,23—25,24—26,27—29,28—30

表 2-13　网络盘面板塞孔测试参考值

测试塞孔	测试参考值		备　注
	发送端	接收端	
“设备”(SK1)	与发送功出电压值相同	约几百毫伏	防雷变压器室内侧
“防雷”(SK2)	≥发送功出电压值	≥SK1 电压值	防雷变压器室外侧
“电缆”(SK3)	≤功出电压值	≥SK2 电压值	与电缆连接侧

3. 当测试电压值与参考电压值不相符时，应检查网络盘背面 35 芯端子跨线是否正确，否则应更换网络盘。

(三)测　　试

设备安装使用后，应定期进行测试。先测试网络盘的绝缘电阻和绝缘耐压指标，测试合格后再进行电气性能测试，测试值应满足表 2-14 的要求。

表 2-14　主要技术指标

序　号	项　目		指标及范围	备　注
1	静态检查	25－26,27－28	≥1 MΩ	用 6 位半数字万用表测试
		27－25,28－26	85.5～94.5 Ω	
		23－24,21－22	≥1 MΩ	
		23－21,24－22	42.75～47.25 Ω	
		19－20,17－18	≥1 MΩ	
		19－17,20－18	42.75～47.25 Ω	
		15－16,13－14	≥1 MΩ	
		15－13,16－14	21.37～23.63 Ω	
		11－12,9－10	≥1 MΩ	
		11－9,12－10	10.69～11.81 Ω	
		7－8,5－6	≥1 MΩ	
		7－5,8－6	5.20～1.05 Ω	
2	动态检查	27－28	9.9～10.1 V	连接 25－23,26－24,21－19,22－20,17－15,18－16,13－11,14－12,9－7,10－8,5－6 端子，信号发生器输出 2 000 Hz、(10±0.1)V 的正弦信号到 27－28 端子，检查测试端子电压
		25－26	5.76～6.36 V	
		21－22	3.71～4.28 V	
		17－18	1.71～2.05 V	
		13－14	0.72～0.89 V	
		9－10	0.24～0.30 V	
		5－6	短路	
3	站防雷变压器变比	U_{1-2} : U_{3-4} = 1 : (1.02～1.06)		
4	绝缘电阻	≥200 MΩ	引线端子对机壳	
5	绝缘耐压	测试装置无声光报警，设备无闪络现象	测试仪交流 50 Hz，2 000 V 漏流 1 mA	

1. 绝缘电阻测试

用直流 500 V 兆欧表测量网络盘引出端子对机壳。

2. 绝缘耐压测试

将绝缘耐压测试仪输出设置为交流(2 000±1)V,漏电流 1 mA。将网络盘与网络盘整机测试台相连接,测试台前面板 C 端引出的夹子线夹到网络盘金属框架上,然后将耐压测试仪输出分别施加于 N、M、A、B 间,保持 1 min。

3. 电气性能测试

(1)测试台的启动与关闭

安装测试软件,注意测试台的启动与关机步骤。

(2)常规指标测试

该测试系统有计算机,测试主台和测试接口条件箱等组成。测试台设备连接如图 2-29 所示。

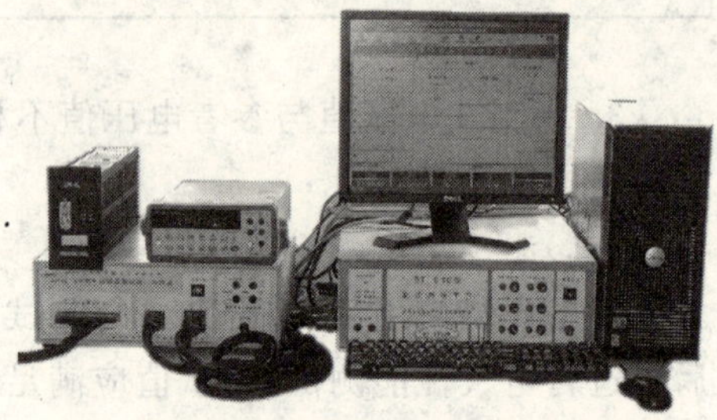

图 2-29 网络盘电气性能测试设备连线图

(3)被测设备的选型

在 Windows 桌面上双击测试台图标,启动测试台的测试程序,测试程序启动后,自动进行测试主台的初始化,完成后会自动弹出设备选型对话框,在此点击"衰耗器",屏幕会出现目前可选设备"ZPW · RS-K 型无绝缘衰耗冗余控制器",用户可根据实际使用的设备型号选择。点击所选的字符串使其变色后再点击菜单右下角的"确定"按钮。这时又会弹出"请选择"对话框,问你选择的设备是"ZPW · RS-K 型无绝缘衰耗冗余控制器",你确定吗? 点击"是"后,将进入此自动测试台的主菜单。

(4)设备常规测试

当测试内容已经录入"常设测项编排"后,点击"确定"键。返回主菜单后选中"设备常规测试"菜单项后,首先进入"常规测试登记屏"此时需要测试人员对设备进行完整的"常规测试登记",并填写设备身份编号、设备复测序号、常设测项选择、指标判断依据、测试方法选择等内容,再点击"确定"按钮,进入"设备测试准备屏",按提示准备完毕再次确定后自动测试台会进行自动测试。设备测试完成后,点击"测试记录表"功能项,查看当前设备的当次的测试数据记录,并可存盘和打印。

【任务 6】ZPW · PT 型匹配单元的安装使用与维护

一、任务描述

认知 ZPW · PT 型匹配单元的结构及功能,会安装及使用 ZPW · PT 型匹配单元,会进行 ZPW · PT 型匹配单元设备故障的分析与处理。

二、所需设备与工具

ZPW · PT 型匹配单元、CD96-3 系列移频在线测试表、万用表、发送电平级配线专用插拔钳、锁闭杆钥匙、万可螺丝刀。

三、操作步骤

ZPW · PT 型匹配单元为盒体结构,盒盖上带有安装滑槽,采用钢包铜引接线与钢轨相连。

(一)安装与使用

1. 电气绝缘节处

匹配单元安装在轨道旁,用盒体背后的两个螺栓固定在轨道基础桩上。通过调谐匹配单元两个外接板上的 Φ12 螺栓，用钢包铜引接线与钢轨连接。电缆线接于调谐匹配单元的万可端子 E1、E2，万可端子的 V1、V3 确保跨接可靠，75 V 横向防雷模块安装在基础桩上，其两端采用 10 mm^2 多股铜线分别接在调谐匹配单元两个外连接片的两端 M6 螺栓上。

2. 机械绝缘节处

调谐匹配单元与机械绝缘节空芯线圈背靠背安装在轨道旁基础桩上，用盒体背后的两个螺栓固定，通过调谐匹配单元两个外连接板上的 Φ12 螺栓，用钢包铜引接线并联接至钢轨，机械空芯线圈与调谐匹配单元采用 7.4 mm^2 铜线连接（即并联两设备的外连接板）。75 V 横向防雷模块安装在基础桩上，其两端采用 10 mm^2 多股铜线分别接在调谐匹配单元两个外连接片的两端 M6 螺栓上，此时应将调谐匹配单元对应于 A、B 点的小连接片拆下，拆下后把连接片安装在右边临近的螺丝孔上。

3. 使用前应对照施工图标注的区段频率，检查调谐匹配单元安装频率是否正确。在使用过程中，要定期检查连接线与钢轨及调谐单元的连接是否可靠。

（二）故障分析与处理

1. 设备故障分析

（1）用 CD96-3Z 型移频参数在线测试表进行零阻抗值和极阻抗值判断

选择"调谐单元阻抗"测量，同屏实时测量显示调谐匹配单元在双工作载频下的两组电压、电流值及其在线零阻抗、极阻抗值。

零阻抗值应在数十毫欧范围内，极阻抗值应在 300～600 mΩ 范围内。如果偏差较大，设备可能故障。

（2）断开调谐匹配单元内部的 V1、V3 万可端子的连接，测量 V1、V2 万可端子端电压，该测量值与匹配变压器 E1、E2 端电压约为 1:9 的关系，若测的结果不符合上述关系，匹配变压器可能故障。

2. 设备故障处理

当设备出现故障时，零阻抗值、极阻抗值或变压比会发生变化，将造成轨道电路传输异常，影响设备正常工作。应更换故障设备，并送维修中心检测分析。

（三）保养与维修

设备安装使用后，要定期检查连接线与钢轨及调谐匹配单元的连接的可靠性，并按照《铁路信号维护规则》的相关规定，用 CD96-3Z 型移频参数在线测试表定期进行测试，如果测试数据不符合要求，应及时更换调谐匹配单元。

【任务 7】ZPW · PT 型匹配单元测试

一、任务描述

会进行 ZPW · PT 型匹配单元的测试；掌握匹配部分、电感部分及调谐部分的测试步骤及方法。

二、所需设备与工具

ZPW · PT 型匹配单元、CS2672C 型绝缘耐压测试仪、DC500V 兆欧表、匹配变压器绝缘耐压测试台、匹配变压器测试工装、HP8904 信号发生器、KEPCO 型放大器、8840A 数字多用表、2230 示波器、ZPW-2000A 调谐单元/空芯线圈测试接口工装、STA 200 自动测试系统、BA

测试台自动检测台专用接口、S11250 频响分析仪。

三、操作步骤

(一)匹配部分测试

1. 将测试台的接线夹子夹好两边半剥 5 mm 的 2 mm² 的线插入调谐匹配单元的万可端子 E1、E2、V1、V2 上。

2. 将 8904 信号发生器输出接到放大器的输入,放大器输出接到测试台"V1、V2"插孔柱上。

3. 将 8804A 数字多用表接在试验台的 V1、V2 插孔上并选择交流挡。

匹配部分测试连接入图 2-30 所示。测试数据应满足匹配部分技术指标,见表 2-15。

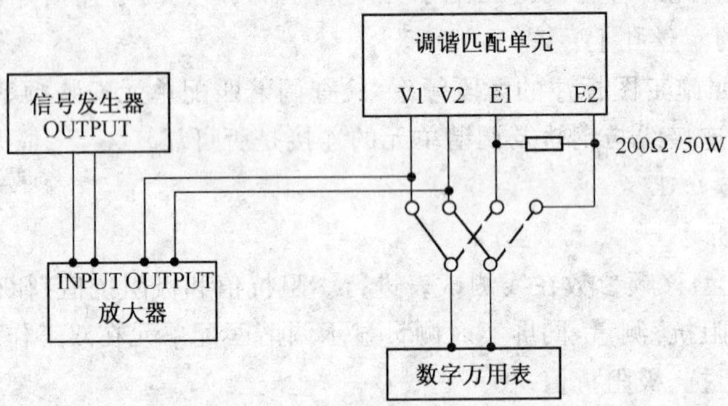

图 2-30 匹配部分测试连接线

表 2-15 匹配部分指标范围

序号	项目		指标	备注
1	E1－E2 电压	40 Hz 传输	7.0～11.0 V	V1～V2 输入 40 Hz,(1.5±0.1)V 的正弦信号,E1～E2 端子间接 100 Ω 电阻负载
		2 000 Hz 传输	14.5～17.0 V	V1～V2 输入 2 000 Hz,(3.0±0.1)V 的正弦信号,E1～E2 端子间接 100Ω 电阻负载
2	绝缘电阻		≥200 MΩ	DC 500 V
3	绝缘耐压		设备无闪络现象	AC 1 000 V、50 Hz,时间 1 min

(二)电感部分测试

1. 将 S11250 频响分析仪、功率放大器和 ZPW-2000A 调谐单元/空芯线圈测试接口工装接好。

2. 将被测设备装在 ZPW-2000A 调谐单元/空芯线圈测试接口工装上,卸下调谐匹配单元的 AB 两点的小连接片。将 CHANNEL2 引接线的另一端用夹子分别夹在 A、B 两点上,使之接触良好。

3. 选择和设备同型号的频率,电流满足测试电流,在屏幕上显示 A＋JB,(A 代表实部,B 代表虚部)其中 A 与 B 符合小电感指标范围。

电感部分测试连接入图 2-31 所示。测试数据应满足电感部分技术指标,见表 2-16。

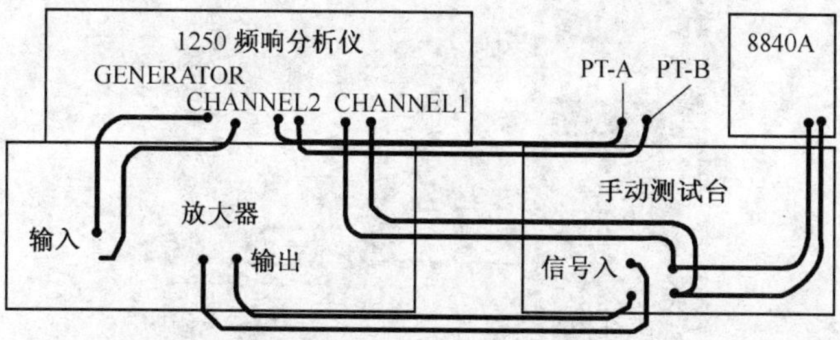

图 2-31　电感部分测试连接线

表 2-16　电感部分指标范围

序　号	型　号	项　目	指　标	备　注
1	ZPW·PT—1700	电感(μH)	2.7～3.1	测试频率：1 700 Hz 电流：(8.2±0.3)A
		电阻(mΩ)	7.5～9.2	
2	ZPW·PT—2000	电感(μH)	2.6～3.0	测试频率：2 000 Hz 电流：(7.1±0.3)A
		电阻(mΩ)	9.1～11.2	
3	ZPW·PT—2300	电感(μH)	2.5～2.9	测试频率：2 300 Hz 电流：(6.2±0.3)A
		电阻(mΩ)	10.6～13.1	
4	ZPW·PT—2600	电感(μH)	2.4～2.8	测试频率：2 600 Hz 电流：(5.5±0.3)A
		电阻(mΩ)	12.2～15.0	

(三)调谐部分测试

1. 自动测试系统通电，调谐部分自动测试台如图 2-32 所示。

2. 计算机屏幕显示“NO SIGNAL”时，打开主机电源。

3. 计算机屏幕显示“Windows NT”，提示键入“Ctrl＋Alt＋Supper”时，通过键盘同时按下“Ctrl＋Alt＋Supper”进行登录。

4. 计算机屏幕显示“Mot de passe”时，通过键盘输入“vectra”后，按“ENTER”键。计算机显示主界面(桌面)时，鼠标左键双击“HP BASIC”图标。

5. 计算机屏幕显示“Entre votre nom(rien pour sortir du systeme“LOG out”)”时，通过键盘输入“CRBE”后，按“ENTER”键。

6. 计算机屏幕显示“Entre votre mot de passe(press ESC to Abore)”时，通过键盘输入“CKD”后，按“ENTER”键，计算机屏幕显示一级 menu。

7. 进入一级 menu 后，将光标移到“BATAD”位置，然后按“ENTER”键。

8. 将光标移到“AUT—batadcc”位置，将测试工装与自动测试系统连接好，把“CC”试验盒装在测试工装上，然后按下“ENTER”键，进行对工装自身损耗的测试。自动测试系统对测试工装进行监测，如果监测合格，屏幕显示“PASSED”并打印出产品检测报告，如果监测不合格，屏幕显示“FALLED”并打印出故障报告。

图 2-32 调谐部分自动测试台

【任务 8】ZPW·XKD 空芯线圈的安装与维护

一、任务描述

会分析 ZPW·XKD 空芯线圈的结构特征及工作原理，能够进行 ZPW·XKD 空芯线圈的安装与维护。

二、所需设备与工具

ZPW·XKD 空芯线圈、万用表、发送电平级配线专用插拔钳、锁闭杆钥匙、万可螺丝刀等。

三、操作步骤

ZPW·XKD 空芯线圈为盒体结构，盒体上带有安装沟槽。采用钢包铜引接线与钢轨相连。设备外形图如图 2-33 所示。

图 2-33 ZPW·XKD 空芯线圈外形图

(一)安　装

1. 空芯线圈安装在轨道旁，用盒体背面的两个螺栓固定在轨道基础桩上。两个外连接板，通过钢包铜引界限与钢轨连接，中连接板用于接地或横向连接。

2. 安装示意图。空芯线圈的安装如图 2-34所示。

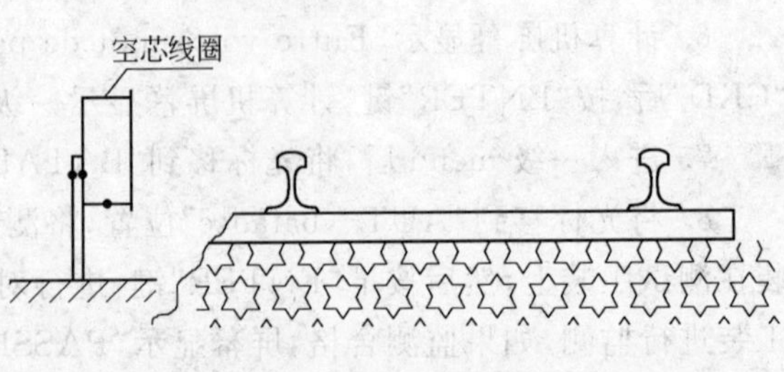

图 2-34 ZPW·XKD 空芯线圈安装示意图

(二)维护与保养

1. 日常维护

设备安装使用后，要定期检查连接线与钢轨连接的可靠性，并按照《铁路信号维护规则》的相关规定，用 CD96-3Z 型移频参数在线测试表定期进行测试，如果测试数据不符合要求，技术指标见表 2-17，应及时更换空芯线圈。

表 2-17　ZPW·XKD 空芯线圈技术指标

序　号	项　目	技术指标	备　注
1	电　感	(33.5±1)μH	测试频率：1592Hz 电流：(2±0.05)A
2	电　阻	(18.5±5.5)mΩ	

2. 正常维修程序

(1)定期进行备品监测及备件的检查，保持备品备件的完好。

(2)定期对运行中的设备进行测试。

(3)测试结果不合格的设备，进行比较分析。确认为故障的进行更换。

(4)送到维修中心修复。

【任务 9】ZPW·BPLN 站内匹配变压器的安装维护与测试

一、任务描述

会分析 ZPW·BPLN 站内匹配单元的结构特征及工作原理，能够进行 ZPW·BPLN 站内匹配单元的安装与维护。

二、所需设备与工具

ZPW·BPLN 站内匹配变压器、绝缘耐压测试仪、兆欧表、万用表、匹配变压器绝缘耐压测试工装、HP8904 频率合成器、KEPCO 型放大器、8840A 数字多用表、示波器。

三、操作步骤

ZPW·BPLN 站内匹配变压器为盒体结构，盒盖上带有安装滑槽，外形如图 2-35 所示。

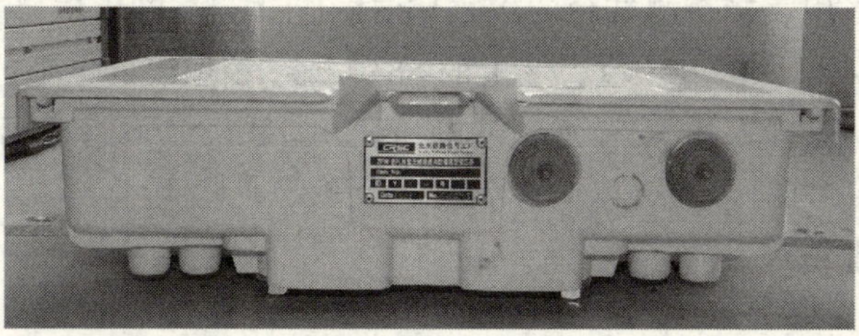

图 2-35　ZPW·BPLN 站内匹配变压器外形图

(一)安装与调试

1. 匹配变压器安装在轨道旁，用盒子背面的两个螺栓固定在轨道基础桩上。

2. 调试

断开匹配变压器 V1、V2 的连线，测量匹配变压器 V1、V2 端电压，该值与匹配变压器 E1、E2 端电压约为相应的对应关系，若测出电压不符合上述关系，匹配变压器可能故障。

(二)故障分析与处理

对运行使用的设备定期进行测试记录，并比较分析数据的变化趋势。若测试的数值偏离较大时应即是用备品更换，故障设备应及时送到维修中心修复。

（三）保养与维修

设备安装使用后，应定期进行测试及连接可靠性检查，如果出现异常及时进行更换或维修。

（四）测　　试

1. 绝缘电阻的测试

将兆欧表的输出调至 DC500 V，分别施加下列插孔 A 和 B 端子间；A 和 M 端子间；B 和 M 端子间。绝缘电阻应不小于 200 MΩ。

2. 电气性能的测试

(1)测试接线图

将试验台的接线夹子连接到被测产品的 V1、V2；E1、E2 上，将频率合成器输出接到放大器的输入，放大器输出接到测试台"V1、V2"插孔柱上，将 8840 数字多用表接在试验台的 V1、V2 插孔上并设交流挡。测试接线如图 2-36 所示。

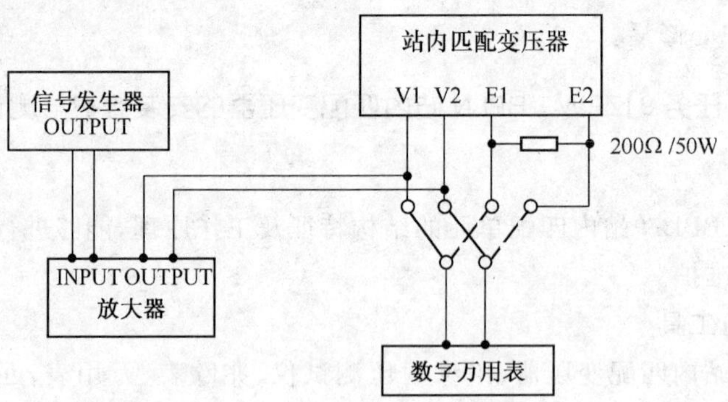

图 2-36　ZPW·BPLN 匹配变压器测试接线图

(2)电容器的检查

①将 8840 数字多用表接在测试台的 V1、V2 插孔上，交流电压挡，频率合成器发出 40 Hz 正弦波信号，调整 AMPTD 值，使 V1、V2 上的 8840 数字多用表的电平值为(1.5±0.1)V；

②将示波器接于 E1、E2 上，应有正弦波电压输出，用 8840 数字多用表测试，其值应该在 10.0～13.5 V(变比 1∶12)、9.0～13.5 V(变比 1∶13.5)。

(3)扼流圈的检查

①变比 1∶13.5

将 8840 数字多用表接在测试台的 V1、V2 插孔上，交流电压挡。频率合成器发出 2 000 Hz的正弦波信号，调整 AMPTD 值，使 V1、V2 处的 8840 数字多用表的值为(3±0.1)V。

将示波器接于 E1、E2 上，应有正弦波电压输出，用 8840 数字多用表测量，其值应为(28.5～34.0)V。

3. 变比 1∶12

将 8840 数字多用表接在测试台的 V1、V2 插孔上，交流电压挡。频率合成器发出2 600 Hz 的正弦波信号，调整 AMPTD 值，使 V1、V2 处的 8840 数字多用表的值为(3±0.1)V。

将示波器接于 E1、E2 上，应有正弦波电压输出，用 8840 数字多用表测量，其值应该在(24.0～28.0)V。

【任务10】客专 ZPW-2000A 轨道电路室外设备的在线测试

一、任务描述

掌握客专 ZPW-2000A 轨道电路室外设备的安装处所，会分析室外设备在线测试原理，能够按要求进行室外设备的在线测试。

二、所需设备与工具

客专 ZPW-2000A 轨道电路室外设备、万用表、电流钳等。

三、操作步骤

(一)调谐单元(BA)的在线测试

电气绝缘节调谐区构成如图 2-37 所示，BA 中同时存在 A、B 两种频率的信号。

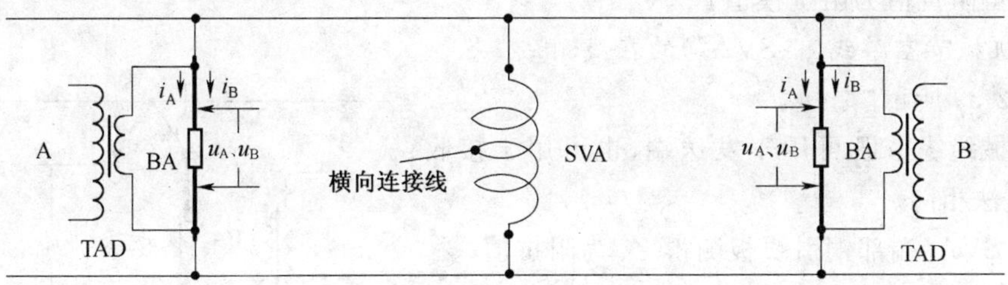

图 2-37　电气绝缘节调谐区结构示意图

1. 电流 i_A、i_B 应在 BA 铜引线板与 TAD 连接线内方点进行测试，如图 2-38 所示。即仅测 BA 电流，不包括 TAD 电流。铜引接线板电阻可忽略不计，u_A、u_B 直接在引线板上测试。

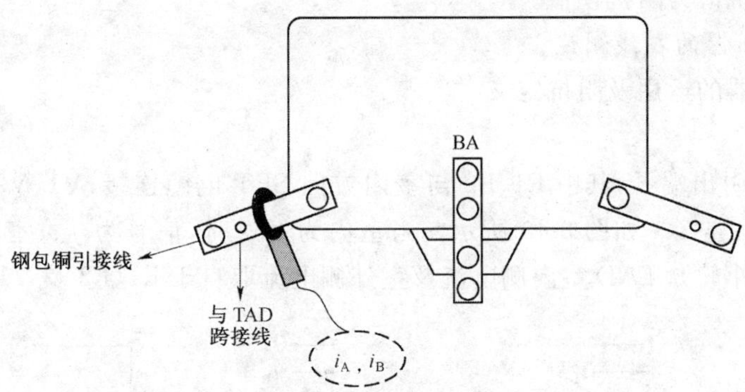

图 2-38　调谐单元(BA)的在线测试示意图

2. 计算 $Z_A=\frac{u_A}{i_A}$，$Z_B=\frac{u_B}{i_B}$。

3. 图 2-36 中 A 端测得 Z_A 为极阻抗，Z_B 为零阻抗；B 端测得 Z_A 为零阻抗，Z_B 为极阻抗。测得阻抗值与 A 端、B 端为发送端或接收端无关，均需测试并记录。

4. 待仪表指示稳定时测量记数。

5. 若在钢包铜引接线两端轨面测试，测试值中含有钢包铜引接线、TAD、BA、塞钉、铜端头及螺栓等连接的综合阻抗值，可据此判断综合故障。

6. 可采用单通道仪表，先测试记录 i_A、i_B，再测试记录 u_A、u_B，经测试确认，同时显示 Z_A、Z_B 值。亦可采用双通道仪表，同时采数，确认显示方法。

7. 所测阻抗值为阻抗模值。

(二)空芯线圈(SVA)的在线测试

如图 2-36 调谐区所示,SVA 中存在 A、B 两种频率信号。

1. 电流 i_A、i_B,电压 u_A、u_B 应在 SVA 铜引线板上进行测试。

2. 计算 $Z_A=\frac{u_A}{i_A}$,$Z_B=\frac{u_B}{i_B}$。

3. 待仪表指示稳定时,测量记数。若两钢轨牵引电流不平衡并流经中心线时,带内谐波将影响测试结果。

4. 若在钢包铜引接线两端轨面测试,测试值包含钢包铜引接线、SVA、塞钉、铜端头及螺栓等连接的综合阻抗值,可据此判断综合故障。

5. 所得阻抗值为阻抗模值。

(三)机械节空芯线圈(SVA')的在线测试

如图 2-39 所示。

1. 机械绝缘节既可用于发送端,也可用于接收端,测量方法相同。

2. 在 SVA'端部铜引线板测得 Z_B 为阻抗值。

3. 待仪表指示稳定时,测量记数。

4. 在钢包铜引接线两端轨面测试,为钢包铜引接线、SVA'、塞钉、铜端头及螺栓等连接的综合阻抗值,可据此判断综合故障。

5. 所测得阻抗值为阻抗模值。

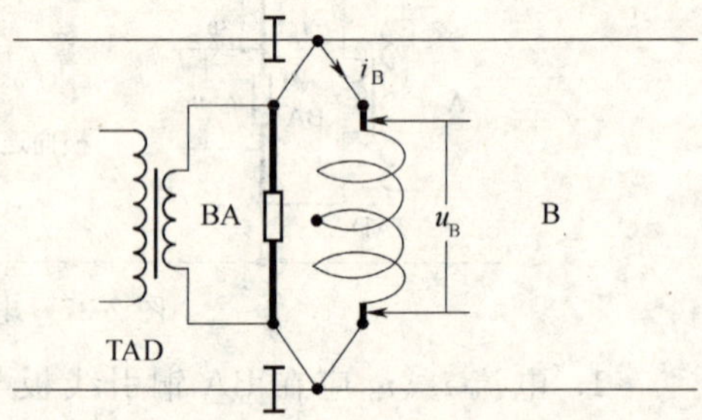

图 2-39 机械节空芯线圈(SVA')的在线测试示意图

(四)匹配变压器的在线测试

1. 匹配变压器的运用及阻抗定义

(1)简单说明

TAD 有四个引出端子,其中 E1、E2 与室内方向 SPT 电缆连接;V1、V2 通过 BA 铜引线板与室外轨道电路连接。如图 2-40 所示。当室内为发送时,信号为 f_A;室外为接收时,信号为 f_B、f_C(主轨及小轨),TAD 室内侧电流及室外侧电流取自于 E1、E2 及 V1、V2 与外部连线。

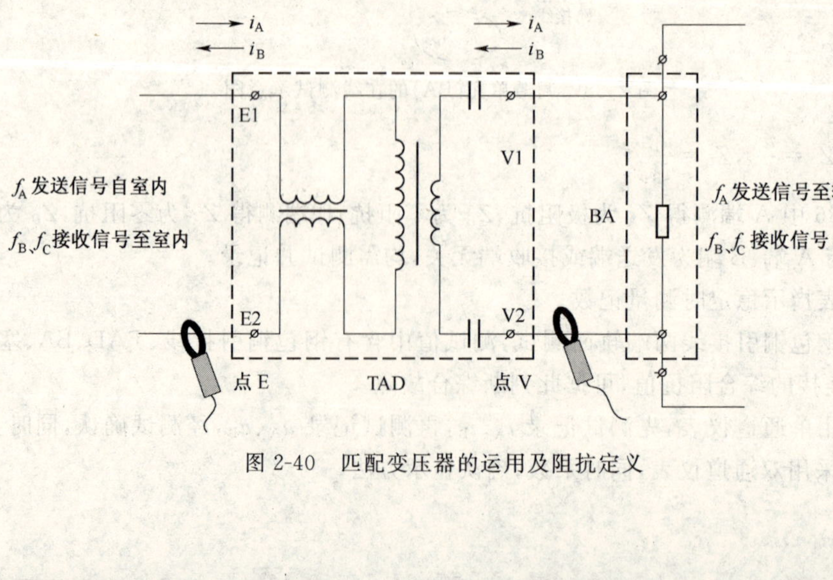

图 2-40 匹配变压器的运用及阻抗定义

(2)阻抗测试点及定义(见表 2-18)

表 2-18　阻抗测试点及定义

序　号	测试点	测试信号频率	
		f_A	f_B、f_C
1	E1、E2	TAD E1、E2 端 TAD 在线输入阻抗 ZTE	TAD E1、E2 端 SPT 电缆在线输入阻抗 ZL(含 ZLB、ZLC)
2	V1、V2	TAD V1、V2 端轨道电路在线输入阻抗 ZG	TAD V1、V2 端在线输入阻抗 ZTV(含 ZTVB、ZTVC)

ZTE:E1、E2 端 TAD 在线输入阻抗。

ZTV:V1、V2 端 TAD 在线输入阻抗(一般为两种频率)。

ZL:E1、E2 端 SPT 电缆在线输入阻抗(一般为两种频率)。

ZG:V1、V2 端轨道电路在线输入阻抗。

2.
$$Z_{TE}=\frac{u_A}{i_A}$$

$$Z_{TVB}=\frac{u_B}{i_B},Z_{TVC}=\frac{u_C}{i_C}$$

$$Z_{LB}=\frac{u_B}{i_B},Z_{LC}=\frac{u_C}{i_C}$$

$$Z_G=\frac{u_A}{i_A}$$

u、i 均为在规定点、规定频率下的测试值。

3. ZTE、ZG 值与轨道电路状态(长度、道砟电阻)有关,其阻抗值变化范围较大,一般应在晴天干燥条件下测试记录,以便于比较。

4. ZTV、ZL 值误差范围较小。

5. 待仪表指示稳定时,测量记数。

6. 阻抗值均为阻抗模值。

7. 对阻抗值的分析可了解设备故障情况。

(五)补偿电容容值的在线测试

1. 从补偿电容在钢轨安装点坐标轨面测电压,用仪表自动选择频率记录电压。

2. 由补偿电容引线测试电流,确认并给出电容值。

3. 由于引线电感对测得电容值的影响,实测电容值指标由 5%扩大至 10%。

4. 测试可采用带有选频、记录、运算功能的单通道智能仪表,亦可采用双通道仪表。

在不具备必需的智能仪表时,也可采用带选频电压电流表,按计算公式系数 A 求得电容容值。系数 A 的选择见表 2-19。

$$C=\frac{i(\mathrm{A})}{u(\mathrm{V})}\times A(\mu\mathrm{F})$$

表 2-19 系数 A 的选择

载频(Hz)	1 700	2 000	2 300	2 600
A(系数)	93.62	79.58	69.2	61.23

5. 在仪表值时稳定后，测量记数。

6. 电容引线断股及塞钉接触不良，引起损耗角变化不能用本方法检查。

7. 电流钳频率响应范围差，将造成较大测试误差，甚至错误判别。

(六)塞钉与钢轨交流接触电阻的在线测试

如下图 2-41 所示。

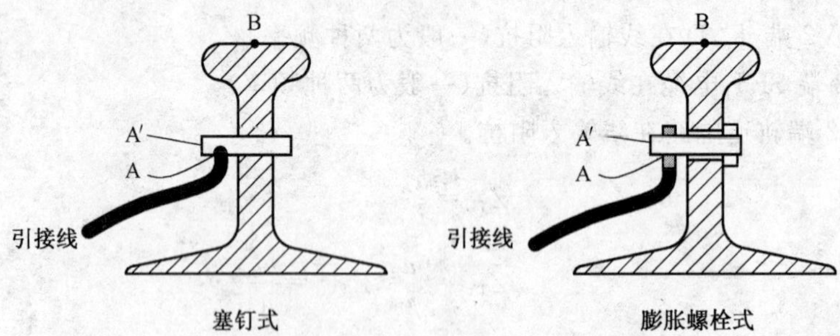

图 2-41 塞钉与钢轨交流接触电阻的在线测试示意图

1. 为取得统一测量值，测试点原则上应选取引接线根部点“A”与同线路坐标轨顶中部点“B”。为测试方便，在假设引线与塞钉焊接良好时，可选取塞钉“点 A”和“点 B”(塞钉式)；在假设引线与铜端头接触良好时，可选取铜端头“点 A”与“点 B”(膨胀螺栓式)。

2. 对于双头塞钉应分别测量每个塞钉，测试标准及方法与单一塞钉相同。

3. 测量电压值时，应采用专用测试线，并使仪表距离钢轨 0.6 m 以上，以消除干扰。

4. 待仪表指示稳定时，测量记数。

5. 塞钉接触电阻值为交流阻抗值，与被测点间电流流向电阻及电感有关，一般 2 600 Hz 阻抗值最高，1 700 Hz 阻抗值最低。

(七)分路灵敏度线电阻在线测试

1. 在分路线上测分路电流 i。

2. 在轨顶尽量接近分路线 A、B 的 A’、B’点接电压表，测试结果包含了分路线与钢轨的接触电阻。

3. 采用有足够压力的专用“杠杆压力分路灵敏度线”，轨面经过砂纸打磨，确认与钢轨接触电阻可忽略时，可直接在杠杆两端铜头上测电压。

4. 待仪表指示稳定时测量。一般电压表在最小值(最佳接触状态)时，确认取值。

$$R_f = \frac{u}{i}$$

(八)绝缘轨距杆

1. 在干燥条件下，先测试电压并确认后，再由电流钳测试电流，确认得绝缘轨距杆“漏泄阻抗”值。

2. 绝缘轨距杆绝缘材料完好条件下,电流多由表面附着脏物造成。有的也为轨距杆中间分界处,铁锈延伸连接两端造成。应简易判断剔除脏物、铁锈,并在连接处涂黄油等。

【故障案例 A】客专 ZPW-2000A 轨道电路设备故障案例

一、案例一

(一)故障现象

主发送器不工作,备发送器工作。

(二)原因分析及对策

1. 列控主机与轨道电路通信组匣间的 CANA、CANB 通信故障。

2. 轨道电路通信组匣与移频柜 CAND、CANE 通信故障。

3. 列控主机软件数据配置错误。

二、案例二

(一)故障现象

监测报警给出发送器或接收器设备故障。

(二)原因分析及对策

更换相应的发送器或接收器。

三、案例三

(一)故障现象

发送器和接收器工作正常,衰耗冗余控制器面板工作指示灯灭。

(二)原因分析及对策

衰耗冗余控制器指示灯故障,更换衰耗冗余控制器,检查发送器、接收器与衰耗冗余控制器的配线。

四、案例四

(一)故障现象

接收器工作不稳定,有时出现红光带。

(二)原因分析及对策

逐个检查室外发送端补偿电容与钢轨是否可靠连接。

自我检测

1. 说明客专 ZPW-2000A 轨道电路室内外设备的组成及功能。

2. 简述客专 ZPW-2000A 轨道的基本功能及工作原理。

3. 说明调谐匹配单元包括的几个功能部分。

4. 一轨道区段空闲状态下,在室内衰耗冗余的塞孔上测量,但是主轨入、主轨出的值都很低,室内外连线都无误,请分析最有可能造成这种现象的原因。

5. 若轨道区段长度 820 m,载频频率 2 000 Hz,请写出此轨道区段发送器的发送电平级、接收器的接收电平级、需要补偿电容的数量。

项目三　DS6-K5B 计算机联锁设备

DS6-K5B 型计算机联锁系统是以计算机作为主要技术手段实现车站联锁的控制系统，包括进路建立、进路锁闭、进路解锁、信号机控制、道岔控制等车站控制功能。

本项目主要介绍 DS6-K5B 型计算机联锁系统的结构、功能及工作原理，重点阐述对其的维护及常见故障的分析与处理的知识与技能。

知能目标

1. 认知 DS6-K5B 型计算机联设备。
2. 理解 DS6-K5B 型计算机联设备的工作原理。
3. 会进行 DS6-K5B 型计算机联设备的维护。
4. 能进行 DS6-K5B 型计算机联设备常见故障的分析与处理。

知能链接

一、DS6-K5B 型计算机联设备的特点

目前，国内重大干线广泛采用 DS6-K5B 型计算机联锁系统，其核心硬件为联锁机和输入输出电路。设备主要特点如下。

(1)联锁处理部件采取双 CPU 共用时钟，对数据母线信号执行同步比较，发生错误时使输出导向安全，具备了“故障—安全”性能。

(2)输入输出电路的电子终端电路为 2 重系并行工作，具有“故障—安全”性能。输入输出均采取静态方式，直接驱动安全型继电器，简化接口电路设计，方便系统维护。

(3)DS6-K5B 系统内各微机之间的通信全部通过光缆连接，提高了系统抗干扰能力和防雷性能，保证系统运行的高稳定性，并具有区域联锁功能。

(4)与外部系统的接口上增加了联锁与 RBC(无线闭塞中心)的接口。联锁和 RBC 之间通过以太网进行信息交互；联锁向 RBC 发送联锁进路信息，并从 RBC 接收列车相关信息。

二、DS6-K5B 系统的组成

DS6-K5B 计算机联锁系统由控制台、联锁机、电务维护机、输入输出接口和电源五个部分组成，如图 3-1 所示。

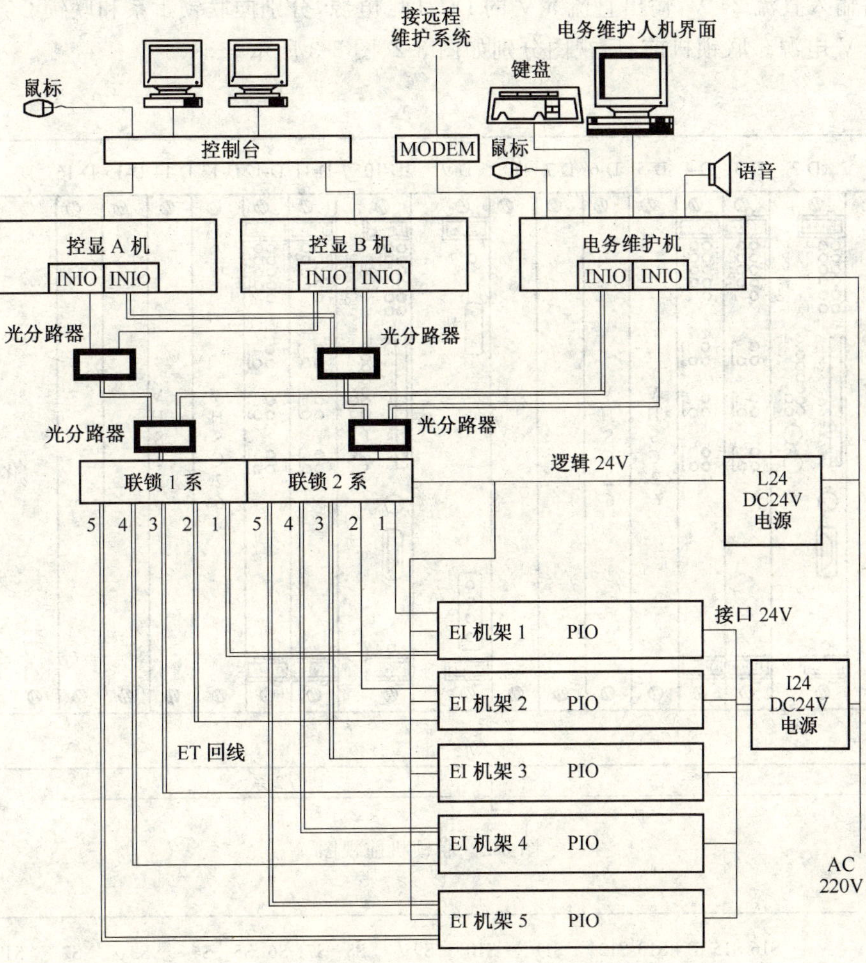

图3-1 DS6-K5B型计算机联锁系统配置图

(一)控 制 台

1. 控制台是系统的人机界面，其由控显A、B双机，车站值班员办理行车作业的操作和显示设备组成。操作设备一般选择鼠标，显示设备一般选用图形显示器。

2. 每一台控显机内安装了两个采用光缆连接的串行通信接口板(INIO卡)，用于同联锁机的2重系通信。控显双机的工作方式为双机热备。

3. 每一台控显机配备专用CTC通信接口，具有与分散自律型调度集中系统结合的功能。

(二)联 锁 机

联锁机由联锁逻辑部和前置通信机两部分构成，其中联锁逻辑部用来实现基本联锁功能运算，前置通信机主要用来与外部系统(TCC或RBC)建立链接和安全校验处理。联锁逻辑部和前置通信机之间通过125Mbit/s LAN组成一个内部闭环网络，实现信息交互。

DS6-K5B联锁系统双机(1系和2系)安装在一个800 mm×330 mm的机架内。两系的硬件组成完全一致，每系均由IPU6电源板、F486-4联锁CPU板、FSIO1电子终端、FSIO2电子终端通信扩展接口板、125Mbit/s LAN通信板五块电路板组成。各板之间通过机架底版的VME总线互连。

两路输入直流 24 V，输出直流 5 V 的 DC/DC 电源，分别向联锁 1 系和联锁 2 系的逻辑电路提供 5 V 电源。联锁机前、后视图分别如图 3-2、图 3-3 所示。

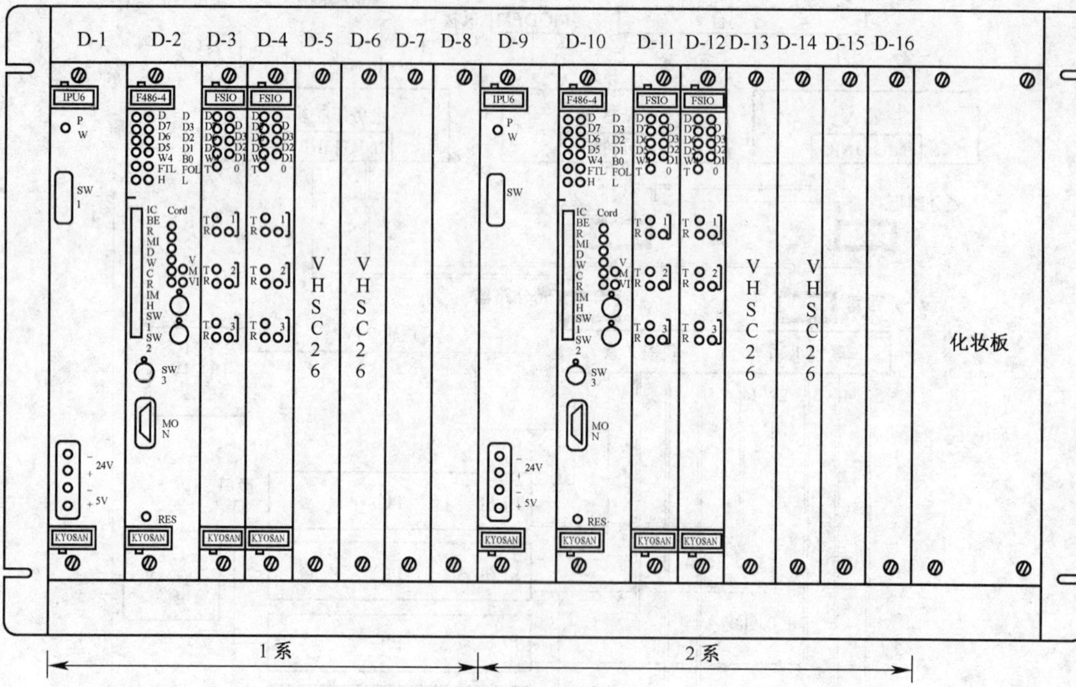

图 3-2　联锁机前视图

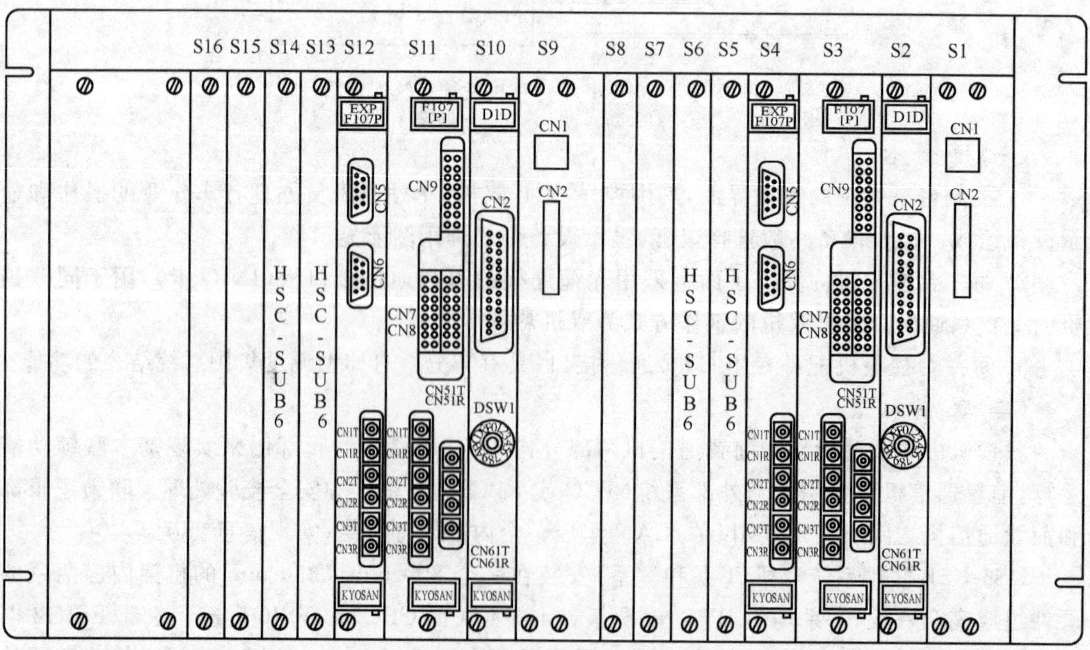

图 3-3　联锁机后视图

1. F486-4 板

F486-4 是联锁机的主 CPU 板。两重系各有一块 F486-4 板，安装在联锁机架每一系左边第一个槽位(前面)。

F486-4 板要完成的功能有联锁逻辑运算；两重系间通信及切换控制；两重系一致性检查；系统的故障检测及报警，异常时停止动作，输出倒向安全。

系统管理程序存储在 ROM 中，联锁程序和站场数据存储在 RAM 中。联锁机每次停电后，需将存储有联锁程序和站场数据的 IC 卡插入 IC 卡插槽，重新读入联锁程序和数据后，系统才能再次投入运行。F486-4 板面板指示灯及开关的功能如图 3-4 所示。F486-4 面板指示灯 D7～D0 故障代码定义见表 3-1。

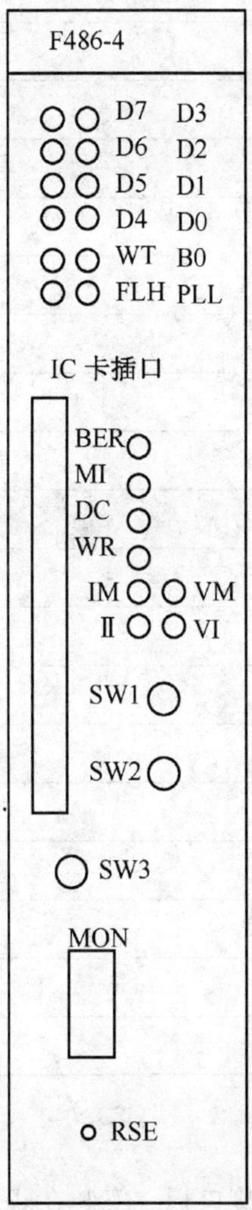

D7= 灭；系统运行正常；　　D7= 亮；系统停机；

在 D7 灭灯的情况下，D0 ～ D6 状态定义：

D0= 亮：本板为 1 系统，　D0= 灭：本板为 2 系统，

D1= 亮：本板为主体，　D1= 灭：本板为主体，

D2= 亮：两系不同步，　D2= 灭：两系不同步，

D3= 亮：执行控制功能，　D3= 灭：控制功能停止，

D4= 亮：APL 开始执行，　D4= 灭：APL 开始执行，

APL：应用程序逻辑，　D5：预留，

D6= 亮：数据连接成功，　D6= 灭：数据连接失败，

在 D7 亮灯的情况下，D0 ～ D6 表示错误代码。

WT= 闪光：看门狗状态：

BO= 灭：　VMW 总线出错，　BP= 亮：无错；

FLH，PLL= 闪光：总线时钟状态：

BER= 亮：　　外部 RAM 访问总线出错；

MI、DC、WR、IM、VM、II、VI：表示硬件工作状态。

SW1，SW2：　运行方式设置开关，两个开关必须设置成相同状态。

SW1，SW2：　正常方式，SW1，SW2=F：调试方式；SW1，SW2 不容许设置其他状态。

SW3：　总输入开关，必须设置为 0。

MON：9 针 D 型插座，调试用接口

RES：系统复位开关

图 3-4　F486-4 板面板指示灯与开关的功能

表 3-1 F486-4 面板指示灯 D7～D0 故障代码定义

序号	D7～D0 代码	停机原因	注释
1	81	非正常中断	
2	82	主设备启动错	初始化后主设备未正常运行
3	83	模块查询错	
4	84	关键字(Key Code)错	
5	85	参数错	K6. DAT 文件 CRC/SUM 错
6	86	初始化时间错	APL 初始化时间不够
7	87	看门狗错	
8	88	S－SYS 输出错	S－SYS 输出反馈错
9	89	RAM 检查错	
10	8A	预留	
11	8B	定时起错	
12	8C	PI 输入错	
13	8D	从设备参数错	从设备参数版本与主设备不同
14	8E	总线(BUS)错	时钟信号停止
15	8F	数据连接错	
16	91	时钟停止电路错误 1	当输出 1 时时钟停止电路错
17	92	时钟停止电路错误 0	当输出 0 时时钟停止电路错
18	94	主设备内部错	
19	95	从设备内部错	
20	96	初始化 APL 检查错	初始化时 APL 代码检查错
21	97	APL 检查错	运行时 APL 代码检查错
22	E1	初始化 RAM 检查错	
23	F1	ET 控制数据长度错	ET 控制数据长度大于最大值
24	F3	ET 控制数据长度错	执行发送前发送缓冲区有数据
25	F4	ET SIO 错	ET SIO CPU 启动错
26	F8	MT SIO 错	MT SIO CPU 启动错

2. FSIO 板

FSIO 板是联锁机与控显机、监控机以及电子终端之间的通信接口板。安装在联锁机的第三个槽位，每块 FSIO 板只有三条与电子终端连接的回线，如不够可以在第四个插槽位再插入一块 FSIO 板，但板内地址设置与第一块板不同。板上 ROM 固化有通信程序。FSIO 板指示灯含义说明如图 3-5 所示。

T：闪光＝正在发送数据，灭＝没有发送；
R：闪光＝正在接收数据，灭＝没有接收；

软件状态指示灯定义

LED	信息	正常状态	故障状态
D0	LED 输出	亮	灭（在向 LED 输出之前停止）
D1	初始化光成	亮	灭（初始化完成前停止）
D2	中断（Interrupt）ASK OK	亮	灭（F486 中断不正确）
D3	发送停止命令	灭	亮（接收到来自 F486 的停止命令）
D4	DPRAN 初始化	灭	亮（DPRAN 初始化未完成）
D5	运行停止命令	灭	亮（收到来自 F486 的停止命令）
D6	DRAN 写故障	闪	亮或灭（DPRAN 写故障）
D7	DRAN 读故障	闪	亮或灭（DPRAN 读故障）

图 3-5　FSIO 板指示灯含义说明

3. 125Mbit/s LAN 前面板指示灯含义、后面板连接说明分别如图 3-6、图 3-7 所示。

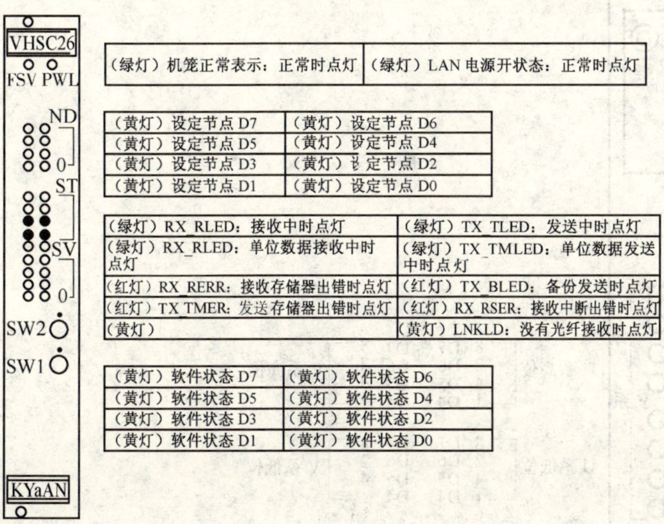

图 3-6　125 Mbit/s LAN 前面板指示灯含义

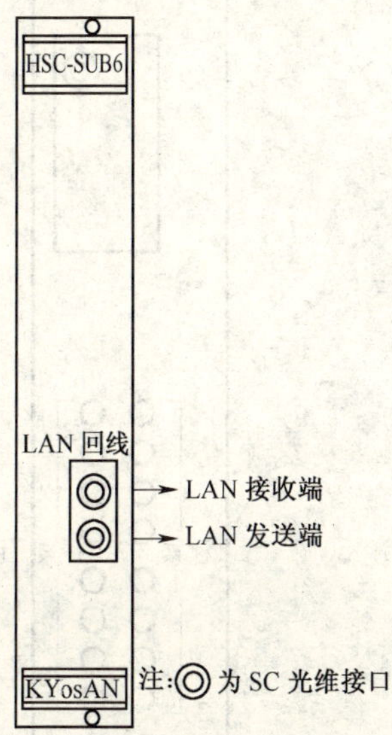

图 3-7　125 Mbit/s LAN 后面板连接说明

（三）电务维护台

1. 电务维护台设备包括监测机、通信监测机、键盘、显示器、KVM 切换器等；每套电务维护台配备专用传输通道与集中监测系统通信。

2. 监测机和通信监测机针对联锁系统的相关命令和操作进行记录。监测机、通信检测机内均安装有两个采用光缆连接串行通信接口板(INIO 卡),分别用于与联锁机 2 重系和前置通信机 2 重系通信,从联锁双机和前置通信机取得联锁的系统维护信息。

3. 电务维护人员可以通过键盘,显示器,查询或输出各类监测信息。

(四)电子终端 ET

在 DS6-K5B 系统中,表示信息输入和控制输出接口电路称为“电子终端”,用字符“ET”表示,其前视图如图 3-8 所示。电子终端是采用故障—安全型双 CPU(FSCPU)构成的智能控制器,其输出电路按故障倒向安全的原则设计,输入采集电路通过有效的自检测功能,能够检测出输入电路的故障,保证输入信息的安全性。因此输出驱动和输入采集均采用静态方式,直接驱动安全型继电器。简化接口电路设计,方便系统维护。

电子终端也是 2 重系结构,安装在 ET 机笼内。每个 ET 机架内安装一对 ET LINE 通信模块,并用二根两芯光缆与联锁 2 系的 TLIO(或 F107P)接口的一个 ET NET 线路连接。每个 ET 机笼内可安装五对电子终端(ET-PIO),每个电子终端带有 32 路输入和 32 路输出、最多可以连接三个 ET 机架,其前、后视图分别如图 3-9、图 3-10 所示。

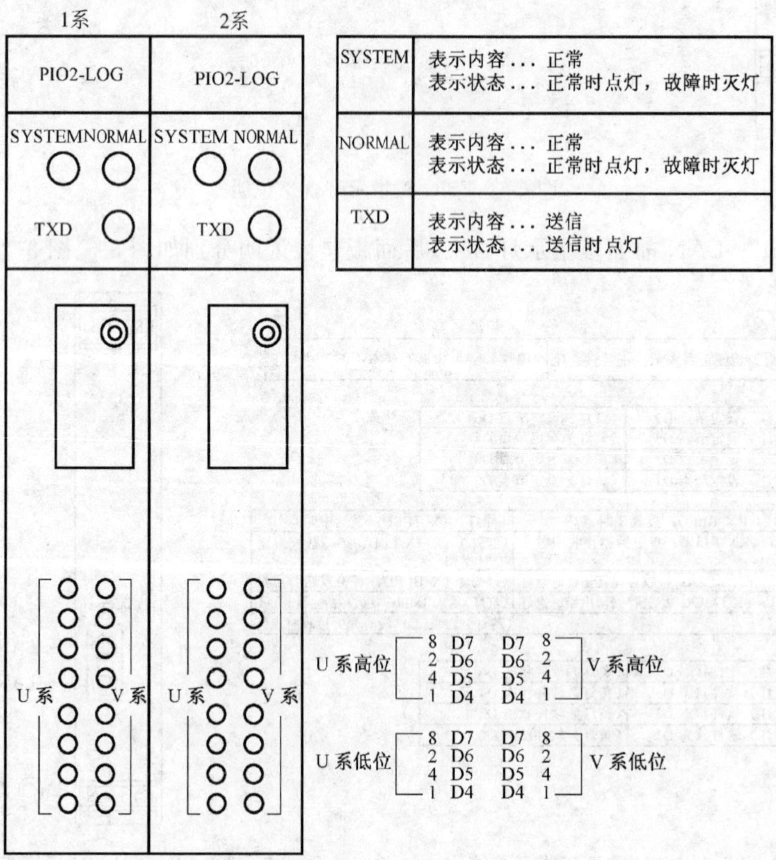

图 3-8 电子终端 ET 前视图

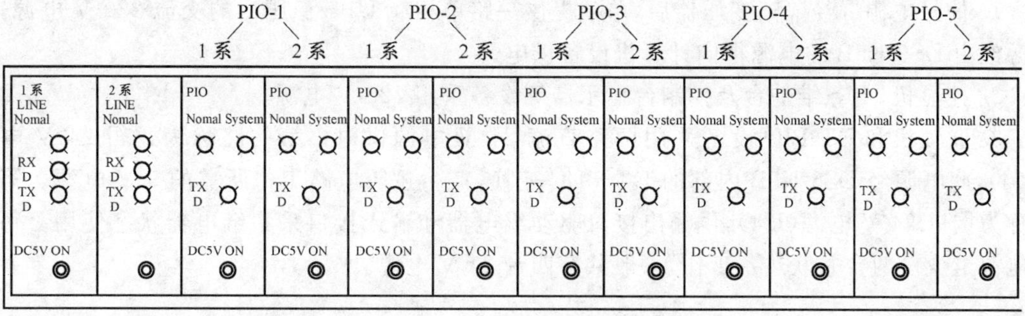

图 3-9　ET 机架前视图

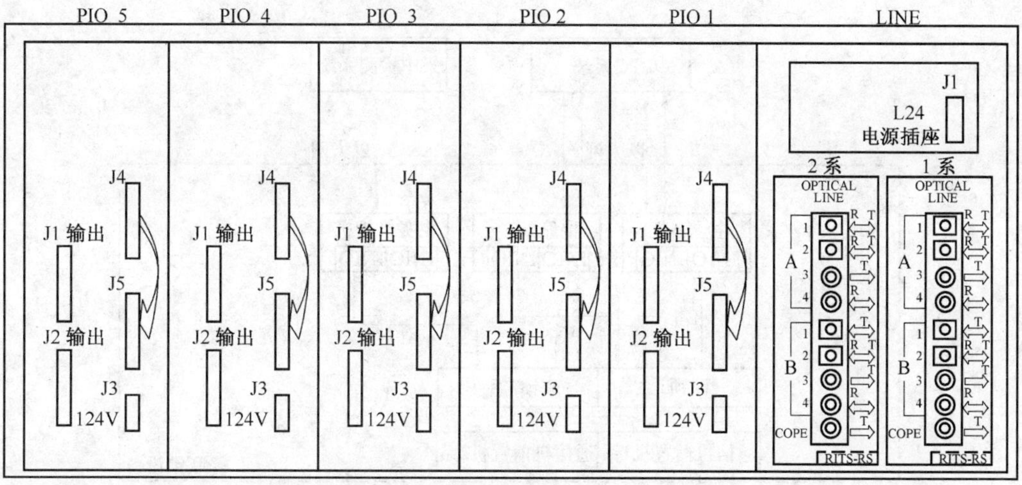

图 3-10　ET 机架后视图

(五)电　　源

DS6-K5B 联锁的电源网络如图 3-11 所示。

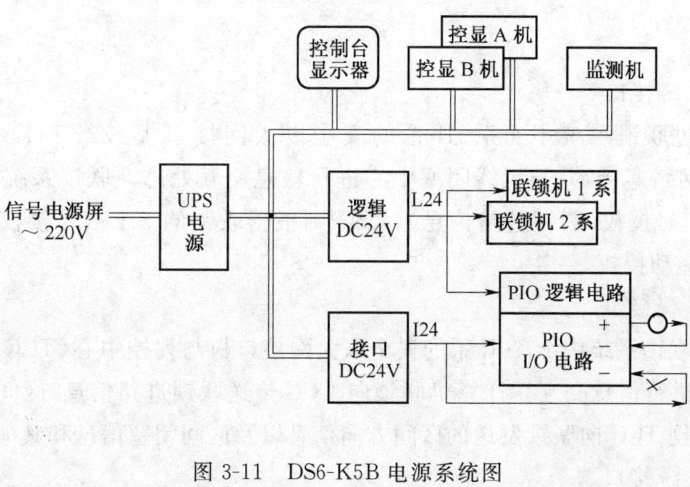

图 3-11　DS6-K5B 电源系统图

1. 信号电源屏经隔离变压器后,单独提供一路单相经 UPS 稳压后的交流 220 V 电源,该电源经由 DS6-K5B 的电源柜向计算机设备供电。

2. 控显机、电务维护台及控制台显示器等设备采用 220 V 电源。

3. 联锁机和 ET-PIO 设备采用两路直流 24 V 电源供电。第一路称为逻辑 24 V 电源(L24),此电源经 DS6-K5B 内部的 DC－DC 变换,产生逻辑电路工作所需的 5 V 电源。第二路称为接口 24 V 电源(I24),供输出接口驱动继电器和输入接口采集继电器状态使用。每一路电源至少设两台并联热备工作,一般共有四台 24 V 电源。

三、DS6-K5B 与外部系统接口

DS6-K5B 联锁与外部系统接口连接如图 3-12 所示。

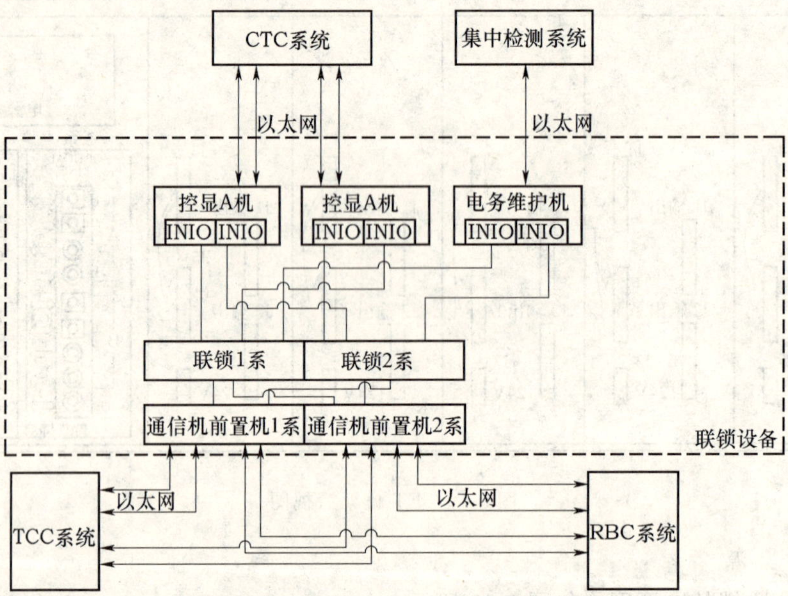

图 3-12　DS6-K5B 联锁与外部系统接口连接图

1. 与 RBC 系统接口

DS6-K5B 通过联锁系统中 I 系、II 系的安全以太网接口板(Z2ETH)与无线闭塞中心(RBC)建立安全网络连接,并与无线闭塞中心进行信息交互处理。联锁系统主要负责向 RBC 发送联锁的 SA 信号授权(联锁进路信息),RBC 则根据联锁的 SA 信号授权及其他系统提供的线路信息产生移动授权。

2. 与 TCC 系统接口

DS6-K5 通过联锁系统中 I 系、II 系的安全以太网接口板与列控中心(TCC)建立安全网络连接,并与列控中心进行信息交互。计算机联锁向 TCC 传送联锁进路信息、区间方向信息以及其他相关信息,并接收 TCC 向联锁发送的区间方向信息以及区间闭塞信息和其他相关信息。

3. 与 CTC 系统接口

DS6-K5B 通过控显机以太网与 CTC 系统的自律机 A 和自律机 B 连接;控显 A 机和控

显B机均装有专用以太网网卡分别接入CTC局域网，作为联锁系统与CTC的专用物理通道，并与CTC系统进行信息交互。计算机联锁主要向CTC系统传送站场表示信息和进路光带信息以及零散报警信息，并接收CTC发送的按钮信息及根据按钮信息产生相关的进路命令。

4. 与CSM系统接口

DS6-K5B通过电务维护机的以太网接口与集中监测连接(CSM)，并与CSM系统进行信息交互。其主要向集中监测系统传送站场表示信息和进路光带信息以及零散报警信息。

操作实践

【任务1】DS6-K5B联锁系统的操作与维护

一、任务描述

了解DS6-K5B联锁设备设置处所，认知DS6-K5B联锁设备的结构及功能，能按要求对DS6-K5B联锁设备进行操作与维护。

二、所需设备与工具

DS6-K5B联锁设备、钳子等。

三、操作步骤

K5B计算机联锁设备分别安装在联锁机柜、电子终端柜、监控机柜、计算机电源柜上。设备安装如图3-13所示。联锁系统各机柜安装于信号机械室机房(符合防静电、防尘、防雷要求)，为下走线方式。

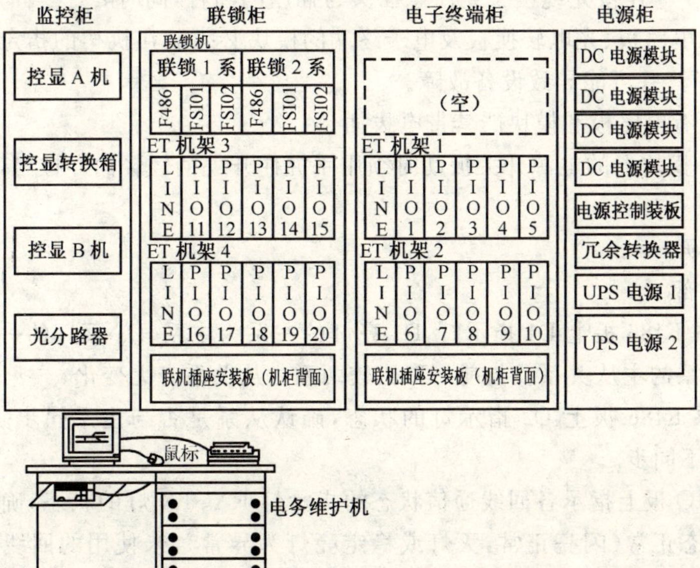

图3-13 设备安装示意图

(一)系统操作

系统从冷机(未加电)状态启动前,应先确认所有设备连接正确,接插件连接牢靠后,再按先外围,后联锁的顺序给设备加电。

1. 接通 UPS 220 V 电源;确认 UPS 输出 220 V 电压正确。

2. 接通控制台设备如电源。控制台设备包括控显机、显示器、控显转换箱。

3. 接通监测机(含显示器)电源。

4. 接通微机电源柜电源;确认两路 24 V 电源输出正常。

5. 接通联锁 1 系、2 系的电源开关。在联锁机 F486 模块的 IC 卡插槽内插入 IC 卡。如有两个 IC 卡,可同时插在两系联锁机上。如只有一个 IC 卡,可先插入一系联锁机,待其进入运行状态后,取出 IC 卡再插入另一系联锁机。联锁机从 IC 卡读入程序和数据约需 30 秒左右。首先加电并插有 IC 卡的联锁机将进入“主系”状态运行,另一机进入“从系”状态运行。

6. 接通各 ET 机架上每个 ET-LINE 和 ET-PIO2 模块的电源开关。确认每个模块进入正常工作状态。“Normal”、“System”指示灯亮;“Txd”指示灯闪光。至此,K5B 系统从冷机状态加电启动完成。

系统停机下电,原则上应按上述的逆向顺序,依次切断各设备的电源。

注意事项:

1. 联锁机从冷机启动需从 IC 卡上读入程序和数据才能进入正常运行。因此 IC 卡平时应插在 IC 卡插槽内,系统在停电恢复后可自动投入运行。

2. 系统各设备间采用了光缆连接。①勿用手触摸光缆接头的光端口;光缆接头不用时,一定要带上防尘帽。②光缆的弯曲半径一定要在 5 cm 以上以免造成光缆断裂。③不可使光缆受到强烈的撞击、震动和重力挤压、拉扯。④拆卸光缆连接时须握住光缆接头的外壳拔插,不可拉拽光缆线。⑤连接光缆接头要注意插头与插座的吻合,同时要拧紧固定螺丝。

3. 联锁机的电路板、光电转换板及电子终端的模块必须插在机架的指定槽位上。插错位置系统将不能运行,并可能导致设备故障。

4. 系统中所有电路板和模块严禁带电拔插。

5. ET-LINE 模块上的电源开关扳动时须用手握住开关柄轻轻向外拉出,然后再扳动。不可直接用力扳动。

(二)日常维护

1. 联锁逻辑部

(1)观察两系 F486 板上 D1 指示灯,D1 亮灯的一系为主系,D1 灭灯的一系为从系。确认并记录联锁 I、II 系的主从关系及与前一班比较两系主从关系有无变化。

(2)观察从系 F486 板上 D2 指示灯的状态,确认从系是否与主系同步。D2 灭灯两系同步,D2 亮灯两系不同步。

(3)观察 FSIO 板上指示各回线通信状态的指示灯 RX、TX 灯的状态,确认联锁和电子终端之间的通信状态正常(闪亮正常,灭灯或稳定亮灯为异常),未使用的回线通信状态指示灯灭灯。

(4)检查机笼背面光缆连接是否牢固,未使用的光接口上是否扣好遮光罩。

2. 电子终端

(1)观察 ET-LINE 板的 Normal 灯是否稳定点亮,TXD、RXD 灯是否闪烁,如果是则表示工作正常，如不是则表示工作异常。

(2)观察 ET-PIO 板的 Normal 灯是否稳定点亮，TXD 灯是否闪烁，如果是则表示工作正常，如不是则表示工作异常。

(3)检查 ET-LINE 板背面的光缆连接是否牢固，未使用的光接口上是否扣好遮光罩。

3. 控显双机及控显转换箱

(1)观察控显转换箱前面板或切换板上 A 机脉冲、B 机脉冲指示灯是否闪烁，如果是则说明控显 A 机、控显 B 机处于正常的运行状态。再观察 A 机工作灯和 B 机工作灯的状态，某工作灯点亮表示对应的控显机为工作机，另一台处于热备状态。

(2)观察控显转换箱主、副电源模块上 5 V 及正、负 12 V 电源指示灯是否点亮(点亮为正常，灭灯为故障)，监控模块上有无声、光报警。

(3)检查控显转换箱及控显双机背面的各种连接插头是否紧固。

4. UPS、冗余转换器及电源控制箱(或电源控制装板)

(1)观察 UPS 及冗余转换器面板指示灯是否正常(无黄灯和红灯点亮为正常)，有无报警声音。

(2)观察系统是处于电源屏直接供电状态还是处于 UPS 供电状态，处于 UPS 供电状态则为正常状态。

5. 逻辑 24 V 电源和接口 24 V 电源

(1)观察各直流稳压电源面的板指示，指示电压值应为 24～26 V，指示电流值宜小于 14 A。

(2)观察各直流稳压电源是否有声光报警。

6. 电务维修终端

(1)检查电务维修机图形显示、实时信息、历史信息记录等功能是否可用。

(2)定期(一季度或半年)与北京一级维护中心连通远程，确认远程功能完好。

(三)天窗点内进行的试验及检验内容

(1)控显双机切换，确认备机操作显示功能完好。

(2)UPS 切换，确认冗余转换器切换、输出功能完好。

(3)检查系统所有电源接线端子，若发现有松动、打火、焦糊等现象，则应及时处理，确保系统安全可靠运行。

【故障案例 A】DS6-K5B 联锁设备故障案例

一、联锁逻辑部故障案例

(一)案 例 一

1. 故障现象

联锁 I 系或 II 系异常停机。

2. 原因分析与对策

(1)记录停机状态下联锁逻辑部各板卡面板指示灯状态反馈给一级维护中心。

(2)在 F486 板插入 IC 卡的情况下，将故障机的电源开关扳下，再重新扳起加电，即可恢复正常。

(3)如不能启动，则需要更换该系板卡(通常是 F486 板)。

(二)案 例 二

1. 故障现象

从系与主系不同步，从系 F486 板上 D2 灯点亮。

2. 原因分析与对策

(1)在站场上无任何作业的情况下,重新启动从系。

(2)若仍不同步,要点将联锁双系重新启动。

(三)案 例 三

1. 故障现象

在联锁 I 系或 II 系异常停机后,重新将该系加电仍无法启动。

2. 原因分析与对策

需更换 F486 板。造成该问题的原因是微机室温度过高,CPU 死机,因此每天巡视微机室时检查室内温度不要过高,保持在 25℃以下为宜。

二、电子终端故障案例

(一)案 例 一

1. 故障现象

机架内各板均不能开启。

2. 原因分析与对策

检查该机架逻辑 24 V 电源接线端子或插头。

(二)案 例 二

1. 故障现象

ET-LINE 板 Normal 灯不亮,RXD 灯不闪烁。

2. 原因分析与对策

检查 ET-LINE 板后面光缆接插是否牢固。

(三)案 例 三

1. 故障现象

ET-PIO 板 Normal 指示灯灭灯。

2. 原因分析与对策

重新开启该 PIO 板电源开关,应可以正常启动,若不能启动则需用备用板更换该板,此类故障为不常见故障,故障原因通常也是与微机室温度偏高有关,另外 PIO 板的故障只要不是同一对 PIO 板同时发生故障都不会影响设备的正常使用。

(四)案 例 四

1. 故障现象

若某一对 PIO 板运行状态正常而对应的所有采集信息无表示或对应的所有驱动位均不能驱动继电器。

2. 原因分析与对策

检查该对 PIO 背面的接口 24V 电源的接线端子、插头或保险。

三、控显单机故障案例

(一)案 例 一

1. 故障现象

无法开机,机器内置电源风扇不转,前面电源指示灯不亮。

2. 原因分析与对策

确认机器背面的输入电源插头有 AC 220 V 电源的情况下应为该机电源故障,需更换电源。

(二)案 例 二

1. 故障现象

开机后，机器内发出“嘀、嘀…”间断的报警声。

2. 原因分析与对策

内存条或显卡接触不良，需打开机箱盖，重新拔插内存条及显卡即可恢复。

(三)案 例 三

1. 故障现象

电源正常的情况下无法开机，也无报警声。

2. 原因分析与对策

应为主板与机箱底板接触不良或主板故障，重新拔插紧固主板若不能恢复则需更换主板。

(四)案 例 四

1. 故障现象

控制台操作显示异常(鼠标不能操作，站场图形显示异常)。

2. 原因分析与对策

为缩短故障延时，需立即进行控显倒机操作(关掉该机)，如故障现象不能排除，需将控显双机重新启动。

四、控显机转换箱故障案例

(一)案 例 一

1. 故障现象

电源模块故障，故障模块前面板 5 V 或±12 V 表示灯灭灯。

2. 原因分析与对策

该模块在控显机转换箱上有两个，处于热备状态，主模块故障会自动切换到备用模块，监控模块给出声光报警，日常巡视时及时发现并更换电源模块即可。

(二)案 例 二

1. 故障现象

控显机转换箱前面板全部灭灯，或控制台无显示也无法操作时。

2. 原因分析与对策

需要将串行转换板上的鼠标长线和视频转换板上视频长线从转换箱上拔下，直接插到处于工作状态的控显机上可以恢复设备使用。进行长线倒接时先确认两台控显机是否处于运行状态(通过观察控显机背面的表示灯状态可以确认)，如都在运行状态，关掉一台机器(如控显B)，此时将串口转换板上 A 机输入插头拔下，同时将该板上“接控制台鼠标”的插头拔下，把这两个插头对接即可；再将视频转换板上“输出 1(接控制台前台显示器)”的插头拔下，直接插在控显 A 机的显卡插座上即可。

(三)案 例 三

1. 故障现象

控显转换箱内串行转换板和视频转换板故障。

2. 原因分析与对策

控显转换箱内一般都插有备用的串行转换板和视频转换板，当遇到在用的两种板故障时，将故障板上各插头拔下平移至备用板相应插座上即可。

五、显示功能故障案例

1. 故障现象

显示功能故障，主要表现为黑屏。

2. 原因分析与对策

发生控制台显示功能故障后，应首先检查控制台操作功能是否有效。用鼠标操作，如果有音响回应，说明按钮输入有效。可以排除控显主机和控显机转换箱电源故障，确定为单一显示功能故障。造成单一显示功能故障的原因与对策如下。

(1)显示器坏，表现为黑屏。检查视频信号线和电源线连接正常，显示器电源指示灯不亮。更换显示器，可恢复显示。

(2)控显机内视频卡故障。当前工作的控显机视频卡坏，切换控显机，可恢复正常。

(3)控显转换箱内视频转换卡故障。控显倒机后显示若仍不能恢复，可将显示器连线从转换箱上取下，直接连到控显机视频卡插座上；如果显示恢复，证明控显转换箱内视频转换卡故障，更换视频转换卡。

(4)控显倒机和跳过转换箱仍不能恢复显示。应检查连接电缆是否断线和接插件接触不良。

六、操作设备故障案例

控制台的操作设备包括数字化仪和鼠标，一般情况下数字化仪为主用设备，鼠标为备用操作方式。个别车站还有单元式控制台，其操作方式为按钮操作方式。

(一)案 例 一

1. 故障现象

在数字化仪及鼠标操作同时发生失效故障而显示器上未提示故障停用。

2. 原因分析与对策

应为控显机故障，须进行要点倒机，使系统恢复使用。

(二)案 例 二

1. 故障现象

主用设备数字化仪失效。

2. 原因分析与对策

(1)检查数字化仪电源是否正常。

(2)用光笔点压数字化仪时，数字化仪右上角的表示灯是否由红变绿，如果是，数字化仪本身故障应排除。

(3)查看数字化仪图纸坐标是否对齐，如发生移位，须对齐后操作。

(4)确认数字化仪使用过程中是否掉电，若数字化仪掉电，需要复位控显机才能使数字化仪正常工作。

(5)确认数字化仪长线、控显机转换箱上串行通信板、乃至控显机内串口是否故障，在此过程中须电务维修人员要点试验，如果不能马上确定故障点使设备恢复正常，则应该首先启用备用操作方式，以免影响行车。

(6)切换控显机，将故障机从网络上脱开单独测试，确认故障点。

(三)案 例 三

1. 故障现象

鼠标操作失效。

2. 原因分析与对策

通常是鼠标故障、鼠标长线断线或控显机转换箱中串口板故障，若通过更换相应设备不能排除故障，可将控显机倒至备机工作。将故障机从网络上脱开，单独加电测试。

七、网络故障案例

(一)网络工作状态的判断

1. 观察控制台显示器屏幕上的字符提示。

“联锁A机＋表示灯”表示联锁A机网络状态；

“联锁B机＋表示灯”表示联锁B机网络状态；

“监测机＋表示灯”表示监测机的网络状态。

上述字符后面的表示灯显示绿色时，表示该机双网通信正常；黄色则表示该机有一个网卡下网，处于单网工作；红色则表示该机两个网卡全部下网。

2. 依据监测机上的系统网络工作状态图判断下网节点。

(二)网络故障的原因分析与对策

1. 光缆接头接触不良：重新安装牢固。

2. 网络连接光缆断线：如确认检查光缆是断线，更换光缆。

3. 光分路器故障：更换光分路器。

4. 控显的INIO通信卡故障或者两重系的RSIO3和TLIO故障：更换相应备件。

八、UPS故障案例

UPS故障时有声音和灯光报警，可以通过观察UPS面板指示灯状态进行确认，如图3-14所示。

1. 负载指示灯。其指示当前UPS所带负载大小，点亮指示灯的多少代表所带负载达到UPS额定容量的百分比。

2. 机敏调压指示灯。其在正常情况下不亮，该灯一旦点亮，说明UPS正在调低输入电压，补偿超高电压。

3. 外电输入正常指示灯。其在UPS正常工作时点亮。

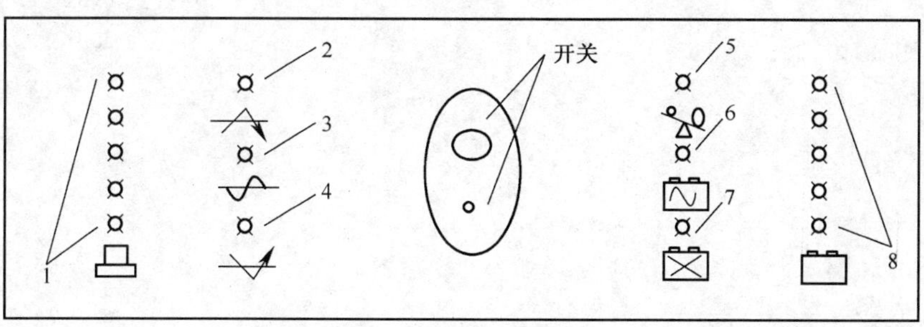

图3-14 UPS面板及其指示灯

4. 机敏升压指示灯。其正常情况下不亮，该灯一旦点亮，说明UPS正在调高输入电压，补偿超低电压。

5. 超载指示灯。该灯点亮且同时伴有声音报警，说明负荷超过了UPS容量，则需要查找并去除新增负荷，使UPS供电恢复正常。一般情况下设备开通后不会有新增负荷，若出现该问题应为UPS自身故障，需更换UPS。

6. 电池供电指示灯。该灯点亮时，说明外电断电 UPS 转为电池供电，同时 UPS 伴有声音报警。

7. 电池故障指示灯。该灯点亮时，说明该 UPS 电池故障，需要更换。在外电不断的情况下，该故障不影响 UPS 正常使用。

8. 电池容量指示灯。其显示当前 UPS 电池的充电水平所达到的电池容量的百分比。

自我检测

1. 简述 DS6-K5B 计算机联锁系统的组成及其功能。
2. 说明联锁的接口系统及其连接。
3. 说明 DS6-K5B 联锁的日常维护内容。
4. 说明 F486-4 板面板指示灯及开关的功能含义。
5. 说明 D7～D0 故障代码的含义。

项目四　应答器与地面电子单元 LEU

应答器是点式大容量信息传输系统，它可以将车所在位置有关数据（位置坐标、曲线半径、坡度、限速条件等）或是与运行有关的信号数据传送到列车上。在中国铁路列控系统 CTCS-1、2、3、4 级中均需要使用应答器子系统。

应答器向 CTCS-3 级列控系统车载设备提供位置、等级转换、建立无线通信等信息；同时对 CTCS-2 级列控系统车载设备提供线路速度、线路坡度、轨道电路、临时限速等线路参数信息。

地面电子单元 LEU 与有源应答器配合工作，将接收车站列控中心的信息并发送到有源应答器，其作用相当于功率放大器。

本项目主要介绍应答器与地面电子单元 LEU 的功能、工作原理及设置处所；重点阐述了应答器与地面电子单元 LEU 安装及维护的知识与技能。

知能目标

1. 认知应答器与地面电子单元 LEU 设备。
2. 理解应答器与地面电子单元 LEU 的工作原理。
3. 理解应答器与地面电子单元 LEU 的设置原则。
4. 能按要求进行应答器与地面电子单元 LEU 设备的安装。
5. 能按要求对应答器与地面电子单元 LEU 进行维护。

知能链接

一、应答器与地面电子单元 LEU 概述

（一）应 答 器

应答器是利用无线感应原理在特定地点实现机车与地面间相互通信的一种数据传输装置。当列车上的查询器通过设置于地面的应答器时，应答器被发自车上的查询器瞬态功率激活并进入工作状态，它将向运行中的列车连续发送存于应答器中的可供列车自动控制或地面指挥用的各种数据。在查询器与应答器的有效作用范围之外，应答器将不再工作，直至被下次列车上的查询器功率再次激活。地面应答器系统框图如图 4-1 所示。

当查询器与应答器相互作用时，应答器接收到发自查询器的功率载波信号后，整流电路整流出一个可供应答器的其他 IC 器件使用的直流电平，使应答器进入工作状态。信源编码器为数据编码器，其输出编码经过调制后送到放大电路，经放大后发送出去。查询器与应答器的有效作用范围与其间的电磁场能量的大小密不可分。在有效作用范围内，要提高车载查询器接

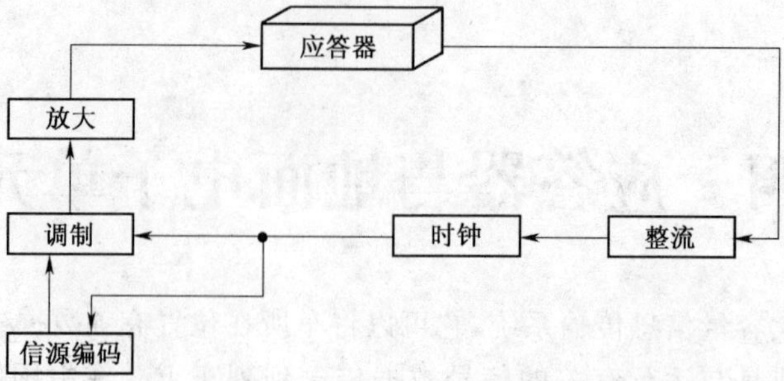

图 4-1　地面应答器系统框图

收到的数据量，需相应提高数据传输速率。依据供电来源，查询应答器可分为有源和无源应答器两种类型。

1. 无源应答器

应答器本身不具备电源，只有当查询器位于其耦合谐振位置时，从查询器送出的高频信号作为电源给应答器，使应答器中事先已存储的信息被发送出来。它相当于计算机存储系统中 ROM 类型，其信息一旦固定在应答器后，只能原封不动地读出，不可改变。如图 4-2(a)所示。

无源应答器存储固定信息，当列车经过无源应答器上方时，无源应答器接收到车载天线发射的电磁能量后，将其转换成电能，使地面应答器中的电子电路工作，把存储在地面应答器中的数据循环发送出去，直至电能消失(即车载天线已经离去)。

2. 有源应答器

应答器本身具备电源，所以它存储的信息是可变的，相当于计算机存储系统中 RAM 类型。当查询器与应答器耦合谐振时，立即发出应答器内部已存储好的随机信息。如图 4-2(b)所示。

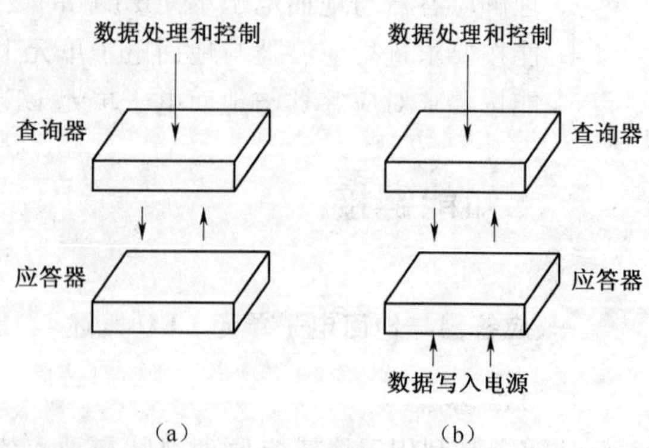

图 4-2　有源及无源应答器

有源应答器通过专门电缆与地面电子单元(LEU)连接，可实时发送 LEU 传送的数据报文。

当列车经过有源应答器上方时，有源应答器接收到车载天线发射的电磁能量后，将其转换成电能，使地面应答器中发射电路工作，将 LEU 传输给有源应答器的数据循环实时发送出去。直至电能消失(即车载天线已经离去)。

当与 LEU 通信故障时，有源应答器变为无源应答器工作模式，发送存储的固定信息(默认报文)。

(二)LEU

LEU 通过串行通信接口与列控中心设备连接，将来自列控中心的报文连续向有源应答器发送，从而实现向车载设备发送可变信息。

当LEU与列控中心通信故障或接收的数据无效时,LEU向有源应答器发送默认报文。

二、设置原则

(一)应答器设置原则

1. 地面应答器的设置应满足CTCS-2级备用系统的需求,并集成CTCS-3级和CTCS-2级报文。

2. 用于发送线路参数、转换信息、识别列车运行方向、发车进路始端等的应答器组至少包含两个应答器。仅用于定位的应答器组为单个应答器。

3. 应答器组内相邻应答器间的距离应为(5±0.5)m。设置在闭塞分区入口处的应答器组距调谐单元(BA)或机械绝缘节(200±0.5)m、进站信号机处的应答器组距调谐单元(BA)或机械绝缘节的距离宜为(20±0.5)m(从靠近绝缘节的应答器计算)。

4. 设置在车站应答器组中的有源应答器宜靠近信号机侧。

(二)LEU设置原则

1. LEU原则上设置于室内,与地面列控中心间采用RS-422串行通信的方式进行信息传输,1个LEU可控制连接四个有源应答器。

2. LEU与有源应答器间采用专用应答器数据传输电缆进行连接,当电缆长度超过2 500 m时,LEU将放置在室外相关有源应答器处,通过增加光纤接口模块、光纤(2×2芯)及信号控制电缆,实现地面列控中心对LEU的远程控制。

3. 需在调车信号机处设置有源应答器时,LEU设置在现场,并直接从信号灯取控制条件。

4. 控制高速正线有源应答器的LEU设备(包括车站、中继站等)均冗余设置。在各站统一考虑1个LEU的备用设备放置在信号机械室。

操作实践

【任务1】应答器与LEU的安装与维护

一、任务描述

认知应答器与地面电子单元LEU设备结构及功能;了解其设置处所及安装限制条件,能按要求对应答器及地面电子单元LEU设备进行安装及日常维护。

二、所需设备与工具

应答器与地面电子单元LEU设备、内六角7 mm扳手等。

三、操作步骤

应答器安装限制条件:应答器安装在轨道中间,根据道床类型、轨枕类型采用不同的安装装置。

1. 参考坐标轴与角度定义

(1)用三个坐标轴描述应答器方位

*X*轴——与钢轨平行的坐标轴;

Y 轴——与钢轨呈直角，并且与铁轨顶端水平面平行的坐标轴；

Z 轴——与铁轨顶端水平面垂直向上的坐标轴。

(2)用三个角度描述应答器安装的角度偏离

倾角 Tilt——旋转 X 轴产生的角度偏离；

俯角 Pitch——旋转 Y 轴产生的角度偏离；

侧转角 Yaw——旋转 Z 轴产生的角度偏离。

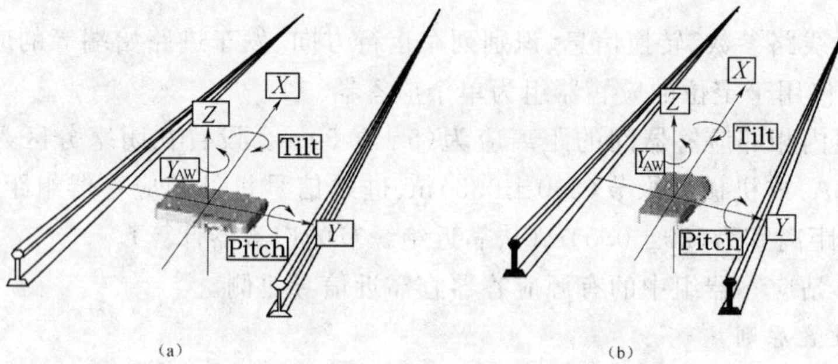

图 4-3　应答器横向及纵向安装示意图

2. 应答器的安装方向

应答器的横向及纵向安装示意图分别如图 4-3(a)、图 4-3(b)所示。

当线路最高速度低于 260 km/h 时，应答器采取横向安装方式；当线路最高速度在 260～500 km/h 之间时，应答器采取纵向安装方式。

3. 应答器的安装位置

(1)安装高度

应答器的安装高度如图 4-4 所示。

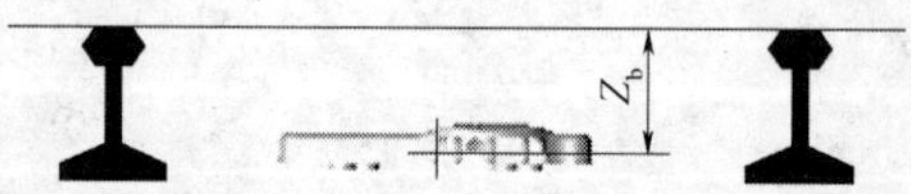

从铁轨顶端到应答器参考标记的距离 Z_b	
最高位置	−93 mm
最低位置	−150 mm

图 4-4　应答器安装高度示意图

(2)安装横向误差

应答器顶面参考标记中心点至两条钢轨间中心线的最大横向误差为±15 mm。

(3)安装角度误差

应答器安装角度误差见表 4-1。

表 4-1　应答器安装角度误差

角坐标	误　差	应答器横向安装	应答器纵向安装
旋转 Y 轴，应答器允许的俯角	±2°	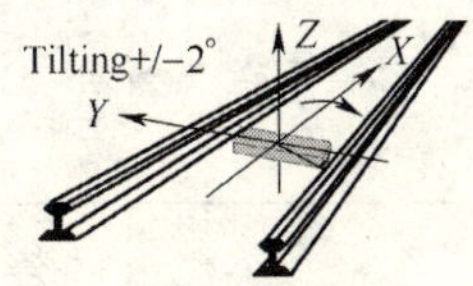	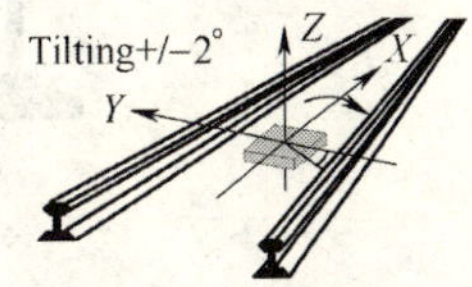
旋转 X 轴，应答器允许的倾角	±5°	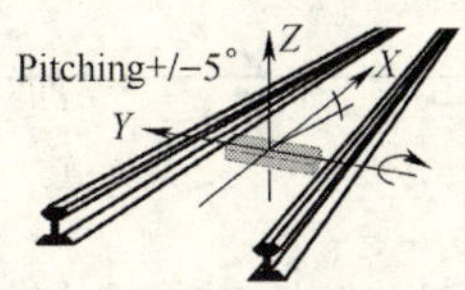	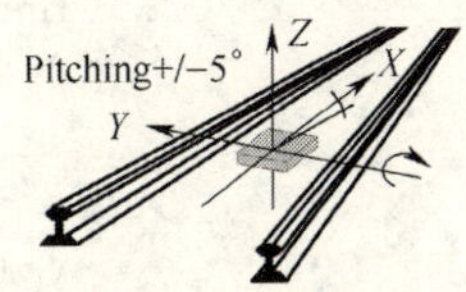
旋转 Z 轴，应答器允许的侧转角	±10°	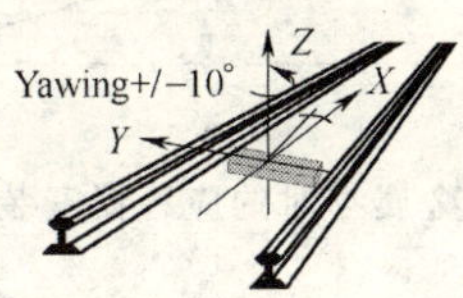	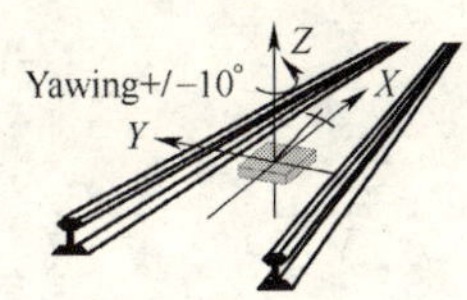

4. 环境要求

(1)无金属范围

①横向安装应答器无金属范围如图 4-5 所示。

②纵向安装应答器无金属范围如图 4-6 所示。

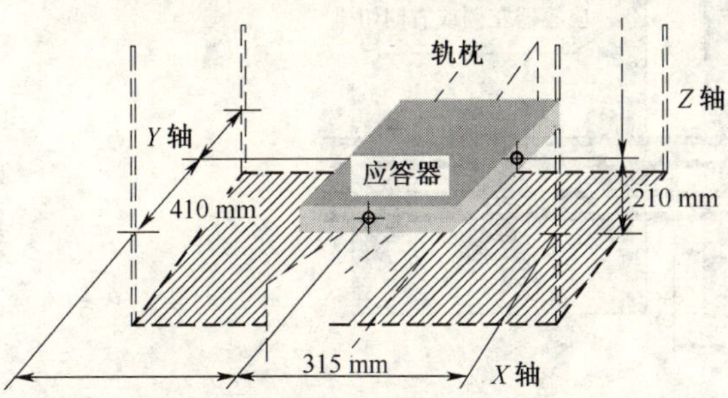

图 4-5　横向安装应答器无金属范围示意图

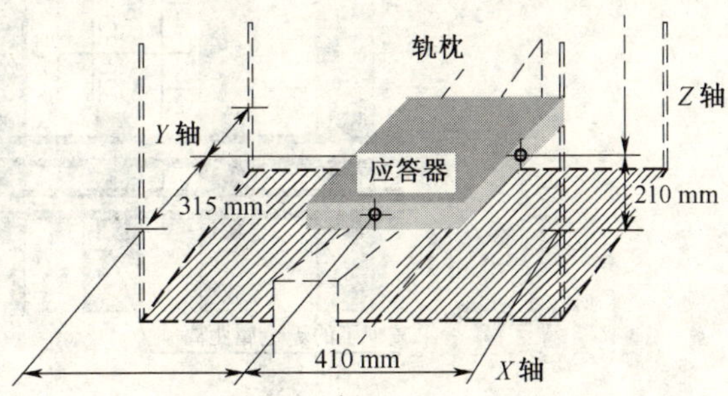

图 4-6　纵向安装应答器无金属范围示意图

③当不能找到满足以上要求的一个无金属范围时，安装高度应根据图 4-7 所示要求进行调整。

(2)有护轮轨情况

当应答器安装在护轮轨处时，其中心至护轮轨轨基之间的横向无金属距离缩小为：横向安装应答器时，320 mm；纵向安装应答器时，220 mm。

沿应答器 X 轴方向，应在基准点±300 mm 的范围内、每根护轮轨断开至少 20 mm 的间距，并安装绝缘节，以减少护轮轨对应答器传输的影响。

在有护轮轨情况下，横向安装应答器时无金属距离如图 4-8 所示。

存在金属结构时从铁轨顶端到参考标记的应答器安装高度（Z_b）

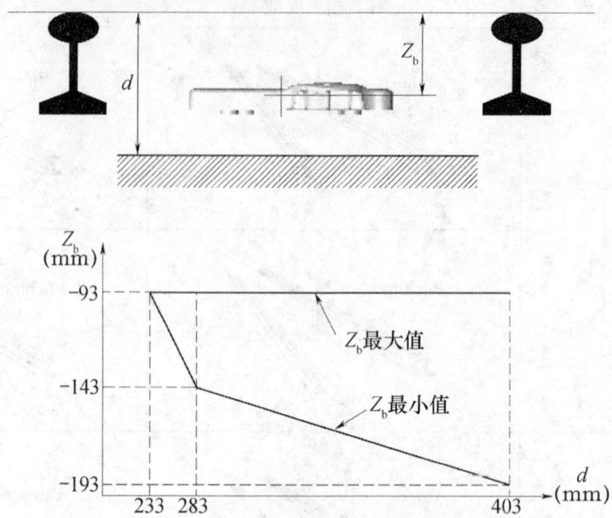

图 4-7　有金属物时的应答器安装高度

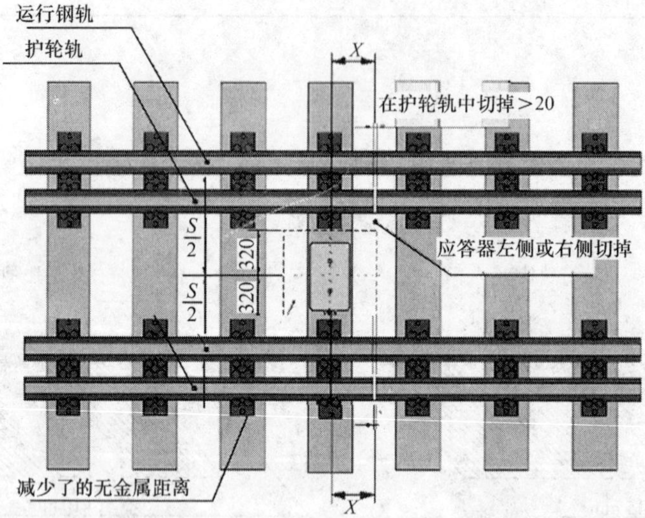

图 4-8　有护轮轨情况下横向安装应答器时无金属距离

(3)干扰电缆

在应答器周围(距应答器侧边 400 mm 以内)不应有其他设备电缆。

(二)应答器的安装

对于不同类型的道床与轨枕,无论应答器采用哪种安装方式,均应满足上述限制条件,否则应答器将无法正常工作。

1. 应答器在轨枕上的安装

应答器在轨枕上的安装如图 4-9 所示。

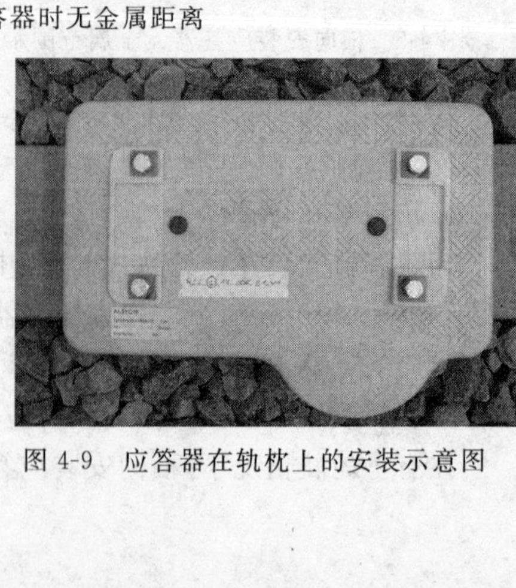

图 4-9　应答器在轨枕上的安装示意图

2. 应答器在无砟道床上的安装

应答器在无砟道床上的安装如图 4-10 所示，其安装步骤如下。

(1)在无砟道床上打 4 个安装孔。

(2)在孔内注入特制胶。

(3)将特制管状螺母塞入孔内。

(4)将螺丝拧入螺母中，避免杂物堵塞螺母。

(5)待胶完全固化后可安装应答器。

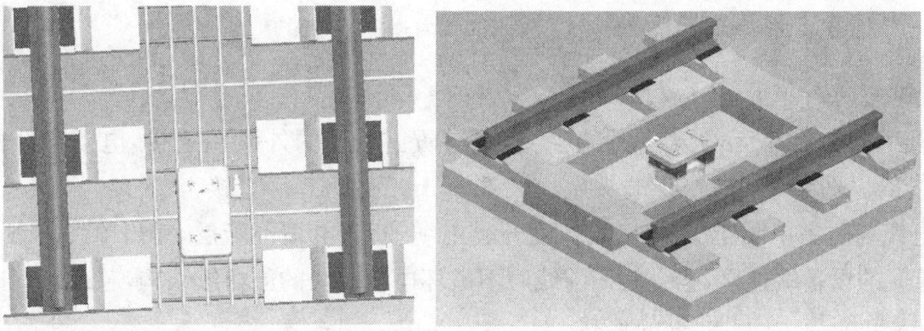

图 4-10 应答器在无砟道床上的安装示意图

3. 应答器尾缆的安装

应答器尾缆在电缆终端盒内与应答器干线电缆进行连接，终端盒可采用 HZ－6 电缆盒，如图 4-11 所示。

(1)将干线电缆的金属护层(钢带、铝护套、泄流线)，用接地连接卡连通后，与应答器尾缆中的金属屏蔽网线采用焊接的方式连接。

(2)将金属护层用 7×0.52 mm 多股铜线连接后，再接到贯通地线在电缆终端盒内的接线端子(无贯通地线时仅做金属护层连通处理)。

(3)干线电缆与应答器尾缆在电缆箱盒内，通过接线端子按电缆芯线相同颜色对应相接(电缆芯线连接时不破坏两侧电缆芯线的原扭绞结构)。

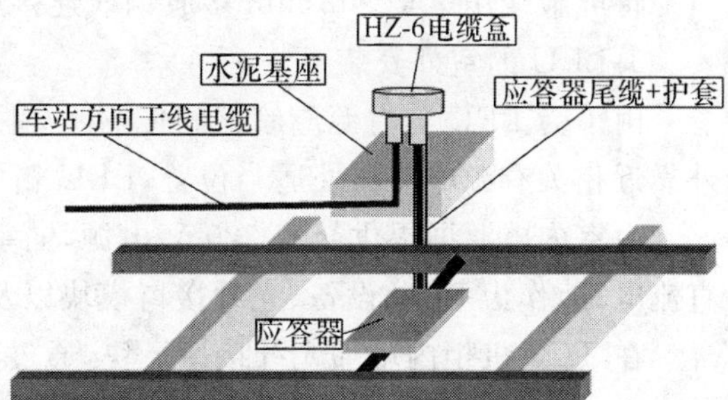

图 4-11 应答器尾缆连接示意图

(4)一般情况下，所提供的尾缆长度大于实际使用长度，因此在敷设安装尾缆时，应当预留充足的尾缆长度，不要轻易截除尾缆。

(5)应答器尾缆应与道床或轨枕固定。

(三)LEU 的安装

1. LEU 的室内安装

(1)对于中继站，LEU 设备放置在列控中心主设备柜中；对于车站，LEU 设备全部放置在单独的 LEU 设备柜中。

在 LEU 与有源应答器之间，连接有室内专用电缆、防雷单元、专用干线电缆、专用室外尾缆，LEU 的室内连接如图 4-12 所示。

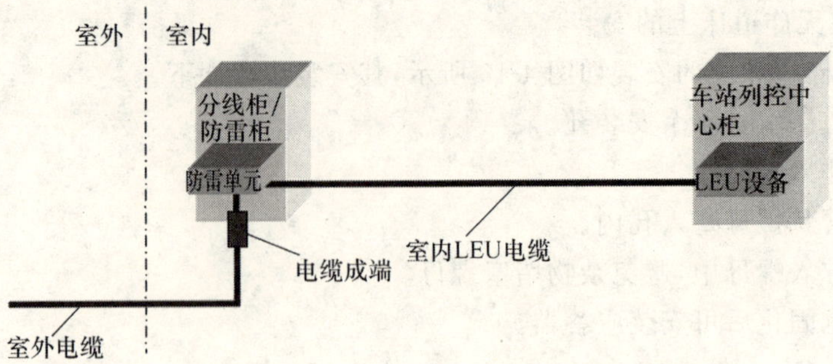

图 4-12　LEU 室内连接示意图

(2)电缆与防雷单元的连接

室外电缆与防雷单元的连接:将电缆芯线与防雷单元的外线端连接,电缆芯线配线时不破坏电缆芯线的原纽绞结构,芯线端头做成高 30 mm 的鹅头弯,直接上端子。

室内电缆与防雷单元连接:按接线长度开剥电缆,断开电缆屏蔽层,露出电缆芯线。将电缆芯线与防雷单元的设备端连接,电缆芯线配线时不破坏电缆芯线的原纽绞结构,芯线端直接上端子。

(3)室内电缆与 LEU 设备的连接

在安装 LEU 的机柜电缆引入口处,按接线长度开剥电缆屏蔽层,保留电缆芯线和屏蔽线(开剥电缆时不破坏电缆芯线的原纽绞结构)。

根据设计要求将电缆芯线连接到 LEU 设备对应的接线端子上。电缆芯线使用时,必须按对角使用的原则,即红、白线为一个工作线对,蓝、绿线为一个工作线对,严禁随意组合。

将屏蔽线用 7×0.52 mm 多股铜线连接后,连接到车站列控中心柜屏蔽接地端子排。

2. LEU 的室外安装

由于受 LEU 与有源应答器间传输距离限制,当传输距离大于 2 500 m 时,LEU 设置在室外靠近相关有源应答器处适当位置,LEU 箱体应与贯通地线连接。设备连接如图 4-13 所示。

由室内电源屏提供交流 220 V 电源,向室外 LEU 箱供电,箱内电源模块将其转换为 24 V 直流电源,作为 LEU 设备、光纤接口模块以及 LEU 切换电路的工作电源。

在 TCC 机柜内增加光纤接口模块,通过光缆传输,向室外 LEU 传送列控数据。

TCC 通过信号电缆向室外提供双 LEU 冗余切换条件的开关量信号,用以切换故障 LEU 的输出,该信号为 AC 36 V,在 LEU 箱内进行整流与稳压,变成 DC 24 V 信号,经过继电切换电路选择 LEU 的输出。

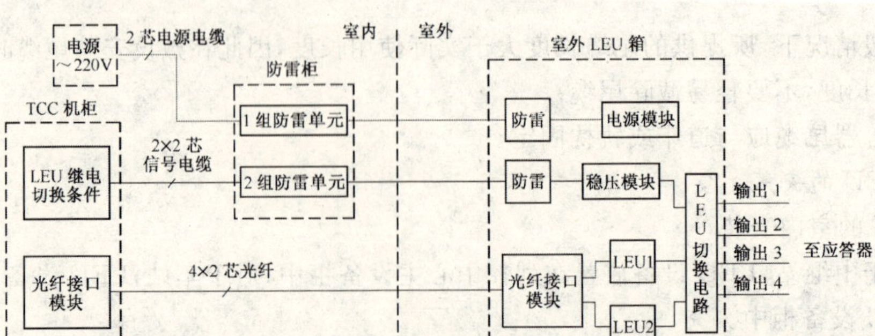

图 4-13　LEU 室外安装连接示意图

TCC可根据与LEU的串行通信状态以及反馈的LEU设备状态信息，提供LEU箱的故障报警信息。

（四）应答器的维护

应答器本身是可更换、不可维修的产品。其日常维护内容如下。

1. 检查应答器的存在。
2. 检查应答器安装位置正确。
3. 检查按照架螺丝紧固。
4. 检查有源应答器尾缆连接紧固。
5. 清理应答器表面杂物。
6. 在室内发送端测量接口C信号波形正常。
7. 在室外分线盒测量接口C信号波形正常。

（五）应答器的更换

1. 安装前确认新应答器内报文正确。
2. 在原应答器相同位置安装。
3. 将原应答器交专门部门统一管理。
4. 变化应答器安装位置须得到授权及批准。
5. 更改应答器报文须得到授权及批准。

【故障案例A】应答器与LEU设备故障案例

一、案 例 一

（一）故障现象

动车组越过级间转换执行点切换至ATP控车模式后以45 km/h速度运行或非正常停车。

（二）原因分析与对策

1. 若人机界面（DMI）无显示，可能为端站出站口有源应答器故障或端站出站口收到默认报文。则需检查、更换端站出站口有源应答器或检查端站列控中心状态、LEU及尾缆。

2. 若人机界面（DMI）显示应答器信息缺失，可能为端站出站口有源组内的无源应答器故障，则需检查、更换端站出站口无源应答器。

二、案 例 二

（一）故障现象

正常转换至ATP或LKJ控车，人机界面（DMI）显示应答器信息缺失。

（二）原因分析与对策

1. 可能为CTCS-0至CTCS-2级间转换预告点应答器组内1个或2个应答器故障或CTCS-0至CTCS-2级间转换执行点应答器组内1个或2个应答器故障。则需检查、更换CTCS-0至CTCS-2级间转换预告点应答器或检查、更换CTCS-0至CTCS-2级间转换执行点应答器。

2. 可能为CTCS-2至CTCS-0级间转换预告点应答器组内1个或2个应答器故障或CTCS-2至CTCS-0级间转换执行点应答器组内1个或2个应答器故障。则需检查、更换CTCS-2至CTCS-0级间转换预告点应答器或检查、更换CTCS-2至CTCS-0级间转换执行点应答器。

三、案 例 三

(一)故障现象

常用制动降速 45 km/h 至出站口,人机界面(DMI)无显示或显示应答器信息缺失。

(二)原因分析与对策

1. 常用制动降速 45 km/h 至出站口,人机界面(DMI)无显示,可能是进站口有源应答器收到列控中心默认报文;进站口有源应答器收到 LEU 默认报文;进站口有源应答器收到应答器默认报文。则如果进站信号机降级则为列控中心与联锁通信中断;检查列控中心与 LEU 的通信状态;检查有源应答器尾缆及 LEU 与有源应答器的通信状态。

2. 常用制动降速 45 km/h 至出站口,人机界面(DMI)显示应答器信息缺失,可能是进站口有源应答器故障;进站口有源应答器组内的无源应答器故障。需检查、更换进站口有源应答器;检查更换进站口有源组内的无源应答器。

四、案 例 四

(一)故障现象

在到达下一组无源应答器前动车组运行速度可能下降,人机界面(DMI)显示应答器信息缺失。

(二)原因分析与对策

可能是出站口有源应答器故障;出站口有源应答器或组内的无源故障。需检查、更换出站口有源应答器;更换出站口有源应答器组内的无源应答器;检查更换故障应答器。

自我检测

1. 简述应答器的种类及其工作原理。
2. 说明应答器安装的限制条件。
3. 写出室内外应答器的安装步骤。
4. 说明应答器及 LEU 的设置原则。
5. 写出电子单元 LEU 的安装步骤。

项目五　LKD2-T2 型列控中心设备

LKD2-T2 型列控中心设备是由北京全路通信信号设计研究院研制的第二代列控地面设备，其根据其管辖范围内各列车位置（轨道占用）、联锁进路以及线路限速状态等信息，对轨道电路发送信息，对车站有源应答器发送进路参数信息，向列车提供其所需的运行许可。

本项目主要介绍 LKD2-T2 型列控中心设备的组成及功能，工作原理及设置处所；重点阐述 LKD2-T2 型列控中心设备日常维护及常见故障处理的知识与技能。

知能目标

1. 认知 LKD2-T2 型列控中心设备的构成及功能。
2. 了解 LKD2-T2 型列控中心设备的设置处所。
3. 能够分析 LKD2-T2 型列控中心设备的工作原理。
4. 能够按要求对 LKD2-T2 型列控中心设备进行日常维护及常见故障处理。

知能链接

一、LKD2-T2 型列控中心功能特点

LKD2-T2 型列控中心采用 2×2 取 2 计算机 K5B－MC 硬件设备，通过轨道电路编码、应答器报文编码等功能应用软件，实现列控中心的控制功能。其具备以下功能特点。

1. 实现轨道电路和有源应答器的实时控制，完成 CTCS-2 级列车控制功能。

2. 列控主机采用“故障—安全”专用处理器，为并列二重系结构，单系采用双 CPU 时钟同步比较方式保障故障安全，二系之间采用处理周期同步的并行运行方式。

3. 作为输入输出模块的电子终端，输出电路按故障倒向安全的原则设计，输入采集电路通过有效的自检测功能，能够检测出输入电路的故障，保证输入信息的安全性。输出驱动采用双 CPU 动态和静态信号比较校核，保证输出的安全性。

4. 采用信号安全数据网与临时限速服务器通信，采用双冗余环网结构。

二、系统结构功能

（一）系统结构

LKD2-T2 型列控中心主要由列控主机单元、输入输出接口单元、通信接口单元、监测维护终端、电源单元及信号安全数据网通信单元六个部分组成。根据功能的不同，列控中心可分为车站列控中心及中继站列控中心两大类；根据车站的站场规模情况和列控中心内部模块的配置，列控中心机分为以下四种结构。

1. 中小车站列控中心。其配置两台机柜，一台为车站主机柜，放置列控中心主机设备；另一台为 LEU 机柜，只放置 LEU 设备。

2. 大型车站列控中心。其配置三台机柜，两台为车站主机柜，放置列控中心主机设备；另一台为 LEU 机柜，放置 LEU 设备。

3. 中继站列控中心。其配置一台机柜，放置列控中心主机设备和 LEU 设备。

4. 带网关中继站列控中心。其配置一台机柜，放置列控中心主机设备和 LEU 设备。

(二)列控中心各单元结构功能

1. 列控主机单元

列控中心主机是列控中心的核心设备，负责完成列控中心的逻辑处理和系统管理的任务。列控主机由并列两重系组成，以主从方式并行运行。每系主机由 IPU6(电源板)、F486-4(CPU 板)、FSIO(通信扩展板)、CANIF(CAN 通信扩展板)、VHSC26(LAN 通信扩展板)、Z2ETH (以太网通信板)组成。组匣内的各电路板之间通过母板上的 VME 总线互连。

列控中心主机单元前、后视图分别如图 5-1、图 5-2 所示。

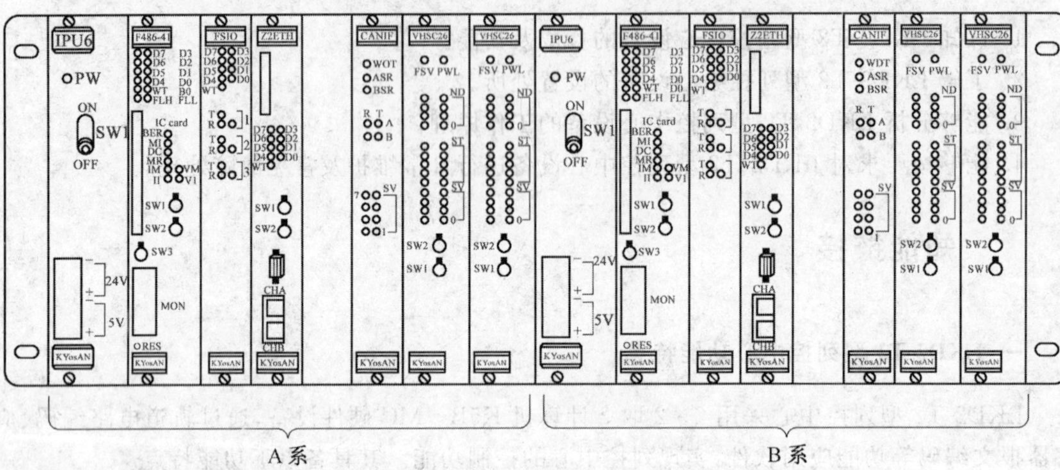

图 5-1 列控中心主机单元前视图

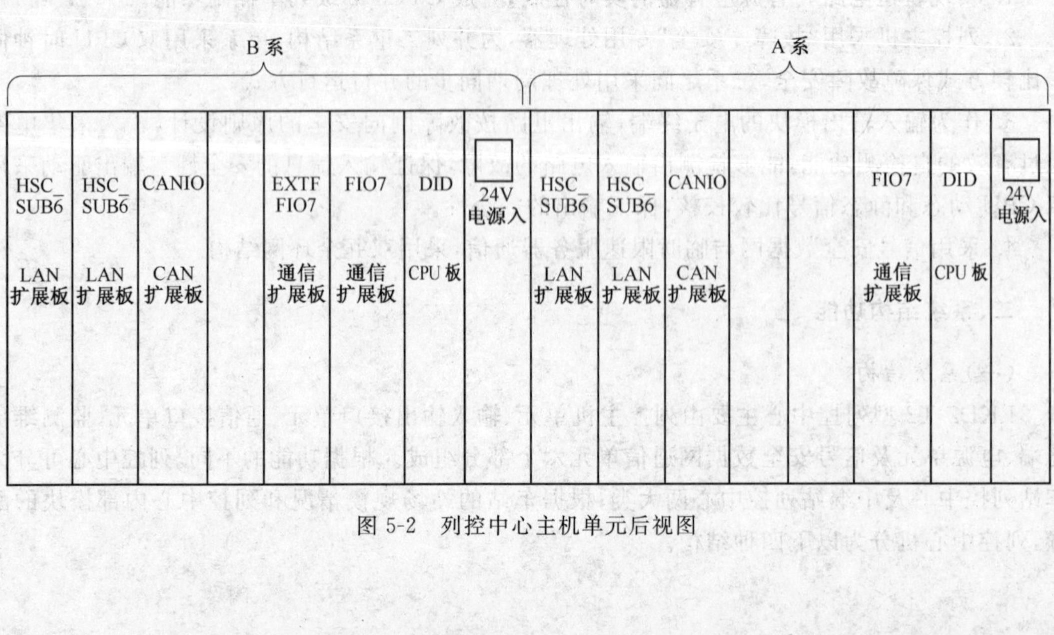

图 5-2 列控中心主机单元后视图

(1)电源板(IPU6)

IPU6 板实现外部输入的直流 24 V 至直流 5 V 的转变，为本系逻辑电路提供稳定的 5 V 电源，其结构功能如图 5-3 所示。

(2)CPU 板(F486-4I)

F486-4I 是列控主机的主 CPU 板，每系各有一块 F486-4 板，其用来完成列控逻辑运算、两重系间通信及切换控制、两重系一致性检查、系统的故障检测及报警功能，如图 5－4 所示。每次列控主机加电时，需从 CF 卡读入列控主机程序和配置数据并存储在 RAM 中。

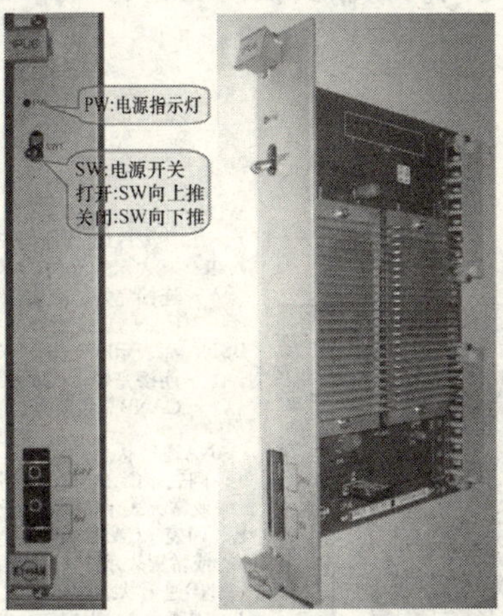

图 5-3　电源板 IPU6 结构功能

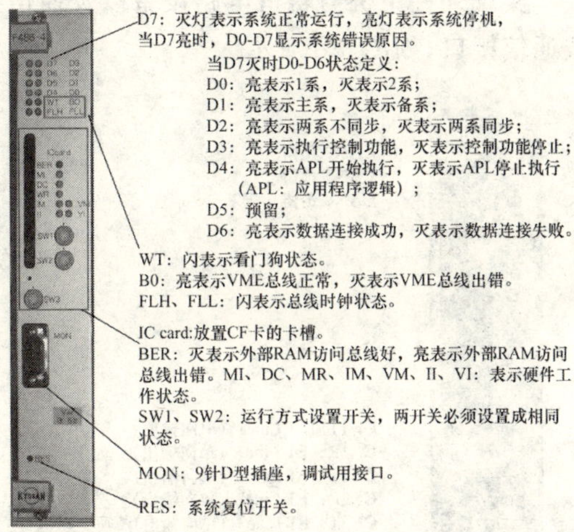

图 5-4　CPU 板 F486-4I 正视图

(3)DID 板

DID 板用来配置列控中心站间通信网(125Mbit/s)的通信地址，如图 5-5 所示。

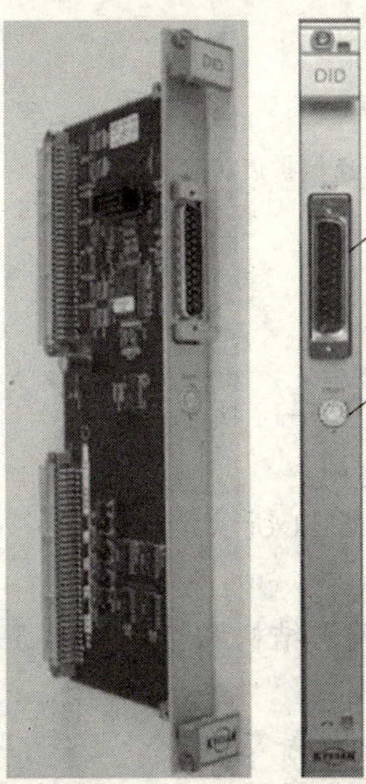

图 5-5　DID 板

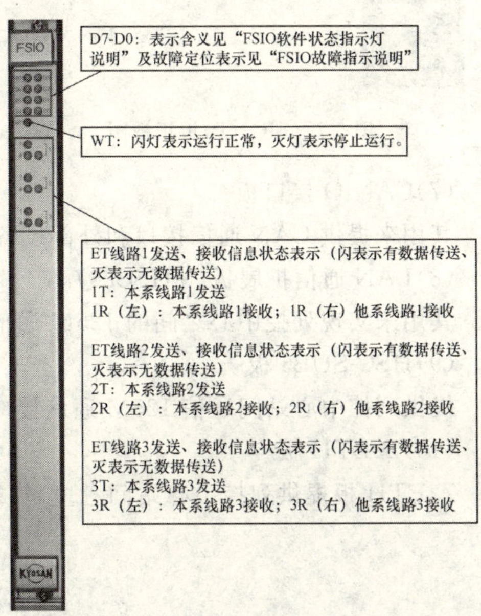

图 5-6　通信扩展板 FSIO 正视图

(4)通信扩展板 1(FSIO)

其用来实现列控主机与输入输出(ET-PIO)接口之间进行现场采集数据和输出控制数据交换。有 3 路与输入输出接口的通信接口,实现列控主机与监测维护终端之间数据交换,如图 5-6所示。

(5)FIO7(P)板

其用来提供光纤接口与 ET 单元或外部监测设备接口,如图 5-7 所示。

(6)CAN 通信扩展板(CANIF)

实现列控主机与轨道电路设备以及通信接口单元之间的数据交换。配置有 2 路 CAN 总线通信接口,如图 5-8 所示。

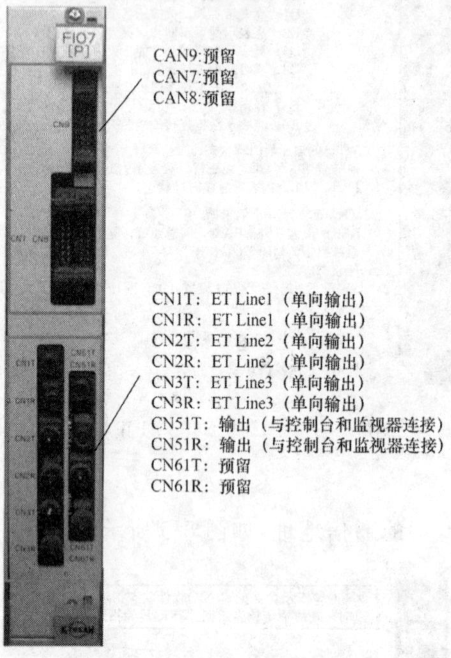

图 5-7　FIO7(P)板正视图

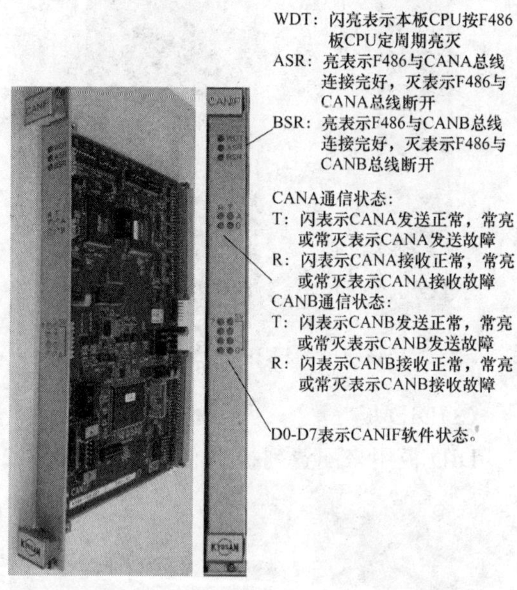

图 5-8　CAN 通信扩展板(CANIF)

(7)CANIO 接口板

其用来提供 CAN 通信接口和外部设备通信,如图 5-9 所示。

(8)LAN 通信扩展板(VHSC26)

其用来实现列控中心之间的 125M 通信,分为左右两个回线,如图 5-10 所示。

(9)HSC-SUB6 板

提供列控中心站间通信 125M 通信接口。板卡结构和接口如图 5-11 所示。

(10)Z2ETH 板

Z2ETH 板提供列控中心站间独立的 2 路以太网通信接口。板卡结构和接口如图 5-12 所示。

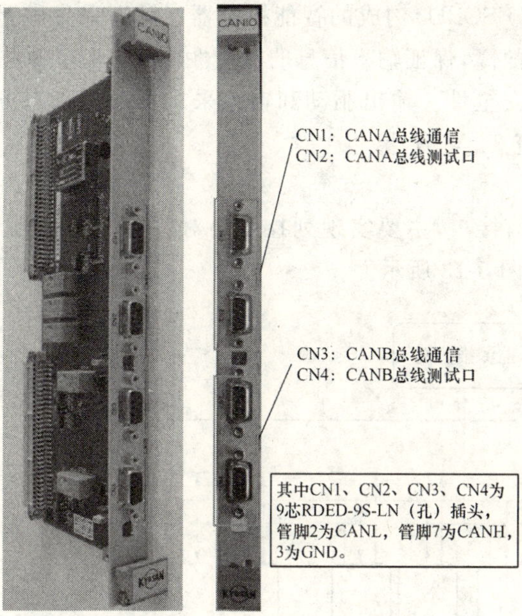

图 5-9　CANIO 接口板

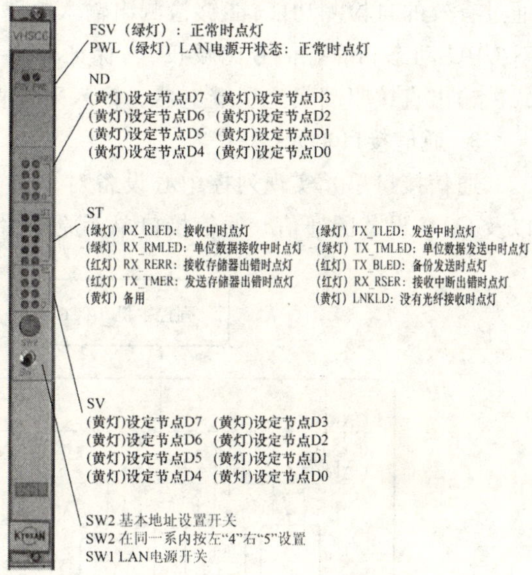

图 5-10　VHSC26 正视图

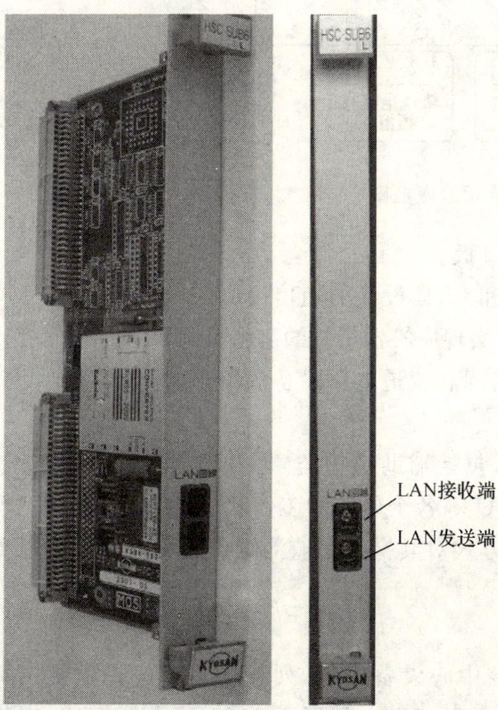

图 5-11　HSC-SUB6 板

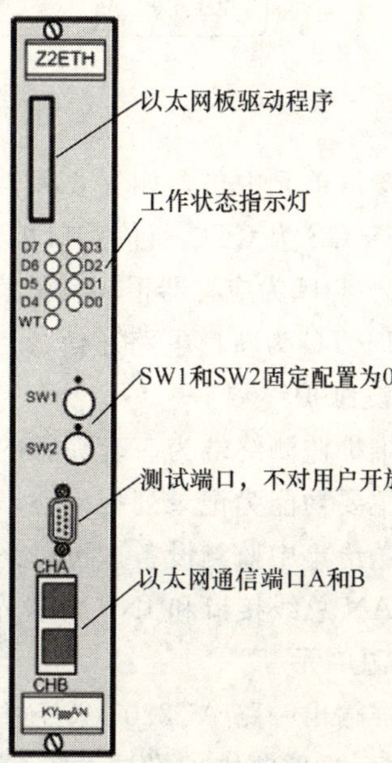

图 5-12　Z2ETH 板

2. 输入输出接口单元

输入输出接口是采用故障—安全型双 CPU(FSCPU)构成的智能控制器。输入采集电路通过有效的自检测功能,能够检测出输入电路的故障,保证输入信息的安全性。输出驱动采用双 CPU 动态和静态信号比较校核,保证输出的安全性。输出驱动和输入采集均采用静态方式。输出直接驱动安全型继电器。输入采集直流 24 V 信号。

3. 通信接口单元

通信接口单元实现列控中心设备对外的通信接口,主要实现列控中心对轨道电路、LEU 以及 CTC 设备的通信。通信接口单元原理图如图 5-13 所示。

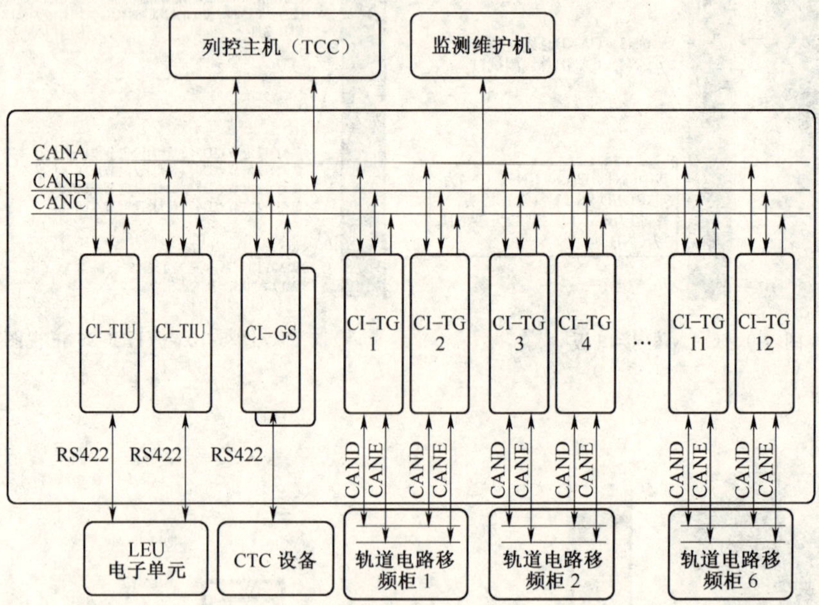

图 5-13 通信接口单元原理框图

通信接口单元中包含如下 3 种类型的通信接口板。

(1)CI－GS 为 CTC 通信接口板,其用于实现和 CTC 设备的通信接口。

(2)CI－TIU 为应答器报文实施编码板,其用于实现应答器报文的实施编码和向 LEU 发送。

(3)CI－TC 为轨道电路通信接口板,其用于实现和轨道电路设备的编码通信。

4. 监测维护终端

辅助维护监测终端为一套完整的工控机设备,包括辅助维护监测主机、上架显示器、键盘和鼠标。主要功能为记录列控中心、轨道电路、LEU 等各个单元的工作状态和数据,同时把监测数据传送给集中监测设备。可以采用远程登录方式对其操作。监测维护主机对外提供以太网接口、CAN 总线接口和 INIO2 卡光通道接口。

5. 电源单元

电源屏输出一路 AC220 V(经过 UPS)给列控中心设备供电,列控中心设备提供给内部 24 V电源模块、监测维护终端、显示器等各个单元。列控中心配置两个 24 V 电源模块,提供两路冗余的逻辑 24 V 电源(L24 V)和接口 24 V 电源(I24 V)电源。其中逻辑 24 V 电源供给列控中心主机、输入输出接口组匣、通信接口组匣和 LEU 电子单元(中继站);接口 24 V 电源供给输入输出组匣的输入输出板、输出接口驱动继电器及输入接口采集继电器。LEU 机柜单独配置 2 台冗余24 V电源模块，用于 LEU 设备的供电。列控中心主设备柜和 LEU 设备柜的电源接口示意图如图 5-14 所示。

6. 信号安全数据网通信单元

信号安全信息数据网由各个车站和中继站列控中心机柜中配置的工业以太网交换机连接，并组成双冗余环网，全线所有车站、线路所以及联络线车站作为数据业务接入点接入到网络中。

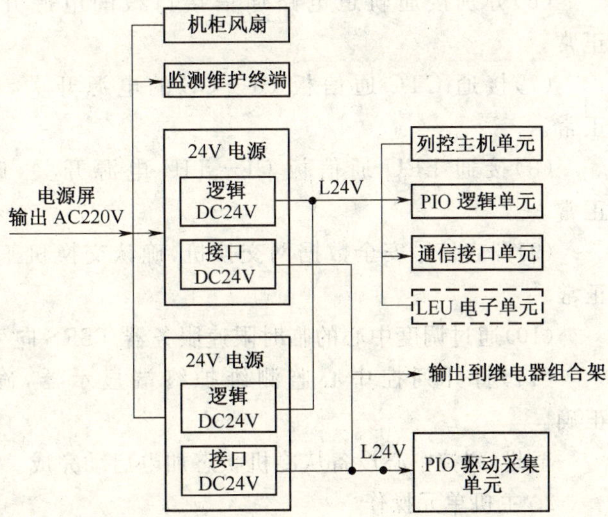

图 5-14 电源单元

操作实践

【任务 1】LKD2-T2 型列控中心设备的操作与维护

一、任务描述

熟悉铁路信号运营；了解 LKD2-T2 型列控中心设备的设置、构成及工作原理；能按要求对 LKD2-T2 型列控中心设备进行操作与维护。

二、所需设备与工具

LKD2-T2 型列控中心设备、螺丝刀等。

三、操作步骤

(一)列控中心设备的操作

1. 列控中心设备的开机操作

系统从冷机(未加电)状态启动，应先确认所有设备连接正确，接插件连接牢靠，然后再按以下步骤进行操作。

(1)接通电源屏电源 AC220 V，确认电源屏输出 AC220 V 电压正确。

(2)接通监测机和显示器电源，开启监测维护终端。

(3)接通电源模块的 AC220 V 输入端，在电源显示窗口确认其输出 24 V 电压正确。

(4)接通列控主机 1 系和列控主机 2 系的电源开关。在列控主机 F486 模块的 IC 卡插槽内插入 IC 卡。如有两个 IC 卡，可同时插在两系列控主机上。如只有一个 IC 卡，可先插入一系列控主机，待其进入运行状态后，取出 IC 卡再插入另一系列控主机。列控主机从 IC 卡读入程序和数据约需 30 s 左右。首先加电并插有 IC 卡的列控主机将进入“主系”状态运行，另一机进入“从系”状态运行。

(5)接通各 ET 机架上每个 ET-LINE 和 ET-PIO 模块的电源开关。确认每个模块进入正常工作状态：“Normal”指示灯亮；“Txd”指示灯闪光。

(6)分别接通轨道电路通信接口板的电源开关，确认通信板和轨道电路设备工作正常。

(7)接通 CTC 通信板 CI－GS 的电源开关，确认通信板工作正常，CTC 状态显示正常。

(8)接通 LEU 通信板 CI－TIU 电源开关，确认通信板工作正常，LEU 设备工作正常。

(9)开启信号安全数据网交换机，确认交换机工作正常，确认列控中心和联锁设备通信正常。

(10)通过调度中心的临时限速服务器 TSRS 向列控中心做线路状态初始化操作。

(11)打开列控中心监测维护终端显示器，确认监测维护终端软件状态显示是否正确。

至此，列控中心设备从冷机状态加电启动完成。

2. 主机单元操作

(1)将带有应用程序的 CF 卡插入 CPU 板(F486-4)卡槽中。

(2)将 VHSC26 板电源打开。

(3)将 IPU6 卡电源打开。

3. 输入输出接口 ET-PIO

(1)先将 ET-LINE 板电源打开。

(2)打开 ET-PIO 茶色有机玻璃窗口，打开电源。

4. 通信接口板

(1)确认通信接口板已经安装在通信组匣中。

(2)打开电源开关。

(二)列控中心设备维护

列控中心设备的日常维护内容如下。

1. 设备机柜外观检查

(1)检查各部件外观是否清洁，风扇、机箱、机柜通风正常，各种标签完整、正确、清晰。

(2)各部螺丝紧固，机柜门、锁无破损。

(3)通信电缆的紧固性检查。

(4)应答器电缆的紧固性检查。

(5)备品备件完整性检查。

(6)至少每 15 天检查一次上述内容，并做记录。

2. 设备工作状态检查

(1)检测列控中心电源模块的电源是否有报警，是否有发热现象，并记录每个电源模块的输出电压和电流值。

(2)检测通信接口单元的各个板卡工作指示灯闪烁是否正常，是否有异常指示。

(3)检测主备机状态，是否有离线状态，记录主备机位置，是否有倒机现象。

(4)检测主机单元的工作指示灯闪烁是否正常，是否有异常指示。

(5)检查交换机的工作状态，工作指示灯是否正常。

(6)检查监测维护终端工作是否正常，记录维修诊断软件的监控界面上的设备状态和通道连接状态。

(7)记录 LEU 的状态、应答器状态是否完好。

(8)检查监测维护终端中的列控中心故障历史记录,判断是否故障记录,并做记录。

(9)检查集中监测历史记录,判断是否有列控中心故障。

(10)检查信号安全数据网的网管终端中的状态显示,判断是否有通信通道中断,并检查历史记录,判断是否有故障发生。

【任务 2】LKD2-T2 型列控中心设备的故障处理

一、任务描述

在掌握 LKD2-T2 型列控中心设备的构成及工作原理的基础上,能根据故障处理流程,对 LKD2-T2 型列控中心设备进行常见故障的处理。

二、所需设备与工具

LKD2-T2 型列控中心设备、螺丝刀、改锥等。

三、操作步骤

(一)故障处理流程

判断处理故障时应尽量利用列控中心维修诊断软件的诊断信息,如网络状态连接图、实时故障信息等。通过网络状态连接图可以直接看出列控设备各级通道连接的通断情况,利用报文解析浏览图可直接查看有源应答器的当前报文和历史报文记录。故障处理流程如图 5-15 所示。

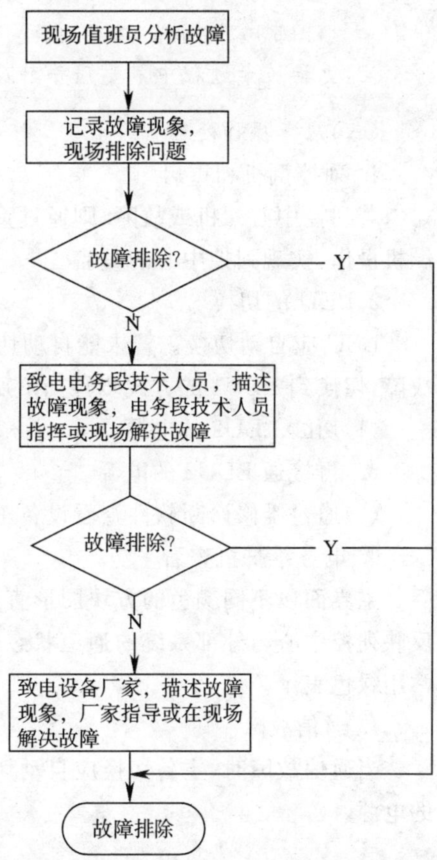

图 5-15 故障处理流程

(二)备品备件的更换

当列控中心设备发生硬件故障后,需要及时更换故障的板卡,更换方法如下。

1. 主机单元备板的更换步骤

(1)关闭故障一侧的主机电源(关闭 IPU6 的电源开关),注意不要关闭正常一侧的 VHSC26 的电源开关。

(2)用螺丝刀拧松固定故障板卡的螺丝(上下各一对),如图 5-16 所示。

(3)用双手上下推助拔手柄,拔出故障板卡。

(4)插入备用板卡,用改锥固定上下螺丝。

(5)打开电源(IPU6)。

(6)观察系统是否启动并进入正常工作状态。

2. 通信单元备板的更换步骤

(1)用螺丝刀拧松固定故障板卡的螺丝,如图 5-17 所示。

(2)按下助拔助插按钮拔出故障的通信板。

(3)插入备用通信板。

(4)观察通信板是否正常投入工作。

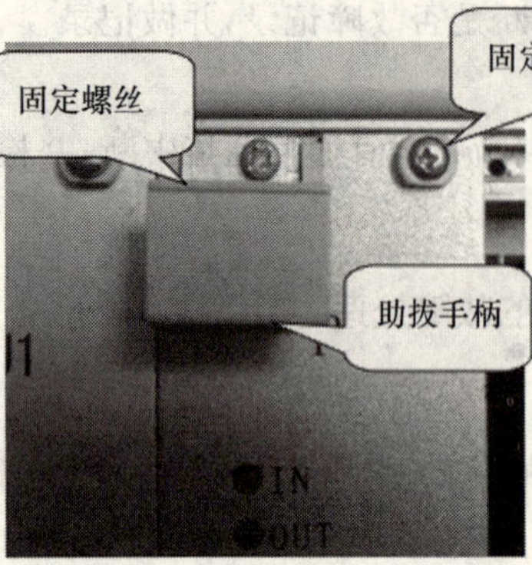

图 5-16 主机单元板卡更换

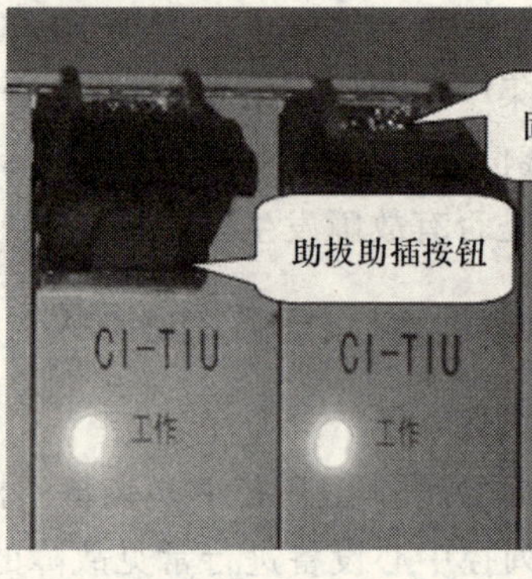

图 5-17 通信单元板卡更换

注:更换板卡过程中不要用手触及电子元件部分,避免静电损坏元件。

(三)应急操作处理

1. 列控倒机和重启

若列控中心死机或故障,则通过重启主机单元前面板上的电源板来完成主机单元的人工倒机操作,实现列控中心的重启。

2. LEU 的切换

LEU 应自动切换。若未能自动切换时,则采用人工开关扳合 LEU 空开的方式,如 LEU2 故障,切换到 LEU1 的方式步骤如下所示。

(1)切断 LEU2 的电源。

(2)再接通 LEU2 的电源。

(3)通过维修诊断软件查看设备工作状态。

3. 电务维护机查看

主界面以不同颜色的方块图形直观地显示列控中心设备两系的工作状态;连接图能实时反映列控中心与外部系统的通道状态和外设的主备机状态,如通道故障,用红色表示;通道正常用绿色表示。

4. 通信故障

当通信故障时,主备切换应自动切换而未能自动切换时,采用人工开关扳合重启通信单元的电源。

【故障案例 A】LKD2-T2 型列控中心设备故障案例

一、电源单元故障案例

(一)案 例 一

1. 故障现象

电源模块输出故障。

2. 原因分析与对策

外部电源中断或电源模块断电。

(1)检查外部电源输入端子是否有电。

(2)检查电源模块开关是否跳闸。

(3)电源模块故障,进行更换。

(二)案 例 二

1. 故障现象

电源报警蜂鸣器响。

2. 原因分析与对策

电源冗余功能丧失。

(1)检查是否有一台电源模块断电或输出故障。

(2)关闭相应的报警开关。

(3)关闭故障的电源,进行更换。

二、通信接口单元故障案例

(一)案 例 一

1. 故障现象

通信板断电。

2. 原因分析与对策

外部断电或保险丝熔断。

(1)检查通信接口单元是否接入 24 V 电源。

(2)检查断电板卡是否保险丝熔断。

(3)板卡故障,更换。

(二)案 例 二

1. 故障现象

通信指示灯显示故障。

2. 原因分析与对策

通信通道或设备故障。

(1)检查相应的通信通道是否中断。

(2)检查相应的对方通信设备是否工作正常。

(3)板卡故障,更换。

三、主机单元故障案例

(一)案 例 一

1. 故障现象

IPU6 输出指示灯灭。

2. 原因分析与对策

断电或 IPU6 故障。

(1)检查主机单元是否断电。

(2)IPU6 故障,更换。

(二)案 例 二

1. 故障现象

主机板 F486-4I 故障灯亮。

2. 原因分析与对策

F486-4I 故障。

(1)检查并记录故障码联系厂家。

(2)如重启无效则立即更换。

(三)案 例 三

1. 故障现象

主机无法投入工作。

2. 原因分析与对策

软件或地址配置故障。

(1)确认本系程序是否正确。

(2)确认 DID 地址是否正确,是否有脱落。

(3)故障不能排除则联系厂家。

四、ET-PIO 单元故障案例

(一)案 例 一

1. 故障现象

ET-LINE 板通信指示灯异常。

2. 原因分析与对策

主机通信中断或板卡故障。

(1)检查电源开关是否打开。

(2)检查柜内通信光纤是否有中断。

(3)检查对应的主机工作是否正常。

(4)板卡故障,更换。

(二)案 例 二

1. 故障现象

PIO 工作指示灯异常。

2. 原因分析与对策

板卡故障。

(1)检查对应 ET-LINE 板工作是否正常。

(2)检查电源开关是否打开。

(3)板卡故障,更换。

五、监测维护机故障案例

(一)案 例 一

1. 故障现象

监测维护机异常。

2. 原因分析与对策

监测维护机硬件故障。

(1)检查电缆连接是否有问题。

(2)检查主机硬件是否有故障。

(3)检查操作系统是否有问题。

(二)案 例 二

1. 故障现象

显示器异常。

2. 原因分析与对策

故障或连接异常。

(1)检查电源线和电缆线连接是否有问题。

(2)检查主机工作是否正常。

(3)硬件故障,更换。

自我检测

1. 简述列控中心的构成及功能。
2. 说明信号安全数据网的作用。
3. 说明列控中心设备类型。
4. 说明列控中心 CPU 面板及指示灯含义。
5. 说明列控中心故障处理流程。

项目六　无线闭塞中心(RBC)设备

无线闭塞中心(RBC)属于 CTCS-3 级列控系统的地面核心设备。RBC 根据所控列车的状态,其控制范围内的轨道占用、列车进路状态、临时限速命令、灾害防护和线路参数等信息,产生针对所控列车的移动授权(MA)信息,并通过 GSM-R 无线通信系统传输给车载子系统,保证其管辖范围内列车的运行安全。

本项目主要介绍无线闭塞中心(RBC)设备的结构、功能及原理,重点阐述对其的使用、维护及常见故障的分析与处理的知识与技能。

知能目标

1. 无线闭塞中心(RBC)设备的认知。
2. 会使用及维护无线闭塞中心(RBC)设备。

知能链接

一、无线闭塞中心(RBC)设备特点

RBC 基于 2×2 取 2 安全计算机平台,遵循安全性原则,实现列车控制,特点如下。

1. RBC 系统基于通用服务器、商用操作系统及以太网构成。

2. 安全平台由不同的故障安全处理单元和操作系统构成,应用软件采用冗余技术,对运算和表决采用不同的策略。

3. RBC 所有接口均通过以太网连接,可设置在具备通信网络的任何地点。

4. 系统具有配套的离线数据生成、系统配置及测试软件。数据可靠性强,逻辑程序与数据分离,具备高安全性。

二、系统结构、功能及接口

(一)系统结构及功能

RBC 系统主要由 RBC、多用途接口适配器 VIA 和 RBC 本地终端三部分设备组成。

1. RBC

RBC 主要包括无线闭塞单元(RBU)和 ISDN 服务器,以及测试服务器、通信交换机设备及显示、操作设备。其机柜布局如图 6-1 所示。

(1)无线闭塞单元(RBU)

无线闭塞单元是 RBC 系统的核心逻辑处理单元,包括网络系统、硬件平台、操作系统、故障安全处理软件、应用逻辑软件、工程配置数据等。

无线闭塞单元采用冗余结构，每一系由三台服务器组成，分别为 VPC_A、VPC_B 和 VPC_C。其中 VPC_A 和 VPC_B 为故障－安全处理单元，又分别称为 FSPA 和 FSPB，用来实现 RBC 逻辑功能；VPC_C 为伺服处理单元，又可称为 SPU，用于处理 RBC 设备对外接口和通信功能。

(2)ISDN 服务器

ISDN 服务器是 RBU 和 GSM-R 设施之间的接口并集成了 ISDN 接口（ISDN－PRI 板卡）。它和 RBU 通过以太网连接，和 GSM-R 网络采用基本多路连接(S2M)。每台 RBC 中包含有 4 个 ISD 服务器，分别为 VPC_I1、VPC_I2、VPC_I3 和 VPC_I4。

(3)测试服务器

测试服务器 VPC_T 用于安装系统测试软件，以便验证系统性能和功能，多用于实验室测试和系统调试阶段。

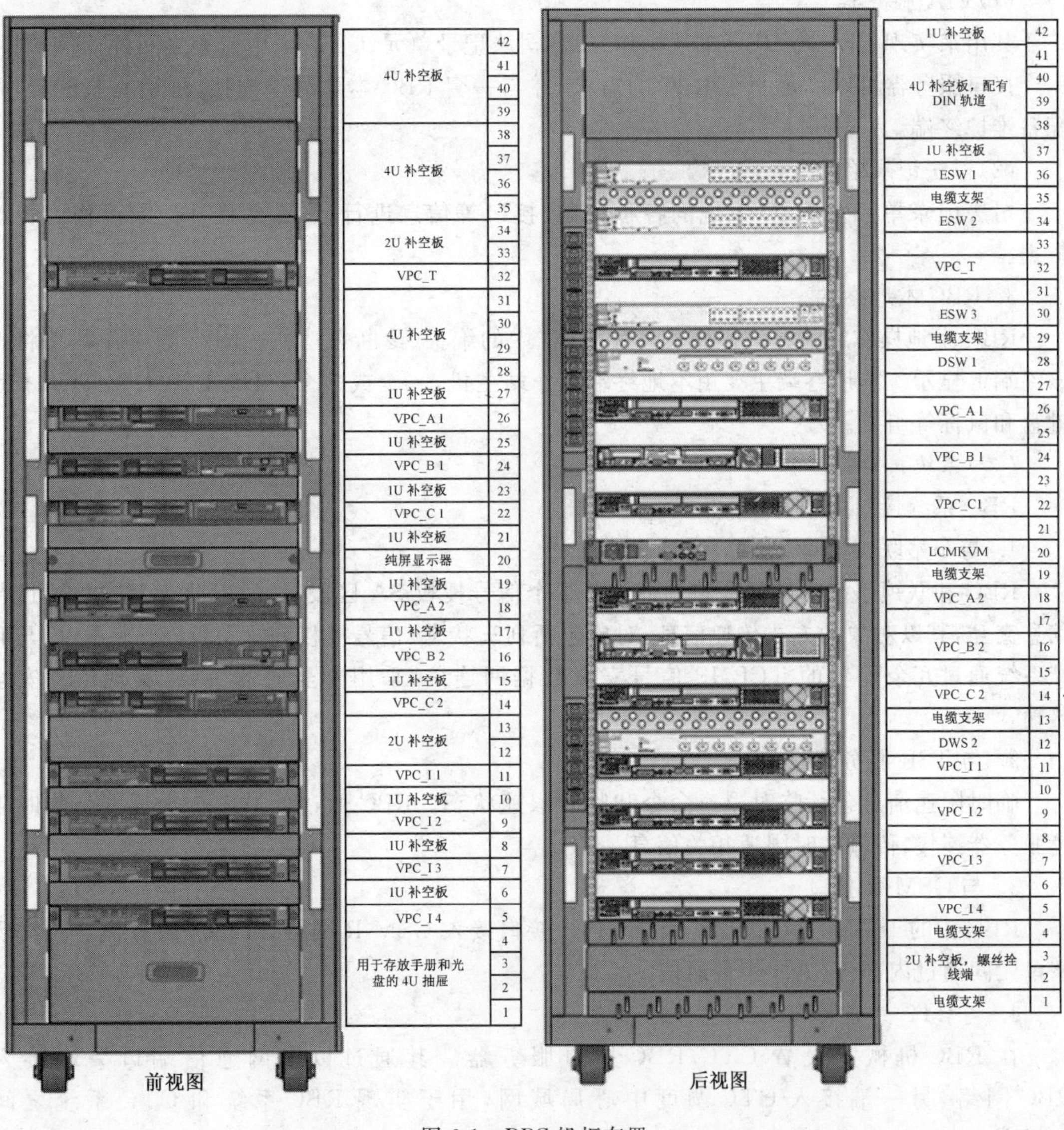

图 6-1　RBC 机柜布置

(4)交换机

RBC柜内包括两台内部交换机(DSW1/DSW2)和三台外部交换机(ESW1/ESW2/ESW3)。其中DSW用于RBU中各服务器之间的通信;ESW1和ESW2用于实现无线闭塞单元的对外通信;ESW3实现无线闭塞单元、ISDN服务器到VPC_T的通信。

(5)其他

RBC柜中有3个电源PDU、液晶显示套件;还有用来对各服务器进行切换操作的KVM交换机,其最多可支持16路信号。

2. VIA

VIA设备主要包括VIA服务器、地面司法记录器(W-JRU),以及交换机、显示、操作设备。

(1)VIA服务器

其用来实现RBC与RBC本地操作终端、司法记录单元、CTC、集中监测之间的通信转换,一个接口服务器可以满足9个RBC的需求,并与一套RBC本地终端连接,采用冗余配置,并配备维护终端。

(2)司法记录单元

司法记录单元对RBC系统的各种控制、接口等信息进行记录,并且其记录可作为司法依据。

3. RBC本地终端

RBC本地操作终端允许操作员使用RBC中的维护、诊断等功能。RBC的工作状态将在该终端上显示。本地终端主要由本地终端工作站主机,一个或多个(最大支持4个)显示器及键盘和鼠标等组成。

(二)系统接口

RBC系统接口如图6-2所示。

1. 与车站联锁接口

RBC和联锁系统将站间线路划分为若干个信号授权SA区段,然后以此为基本单位进行信息交互,其以对象的方式传递信息,对象包括列车状态、信号授权和紧急停车区。RBC与联锁系统通过冗余配置的TCP/IP信号安全数据网连接,采用安全通信协议,实现信息安全传输。

2. 与TSR服务器接口

临时限速信息包括临时限速命令和临时限速状态。RBC通过信号安全数据网与临时限速服务器连接,传输临时限速相关信息。

3. 与GSM-R接口

RBC中的ISDN服务器通过ISDN-PRI接口接入GSM-R网络。ISDN服务器与无线闭塞单元间通过内部VLAN实现通信。

4. 与CTC系统接口

在RBC机械室设置CTC/RBC接口服务器。其通过以太网通信端口一端接入RBC网络,另一端接入CTC调度中心局域网,用于实现RBC系统和CTC系统之间的通信。

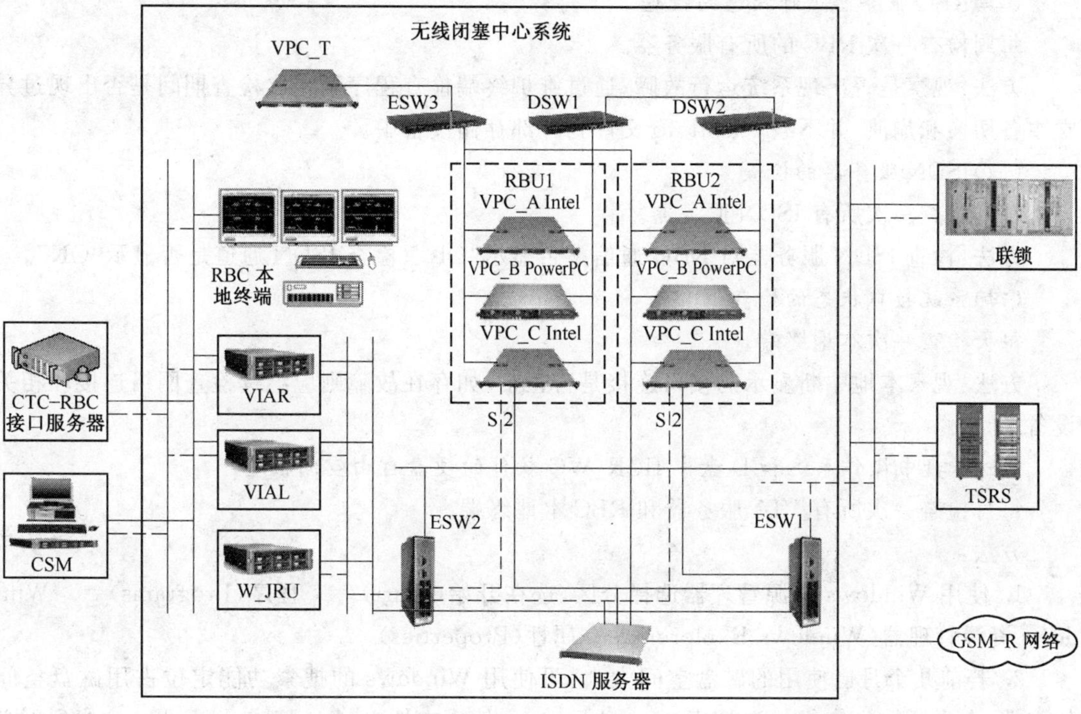

图 6-2　RBC 系统接口

5．与集中监测接口

RBC 向集中监测站机传送的主要信息有 RBC 设备的运行状态信息、维护诊断信息等。RBC 机械室设立 RBC/CSM 接口服务器负责实现 VIA 和集中监测中心分机的通信。

操作实践

【任务 1】无线闭塞中心（RBC）设备的维护

一、任务描述

知道无线闭塞中心（RBC）设备的构成及工作原理，知道设备的设置处所；能按要求对无线闭塞中心（RBC）设备进行维护。

二、所需设备与工具

无线闭塞中心（RBC）设备、管理软件等。

三、操作步骤

在 RBC 系统工作期间，应周期性的检查系统工作状态并进行维护。

（一）系统显示及切换的检查

每周检查一次 RBC、VIA 及本地终端设备。

方法：逐个切换显示，观察是否出现黑屏、显示不正常等现象；若不正常则要检查是否存供电、液晶套件、KVM 交换机、通信连接的故障。

(二)RBC 服务器工作状态的检查

每周检查一次 RBC 的所有服务器。

方法:观察是否出现系统运行故障;通过维护终端检查程序至上次检查期间是否出现过异常主备切换和崩溃,并下载 crashInfo 文件到外部存储设备中。

(三)ISDN 服务器的检查

每周检查一次所有 ISDN 服务器。

方法:检查 ISDN 服务器对 RBU 通信是否显示"OK";检查 ISDN 通道是否显示"OK"。

(四)系统接口状态的检查

每天检查一次本地终端。

方法:观察本地中断显示的接口连接是否正常,如存在故障则应继续检查网络连接和相关设备。

(五)C 盘中操作系统和 D 盘中 IICR_WG 软件的硬盘自由空间检查

每月检查一次所有 VIA 服务器和 RBC 本地终端。

方法:

1. 使用 Windows 资源管理器选择分区,选在开始(Start)=>程序(Programs)=>Windows 资源管理器(Windows Explorer)=>属性(Properties)。

2. 若前几个月已使用的磁盘空间太大,可使用 Windows 的搜索功能定位占用磁盘空间的文件;点击开始(Start)=>搜索(Search)=>文件或文件夹(For Files or Folders)找到不必要的文件,然后进行相应的操作。

硬盘自由空间充足的参考值如下:

(1)Partition C:\2 GB,C 盘:2GB。

(2)Partition D:\2 GB,D 盘:2GB。

可删除的文件如下:

(1)在 VIA 服务器中

```
C:\Documents and Settings\Administrator\Local Settings\Temp
C:\Winnt\temp.
D:\Jrulogs\event(note: older than 28 days) D:\Jrulogs\event
```

(2)在本地终端中

```
C:\Documents and Settings\IMC\Local Settings\Temp
C:\Winnt\temp.
```

【故障案例 A】无线闭塞中心(RBC)设备故障案例

一、案例一

(一)故障现象

RBC 备系自动重启。

(二)原因分析与对策

备系与主系连接短时异常,备系预升为主系,在升级过程中连接恢复,又发现对系为主系,遂重启;RBC 与联锁连接所使用的缓冲区溢出,导致系统进入安全状态重启;RBC 备系 A、B 双机时间同步检查未通过,造成重启。

二、案例二

（一）故障现象

RBC 双系自动重启。

（二）原因分析与对策

软件，RBC 计算逻辑 BUG 所致；备系与主系连接短时异常，备系预升为主系，在升级过程中连接恢复，又发现对系为主系，遂重启；主备系间通信闪断造成；查看 RBC 记录文件发现，由于 A/B 机交叉比较错误导致 RBC 主系重启，同时导致主系状态未完整更新到备系，因而备系升级为主系时内部状态有误，造成重启。

三、案例三

（一）故障现象

双系自动重启未成功，手动启动后恢复。

（二）原因分析与对策

RBC 双系校时超时导致重启，启动不成功是由于 C 机关机时网卡未正常关闭。

四、案例四

（一）故障现象

RBC9 与 VIA 通信中断，20s 后自动恢复或将 VIA 切系后恢复。

（二）原因分析与对策

VIA 软件问题。

自我检测

1. 简述无线闭塞中心（RBC）设备的结构及功能。
2. 说明无线闭塞中心（RBC）设备的接口及作用。
3. 说明无线闭塞中心（RBC）设备的维护项目及内容。

项目七　FZK-CTC 分散自律调度集中设备

FZK-CTC 分散自律调度集中设备是基于计算机技术、通信技术及信号技术的一种新型的行车指挥和信号控制设备，也是一种新的高效的运输组织管理模式。

本项目主要介绍 FZK-CTC 分散自律调度集中设备的结构、功能及原理，重点阐述对其的使用维护及常见故障的分析与处理的知识与技能。

知能目标

1. 认知 FZK-CTC 分散自律调度集中设备。
2. 能按要求使用及维护 FZK-CTC 分散自律调度集中设备。
3. 能够对 FZK-CTC 分散自律调度集中设备的常见故障进行分析与处理。

知能链接

一、FZK-CTC 分散自律调度集中功能

1. FZK-CTC 型分散自律调度集中采用计算机分布式网络控制技术、信息化处理技术，将列车运行调整计划下传到各个车站自律机中自主自动执行；在列车运行调整计划的基础上，解决列车作业与调车作业在时间与空间上的冲突，实现列车和调车作业的统一控制。

2. FZK-CTC 型分散自律调度集中在信号设备控制与行车指挥方式上仅设有分散自律控制与非常站控两种模式。系统分散自律控制时，只有控制指令不同来源，没有中心与车站控制权的转换；非常站控为车站人工控制方式，中心不具备直接控制权，系统完好时具备 TDCS 功能。

3. FZK-CTC 型分散自律调度集中的总体功能为中心实现计划管理，车站完成进路自动控制。车站根据计划生成进路命令，交由车站联锁系统排列进路；进路控制以列车计划为主、调车作业为辅，在保证列车计划顺利执行的前提下，实现对调车作业的约束管理。同时，系统具备调度中心、车站人工直接控制的能力以及 TDCS 路局系统的全部功能。

二、FZK-CTC 分散自律调度集中系统结构

客运专线调度集中系统由调度中心系统、车站系统及网络通信系统三部分构成。系统总体结构如图 7-1 所示。

（一）调度中心系统

调度中心系统包括调度中心应用系统、总机房设备、维修子系统。

1. 调度中心应用子系统

调度中心应用子系统主要提供调度所各相关工种的操作界面和培训功能。主要设备有列车调度员工作站、助理调度员(兼控制工作站)、综合维修工作站、值班主任工作站、计划员工作站、统计员工作站、培训工作站和必要的打印机和绘图仪等,也可根据需要为其他调度台设置相应显示终端。

2. 总机房设备

总机房设备由数据库服务器、应用服务器、通信服务器、接口通信服务器、系统维护工作站、网络管理工作站、以太网交换机、中心路由器、GPS 授时仪、防火墙入侵检测系统、身份认证控制中心、网络防毒控制中心、网络漏洞评估子系统等组成。

3. 维修子系统

维修子系统主要用于对 CTC 系统的调度中心及车站的计算机设备、网络通信设备的运行状态进行监视。对故障设备进行报警、记录和回放进路的排放出清、现场计算机设备和网络设备的诊断和维护等,配置数据的修改,基本图的导入等系统维护工作。

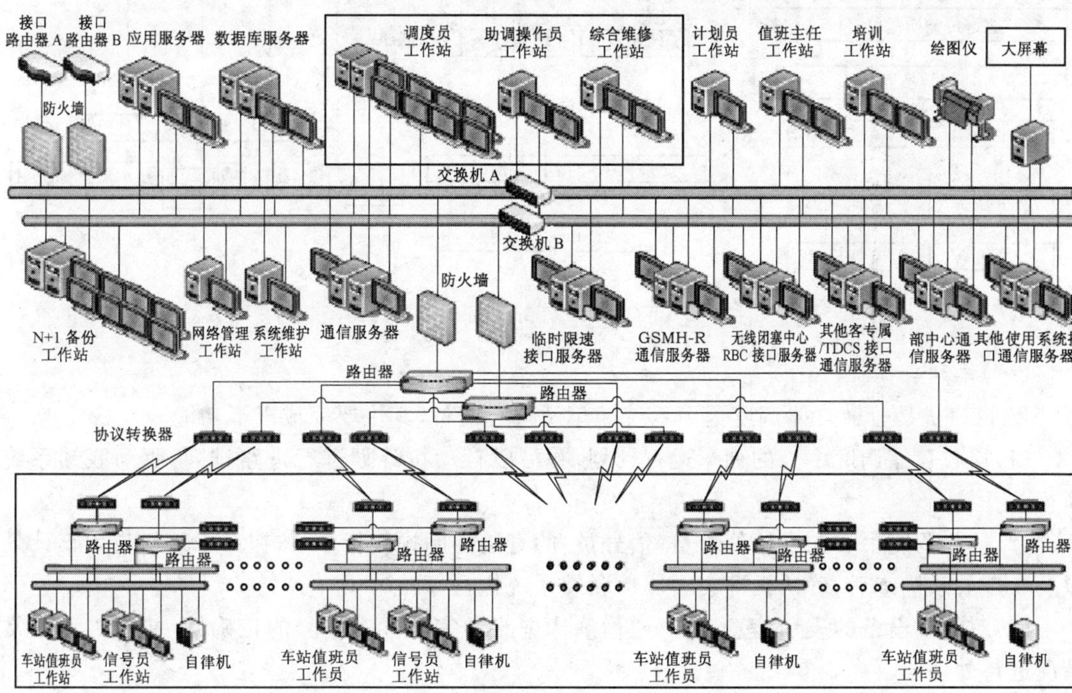

图 7-1　调度集中系统总体结构

(二)车站系统

车站系统是分散自律调度集中整个网络系统的基本功能节点。调度中心将行车计划下达至车站,车站系统根据列车运行调整计划完成进路选排、冲突检测、控制输出等核心功能。

(三)网络通信系统

网络通信系统包括网络通信设备和传输通道构成双环自愈网络,采用迂回、环状、冗余等方式提高其可靠性。

三、FZK-CTC 车站系统设备

FZK-CTC 车站系统设备主要由自律机(Lirc)、双机热备单元(STBY)、车务终端(STPC)、采集板(DIB 板)、打印机、协议转换器、路由器(Router)、交换机(Switch)、防火墙、通道质量监督、UPS 电源、UPS 切换面板、KVM 长线驱动器、电务维修终端等设备构成。其设备的连接如图 7-2 所示。

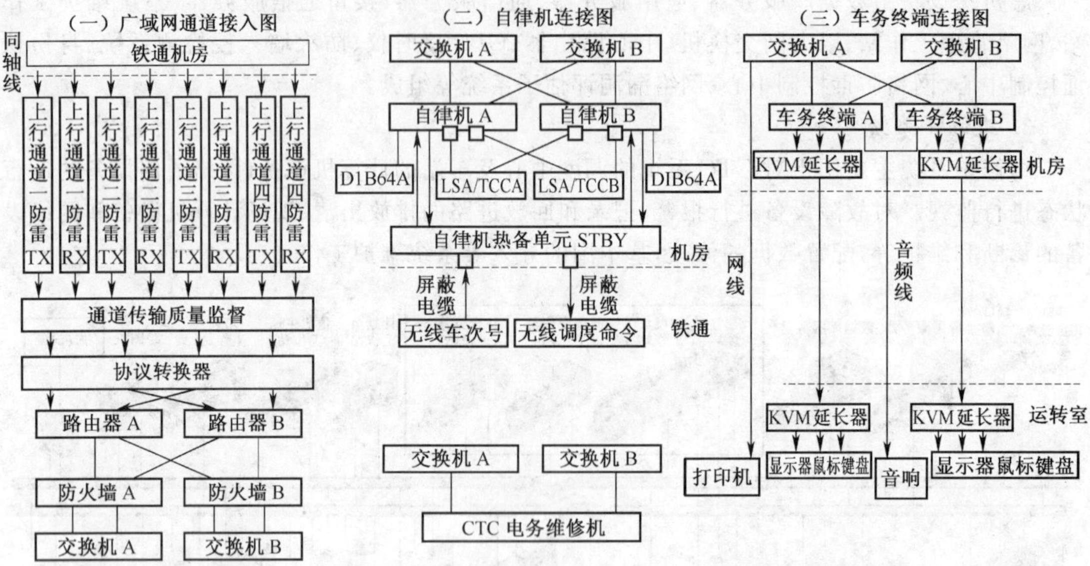

图 7-2　FZK-CTC 车站设备连接示意图

(一)车站自律机(Lirc)

1. 自律机是分散自律调度集中系统的车站核心设备,其主要完成以下功能。

(1)接收存储调度中心的列车运行计划,并可以自动按计划进行进路排列,驱动联锁系统执行。

(2)接收调度中心和本地值班员(信号员)的直接控制操作指令(按钮命令),经与列车计划以及联锁关系检查后,确认无冲突后驱动联锁系统执行。

(3)对信号设备的表示信息进行分析,确认进路的完整性和信号的正确性,并能对不正常情况进行处理。

(4)对车次号进行安全级管理。

(5)接收邻站的实际和计划运行图。

(6)接收调度中心和本站值班员的进路人工干预,并调整内部处理流程。

2. 自律机与计算机联锁系统,列控中心系统,无线车次号,无线调度命令,无线调车监控等具有各种接口。

3. 自律机其前面板如图 7-3 所示,具体描述如下。

(1)POWER 指示灯。电源指示灯,在自律机电源正常时亮绿灯。

(2)收、发(TX、RX)指示灯。上下为一组,共四组指示灯,每一组指示灯表示自律机的一个串行口的通信状态,在有数据发送时 TX 灯闪动,在接收到数据时 RX 灯闪动。

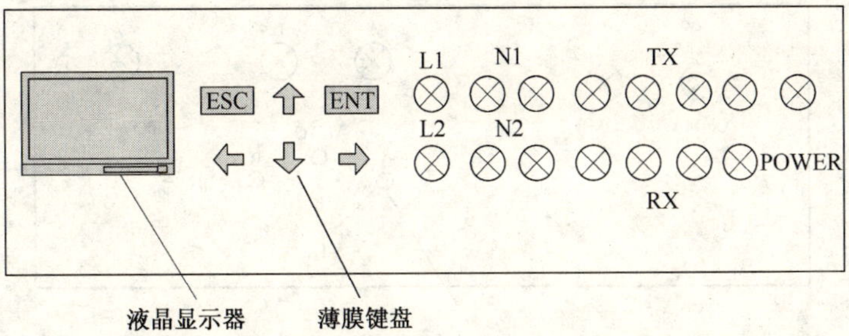

图 7-3　自律机前面板示意图

(3)局域网(N1、N2)指示灯。表示两个局域网口的通信状态,有数据交换时绿灯闪烁,无数据交换时灭灯,黄灯常亮。

(4)L1、L2 指示灯。L1 工作指示灯,L2 主机指示灯。

(5)液晶显示器。图形显示方式,显示自律机内各项参数和运行状态。其显示菜单如图 7-4 所示。

(6)薄膜键盘。包括 ESC(取消)、ENT(确认)、上、下、左、右六个键,用来进行液晶显示器上的菜单操作。

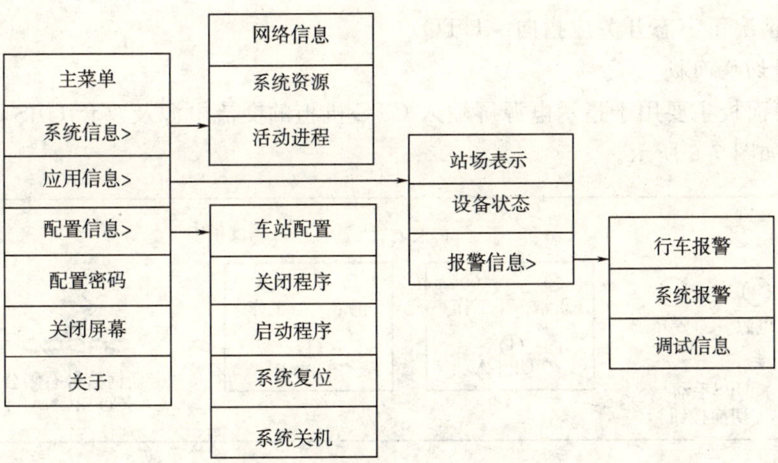

图 7-4　自律机液晶显示器菜单

(二)自律机双机热备切换单元(STBY)

自律机双机热备切换单元实现双套自律机的故障自动切换及手动切换,主要功能如下。

1. 保持与两台自律机间的通信,裁决两台自律机中哪一个为主机,哪一个为备机。

2. 裁决并控制主、备自律机同外设间通道的连接,保证只有主自律机可以向外设发送数据(命令)。

自律机双机热备切换单元前面板如图 7-5 所示,具体含义如下。

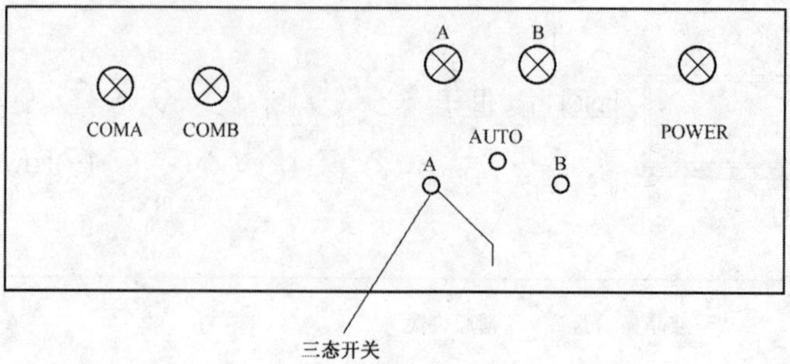

图 7-5　双机热备单元前面板示意图

(1)POWER 指示灯。亮绿灯时表示双机热备单元电源正常。

(2)A 指示灯。亮绿灯时表示 A 自律机为主机。

(3)B 指示灯。亮绿灯时表示 B 自律机为主机。

(4)COMA 指示灯。闪动时表示与 A 自律机通信正常。

(5)COMB 指示灯。闪动时表示与 B 自律机通信正常。

(6)三态开关。带钥匙的三态开关,在开关指向 AUTO 时,表示双套自律机自动切换,一台自律机出现故障时,系统会自动让另一台自律机变为主机。在开关指向 A 时,表示强制 A 自律机为主机;在开关指向 B 时,表示强制 B 自律机为主机。在强制状态下,系统不能自动切换,所以一般情况下三态开关应指向 AUTO。

(三)电源切换面板

电源切换面板主要用于指示电源屏输入 CTC 机柜的交流电源及双套 UPS 电源的工作状态,其示意图如图 7-6 所示。

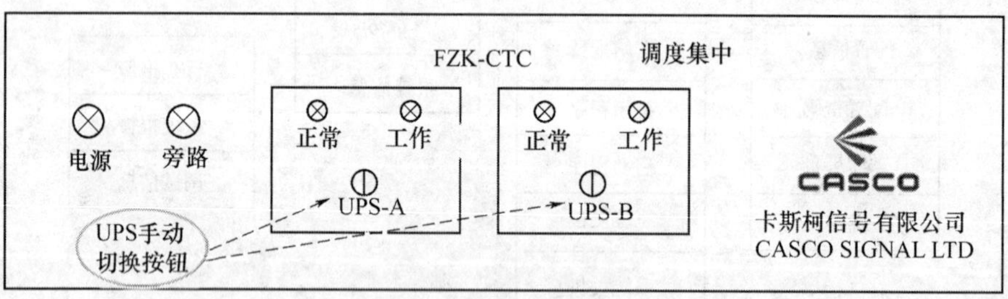

图 7-6　电源切换面板示意图

(1)电源指示灯。亮灯表示有电输入,灭灯表示无电输入。

(2)旁路指示灯。平时灭灯,亮灯表示电源屏直供,UPS 未开机或都关机时自动切换到旁路。

(3)正常指示灯。亮灯表示 UPS 输出正常,灭灯表示 UPS 故障。

(4)工作指示灯。亮灯为主用,灭灯为备用。

(5)UPS-A 切断按钮。按下按钮切换到 UPSB 工作。

(6)UPS-B 切断按钮。按下按钮切换到 UPSA 工作。

(四)车务终端

车务终端也称为车站值班员工作站。其设置于集中站的车站运转室内,一般配置双液晶显示器,并采用双机热备模式。主要完成以下功能。

(1)用户登录和权限管理。

(2)基本图、班计划、阶段计划、调度命令的调阅与签收。

(3)本站的站场显示和相邻车站的站场显示,区间的运行状态显示。

(4)本站车次号的输入修改确认。

(5)行车日志的自动记录、存储、打印。

(6)列车编组和站存车的输入上报。

(7)监视和控制本站自律机的计划执行和进路办理。

(8)本站非正常情况的报警。

(五)DIB 采集板

DIB 采集板主要采集区间(站内)轨道电路、信号机的状态信息。其面板及指示灯含义如图 7-7 所示。

(六)网络设备

车站系统中涉及远程通信的设备包括路由器、协议转换器。车站基层广域网连接调度中心局域网和各车站局域网,采用双环、迂回的高速专用数字通道,数字通道的带宽为 2 Mbit/s。

网络通信协议采用通用的 TCP/IP 协议,采用 CHAP 身份验证及 IPSEC 等安全保密技术,在车站局域网安装有网络版病毒查杀软件,对系统中的计算机进行实时的病毒检测和清除,保证系统不受病毒的破坏。

FZK-CTC 型分散自律调度集中系统每个车站配置 2 台 CISCO 路由器,分别连接相邻的两个车站的路由器。在抽头车站,每个路由器还与调度中心路由器通过直连通道相连,路由器的广域网模块传输速率为 2 Mbit/s。

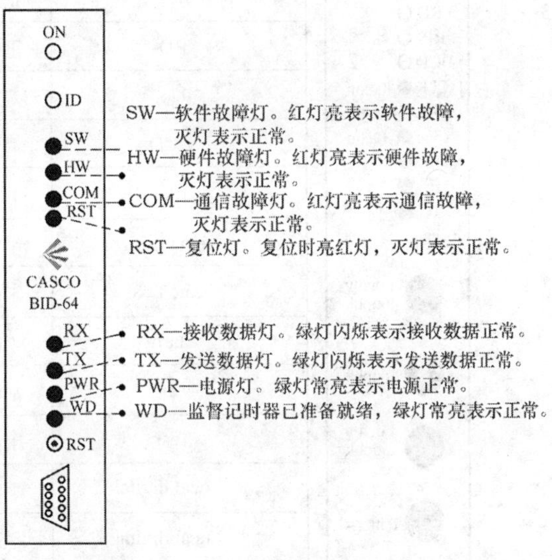

图 7-7　DIB 采集板面板及指示灯含义

1. 路由器

路由器是用来实现局域网与广域网的连接,其面板及显示含义如图 7-8 所示。

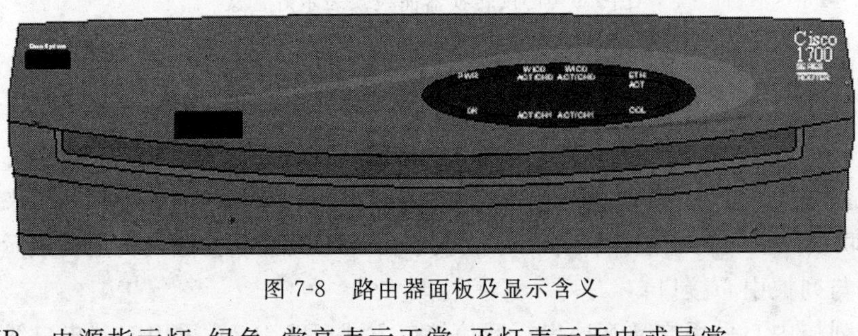

图 7-8　路由器面板及显示含义

(1)PWR。电源指示灯,绿色,常亮表示正常;灭灯表示无电或异常。

(2)OK。路由器运行灯,绿色,常亮表示正常;灭灯表示无电或异常。

(3)WIC0 ACT/CH0、ACT/CH1,相应端口的通信灯,绿色闪烁表示正常。

(4)WIC1 ACT/CH0、ACT/CH1，相应端口的通信灯，绿色闪烁表示正常。

(5)ETH。与局域网的通信灯，绿色闪烁表示正常，灭灯表示异常。

(6)2T 卡指示灯。工作时亮绿灯，灭灯表示异常。

2. 协议转换器

协议转换器主要实现车站 CTC 设备与系统网络的连接。其面板及表示灯含义如图 7-9 所示。

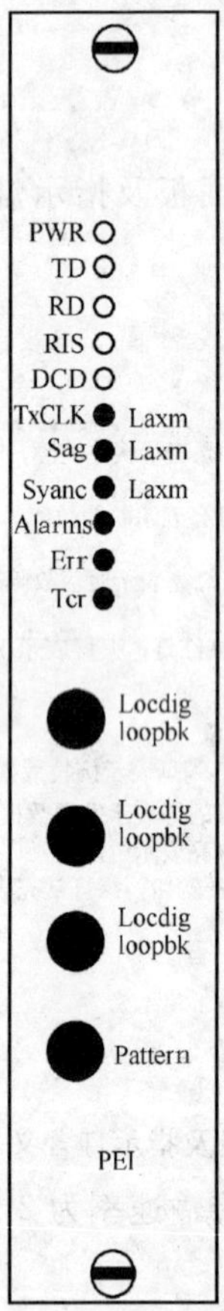

指示灯含义

指示灯	状态	含义
POWER	常亮	表示电源正常
TD	正常闪烁	表示本站发送数据正常
RD	正常闪烁	表示本站接收数据正常
RTS	常亮	表示请求发送数据
DCD	常亮	表示数据载体检测
TxCLKLoss	平时不亮	表示时钟丢失
Signa Loss	平时不亮	表示信号丢失
Sync Loss	平时不亮	表示同步丢失
Alarm	平时不亮	表示有告警
Err	平时不亮	表示发生错误
Test	平时不亮	表示设备检测
Local digital	平时不亮	按下表示本地打数字环
Local digital	平时不亮	按下表示本地打模拟环
Remote	平时不亮	按下表示给远端打环
Pattern	平时不亮	表示模式选择

图 7-9　协议转换器面板及表示灯含义

(七)接口设备

1. 与计算机联锁接口

CTC 与计算机联锁通信采用交叉互连串行通信接口方式(RS-422)，采用四芯串口线组成四条冗余通道，在自律机一侧通过光电隔离模块进行隔离。如图 7-10 所示。用来实现由自律机向计算机联锁控显机传送进路操作指令及获取由计算机联锁控显机传送的表示信息。

2. CTC 与列控中心接口

CTC 与列控中心采用交叉互连串行通信接口方式(RS-422)，采用四芯串口线组成四条冗余通道，在自律机一侧通过光电隔离模块进行隔离。如图 7-11 所示。用来实现 CTC 向列控发送临时限速命令，并接收列控命令的回执。

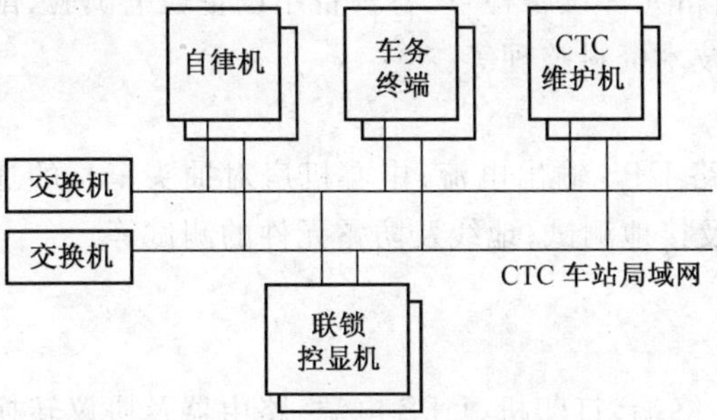

图 7-10 CTC与计算机联锁接口

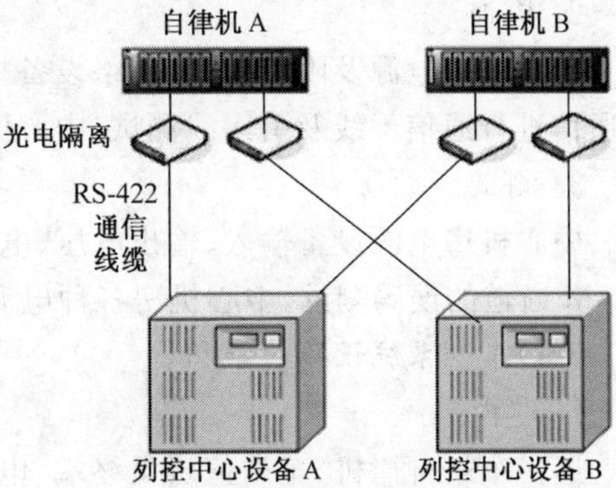

图 7-11 CTC与列控中心接口

3. CTC与集中监测系统的接口

该接口设置在各CTC车站，接口形式为以太网通信，如图7-12所示。CTC车站通过CTC维护机接入集中监测车站局域网，交互CTC设备状态信息和报警信息等。

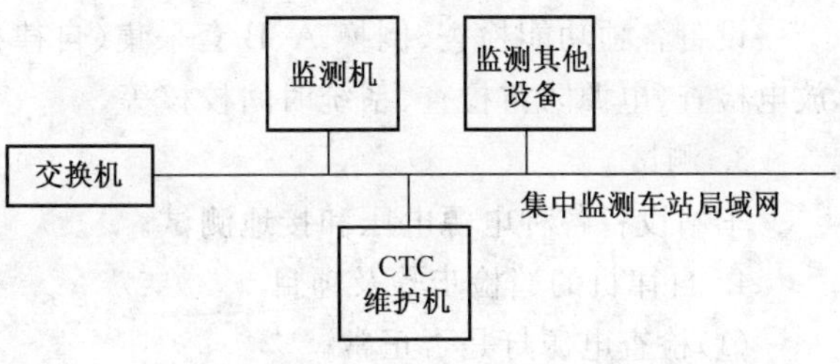

图 7-12 CTC与集中监测接口

操作实践

【任务1】FZK-CTC分散自律调度集中设备的维护

一、任务描述

掌握FZK-CTC型分散自律调度集中设备的构成及工作原理，知道设备的设置处所；能按要求对FZK-CTC型分散自律调度集中设备进行维护。

二、所需设备与工具

FZK-CTC型分散自律调度集中设备、螺丝刀、钳子等。

三、操作步骤

FZK-CTC分散自律调度集中设备采用预防修和状态修相结合的维修方式。以巡视、检查、定期测试为主，保证设备正常运用。

（一）调度中心系统的维护

1. 巡视

（1）巡视系统服务器、通信前置机、铁道部通信机、分界口通信机、TD通信机、防火墙服务、防病毒服务器、路由器、交换机、UPS、电源屏、网管工作站、维护台工作站、行调台工作站等设备工作状态并做好记录。

（2）校核时钟，误差不大于10s；询问用户使用情况并做好记录。

2. 检查

全面检查电源及附属设备、网络设备检查、防雷元件设备检查、各种备用设备通电试验、配合通信进行通信干线及引入线测试、中心图纸及技术资料整理等。

3. 测试

中心机房电源设备输入、输出电压、电流，各路 UPS 输出电流；中心机房对抽头车站的通信 2M 通道的误码测试，中心机房各种电源电压及接地测试；地线及防雷元件的测试等。

（二）车站系统设备的维护

1. 巡视

巡视车站自律机、车站值班员终端、电务维护终端、打印机、UPS 电源、路由器及协议转换器等 CTC 设备。

2. 检查

设备各项功能检查、倒换 A、B 套采集（自律机）设备、车站 CTC 终端信息是否正确、UPS 放电检查、电源防雷检查、系统时间校核等。

3. 测试

车站设备各种电源电压和接地测试。

4. 自律机的巡检步骤及项目

(1)检查电源灯是否正常。

(2)检查 L1 运行灯、L2 主用灯是否正常。

(3)检查各种通信状态(TX、RX)是否正常。

(4)检查网络灯(N1、N2)是否点亮，若不亮，则检查网线是否插紧。

(5)检查各种线缆连接是否良好。

(6)观察风扇是否正常，温度是否异常。

5. 自律机双机热备切换单元(STBY)巡检步骤及项目

(1)检查 POWER 电源灯指示灯是否点亮。

(2)检查三态开关是否指向 AUTO 自动切换。

6. 电源切换面板巡检步骤及项目

(1)检查 UPS-A/B 正常灯是否点亮，工作灯是否点亮。

(2)电源灯是否点亮，点亮表示输入电源正常。

(3)旁路灯是否灭灯，若点亮则表示直供。

7. DIB 采集板巡检步骤及项目

(1)检查面板上各种指示灯状态。正常情况下 PWR、WD 常亮，RX、TX 闪烁，4 个红色灯常灭，如 PWR 不亮，更换板上的保险，如有红色灯亮，开关一次板上的开关，如继续有红灯则需更换 DIB 板。

(2)检查插接是否良好。

8. 车务终端巡检步骤及项目

(1)检查各种指示灯是否正常。

(2)检查线缆连接是否良好。

(3)观察风扇是否正常，温度是否异常。

(4)I/O 设备是否正常。

9. 接口设备巡检步骤及项目

(1)线缆插接状态良好。

(2)光隔设备工作正常。

(三)网络设备的维护

1. 路由器巡检步骤及项目

(1)检查各种指示灯是否正常。

(2)检查线缆连接是否良好。

(3)观察风扇是否正常,温度是否异常。

2. 协议转换器巡检步骤及项目

(1)检查各种指示灯是否正常。

(2)检查通道同轴线缆连接是否良好。

3. 通道的维护

(1)查看网管维护台 MMI 软件显示通道状态,通道线条如果为红色则表示通道出现故障。

(2)确认出现故障的是站间联系车站还是抽头车站。若是站间联系车站故障,通知现场TDCS/CTC 工区,联系铁通共同处理,中心协助配合。若是中心抽头车站故障,确认故障车站名称,查看《中心机房配线图—远程通道径线图》,确定该通道接入中心协议转换器的位置,及接入中心路由器端口位置。

(3)找到该协议转换器,观察其闪灯是否正常,利用网管维护台查看路由器位置。确认是否通道故障。

(4)通知铁通传输室,查看通道是否有报警。出现故障后,需要判断故障是由于设备原因还是铁通通道问题。测试通道简单的方法是做环处理,具体测试步骤如下。

①甩开铁通通道及防雷同轴电缆,利用自环线对协议转换器做外环,利用网管维护台TELNET 登录到路由器,查看该端口是否能看见自环(looped),如果能看到,则说明设备没有问题。排除设备问题,从中心往车站依次让铁通协助做环测试。

②做环测试的顺序为防雷输入端,铁通中心传输室,铁通车站中转,铁通车站通信机械室。车站端也同样做环测试。

(5)通道处理完成之后,需要对通道处理结果进行确认。首先确认协议转换器显示正常;其次确认路由器端口和线路协议显示正常;通过网管维护台 telnet 到路由器 ping 大数据包,观察丢包情况是否存在。正常情况下,是不允许有丢包现象存在的。

4. 通道故障的判断及打环

(1)通道故障的判断流程如图 7-13 所示。

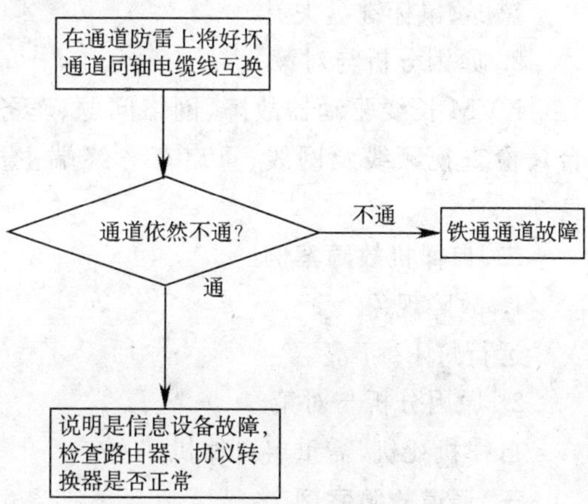

图 7-13 通道故障判断流程图

(2)在本站打环,可判定环内本站设备是否良好,如图 7-14 所示;在邻站打环能判断两站之间通道是否良好,如图 7-15 所示。

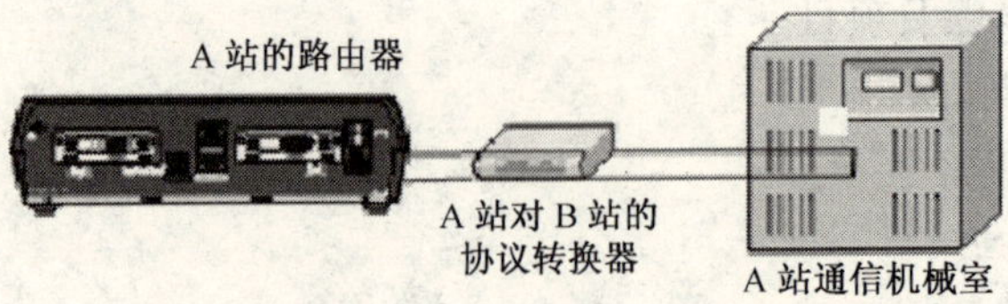

图 7-14 在本站打环方法示意图

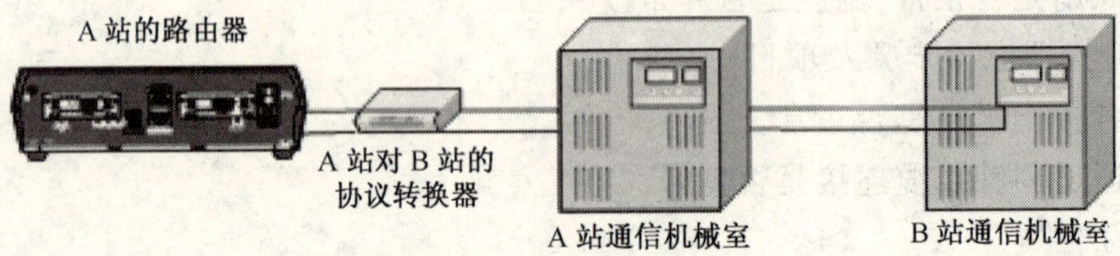

图 7-15 在邻站打环方法示意图

【故障案例 A】FZK-CTC 型分散自律调度集中设备故障案例

一、车务终端故障案例

(一)案 例 一

1. 故障现象

收不到调度命令、阶段计划。

2. 原因分析与对策

网络中断。检查网线插接、协议转换器、路由器等设备状态并处理。

(二)案 例 二

1. 故障现象

黑屏、鼠标键盘失灵。

2. 原因分析与对策

KVM 长线驱动器故障、网络问题、车务终端死机。重启 KVM 长线驱动器接收端(控制台)、检查视频线及网线、重启车务终端主机、借用显示器直接接到主机显卡判断主机是否良好。

二、自律机故障案例

1. 故障现象

运行灯 L1 不亮。

2. 原因分析与对策

自律机死机,需重启自律机。

三、通道故障案例

1. 协议转换器上 TD 灯灭。表示本站无发送,一般需重启路由器。

2. 协议转换器上 RD 灯灭。表示无信息接收,通知邻站检查网络重启路由器。

3. 协议转换器上 TD、RD 灯都灭。更换协议转换器。

四、网线故障案例

1. 故障现象

主机网卡指示灯不亮或对应交换机端口指示灯灭灯。

2. 原因分析与对策

网线接触不良或网线断。重新拔插网线或更换网线网头。

五、打印机故障案例

1. 故障现象

打印机不工作。

2. 原因分析与对策

网线、电源线接触不良；打印机硬件故障；打印机卡纸。重启打印机并检查连接网线重新插拔打印机网线；更换打印机；打开面板，取出碳粉盒，轻轻拉出被卡纸张。

六、UPS电源故障案例

1. 故障现象

采集柜上UPS切换板上工作灯不亮，UPS主机无输出。

2. 原因分析与对策

UPS故障。检查UPS输入是否有AC220V，输出插头是否插紧，重启UPS电源，测量输出有无AC220V，如无改直供，同时向车间及电务段报告派人处理。

七、无线车次号故障案例

1. 故障现象

无线车次号无。

2. 原因分析与对策

通道断、光隔坏、相关设备故障。查看自律机的第4组接收灯，有信息时接收灯会闪，表示防雷和光隔正常，无信息时短接防雷或光隔，如果接收灯亮，可判断是防雷和光隔故障，进行更换处理，如接收灯不亮，可判断是通道或通信设备故障，通知通信段处理。

自我检测

1. 简述FZK-CTC分散自律调度集中系统的结构及功能。
2. 简述FZK-CTC车站系统的设备构成及作用。
3. 说明协议转换器面板指示灯含义。
4. 说明车站自律机的功能。
5. 说明CTC接口设备及其作用。

项目八 TSR 临时限速设备

TSR 临时限速服务器系统是基于信号故障安全计算机的控制系统，适用于客运专线 CTCS-2 和 CTCS-3 列控系统。其根据调度员的临时限速操作命令，实现对各列控中心、无线闭塞中心分配和集中管理临时限速指令，保证施工限速计划的顺利实施。

本项目主要介绍 TSR 临时限速设备的结构、功能及原理，重点阐述对其的使用及维护。

知能目标

1. TSR 临时限速设备的认知。
2. 理解 TSR 临时限速设备的工作流程。
3. 会使用及维护 TSR 临时限速设备。

知能链接

一、TSR 临时限速设备特点

TSR 遵循安全性原则，实现临时限速命令集中管理，具有以下特点。

(1)TSR 系统基于通用服务器、商用操作系统和以太网构成。

(2)安全平台由不同的故障安全处理单元和操作系统构成。应用软件采用冗余技术，对运算和表决采用不同的策略。

(3)TSR 所有接口均通过以太网连接，因此 TSR 可设置在具备通信网络的任何地点。

(4)每一台 TSR 均为冗余结构，并采用热备工作方式。

(5)TSR 系统的主要功能是实现对线路管辖内 TSR 命令的集中管理，具备对拟定的临时限速命令进行存储、校验、拆分、撤销、设置和取消以及限速设置时机的辅助提示等。

(6)TSR 系统所支持的正线临时限速区设置精度为 1 m，限速值范围为 45～350 km/h(每 5 km 一挡)，限速区长度最大至调度边界。

二、TSR 系统结构及功能

TSR 系统包括 TSRS 临时限速服务器、TSRT 临时限速操作终端、TSRM 临时限速维护终端和网络设备等组成，如图 8-1 所示。若设有多个 TSRS 时，还需增设 TSR-CTC 接口服务器，由其负责与 CTC 接口服务器接口，如图 8-2 所示。

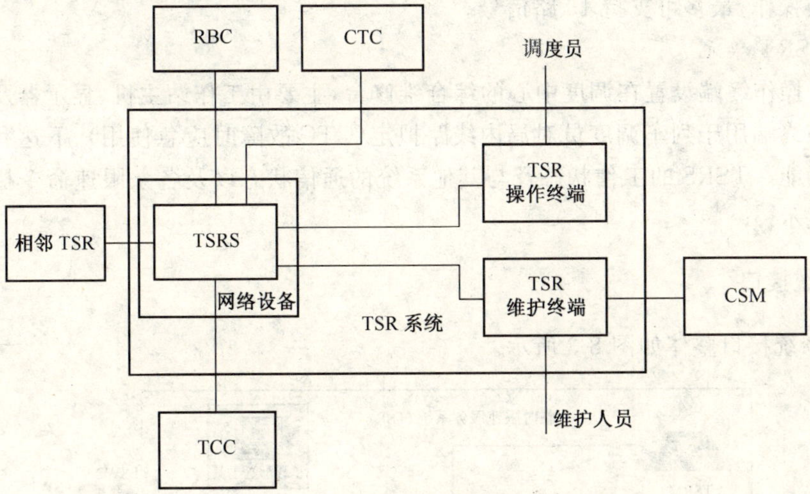

图 8-1 TSR 系统结构

(一)TSRS 机柜

1. TSRS 主机单元

它是 TSR 系统的核心逻辑处理单元，包括网络系统、硬件平台、操作系统、故障安全处理软件、应用逻辑软件、工程配置数据等。

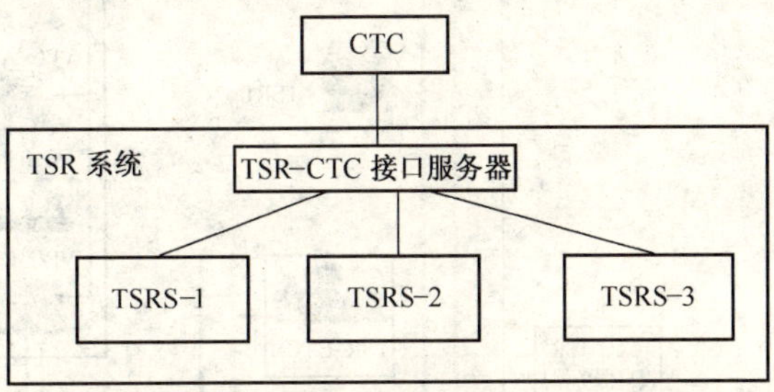

图 8-2 TSR-CTC 接口服务器应用示意图

TSRS 单元采用冗余结构，每一系由三台服务器组成，分别为 VPC_A、VPC_B 和 VPC_C。其中 VPC_A 和 VPC_B 为故障—安全处理单元，又分别称为 FSPA 和 FSPB，用于实现 TSR 逻辑功能；VPC_C 为伺服处理单元，又可称为 SPU，用于处理 TSR 设备对外接口和通信功能。

2. SRM 单元

TSR 维护终端主要为维护人员提供在线检测报警和出现系统故障时的事后分析。主要完成以下功能。

(1)监视系统及通信状态。

(2)告警提示。

(3)读取 TSR 系统临时限速命令数据及执行状态。

3. TSR-CTC 接口服务器

当调度中心处设有多个调度台且 CTC 接口服务器仅设置一台时，TSR 系统需增设一套 TSR-CTC 接口服务器。TSR-CTC 接口服务器负责多个 TSRS 的信息的分发和协议转换。

4. 交换机

TSR 柜内包括两台内部交换机（DSW1/DSW2）和三台外部交换机（ESW1/ESW2/ESW3）。其中 DSW 用于 TSRS 主机单元中各服务器之间的通信。ESW1 和 ESW2 用于实现 TSRS 的对外通信；ESW3 实现 TSRS 主机单元到 TSRM 的通信。

5. 其他

此外，TSR 柜中还包含有 3 个电源 PDU，液晶显示套件，KVM 交换机，用于实现对各服务器的切换操作，最多可支持 16 路信号。

（二）TSRT 单元

TSRT 操作终端设置在调度中心的综合维修台，主要由工作站主机、显示器及键盘和鼠标等组成。该终端用于列车调度员对局内线路拟定（CTC 故障时应急使用）、下达和取消临时限速命令的功能。TSRS 的工作状态及与其他系统的通信状态以及各条限速命令执行状态将在该终端上显示。

三、系统接口

TSR 系统接口整体如图 8-3 所示。

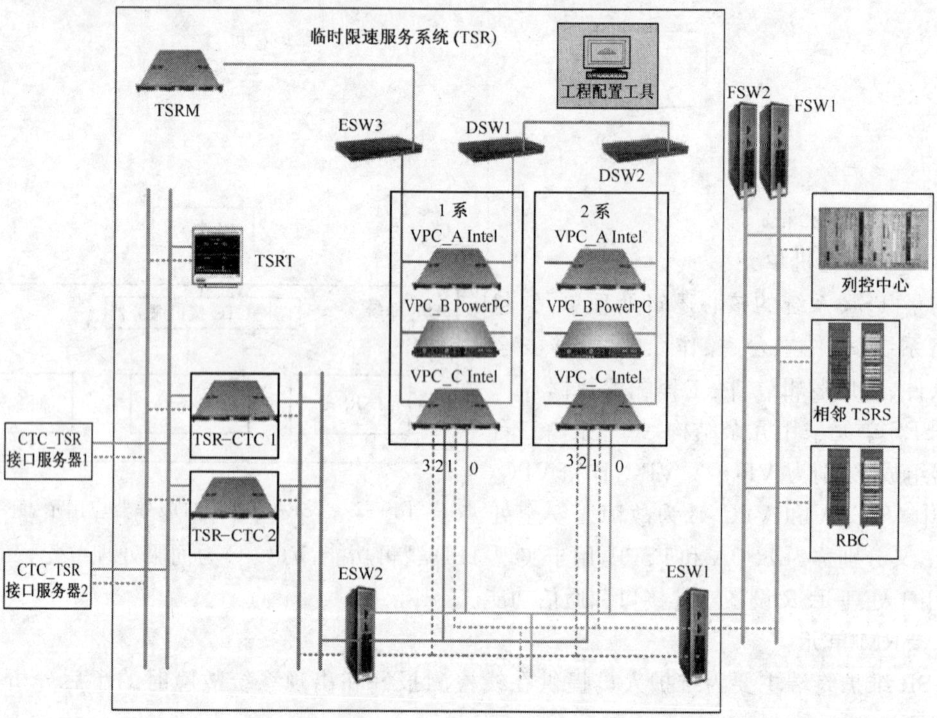

图 8-3 TSR 系统接口示意图

1. TSR 与信号安全数据网接口

TSR 设备与列控中心、RBC、相邻 TSRS 的通信统一通过武广信号安全数据网进行。

2. 与 CTC 系统接口

TSR 系统通过 TSR-CTC 设备与 CTC 中心设备通信，由于 CTC 设备放置于调度中心，因此双方需要通过外部架设的 2M 数字传输通道进行通信，另外，TSRT 与 TSRS 连接也使用 2M 通道，所以 TSRT 与 CTC 复用 2M 通道与 TSRS 连接。

3. 系统内部接口

(1)TSRS 主机单元中各服务器通过内部交换机的通信连接以及 TSR 机柜中所有其他服务器到 TSRM 的连接，用于实现临时限速服务器主机内部通信和柜内服务器到监测主机的通信。

(2)TSR 中所有服务器对外部交换机 ESW1、ESW2 的连接，用于实现 TSR 系统对外部设备的连接。

(3)TSR 柜与 TSRT 接口。

四、CTCS-3 级列控限速

CTCS-3 级列控限速统一由 TSR 服务器管理，其主要设置流程分别如图 8-4、图 8-5、图8-6 所示。

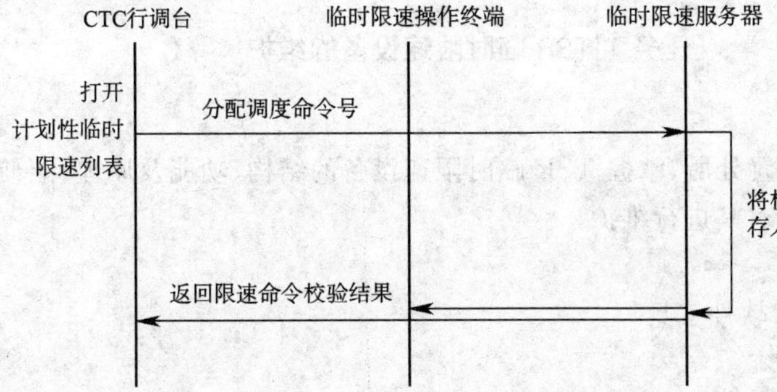

图 8-4　CTC 拟定临时限速调度命令的操作流程

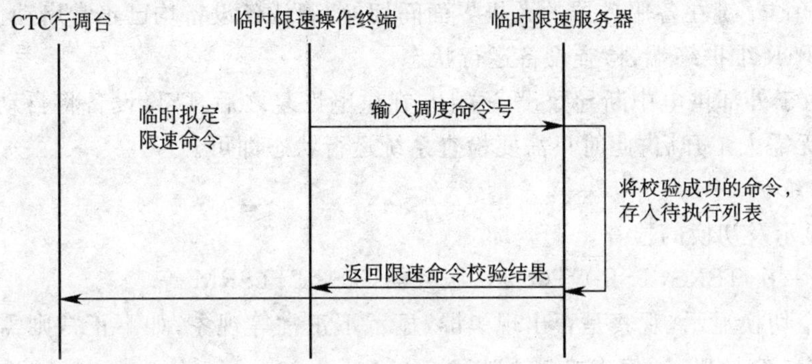

图 8-5　临时限速操作终端拟定临时限速调度命令的操作流程

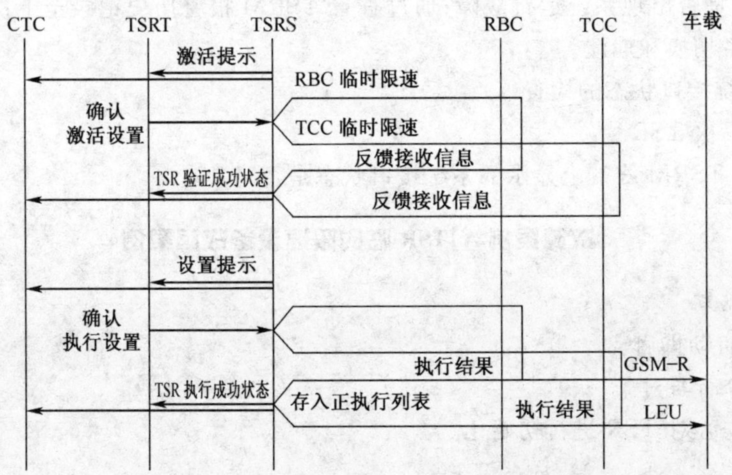

图 8-6　临时限速操作终端设置限速命令的操作流程

操作实践

【任务 1】TSR 临时限速设备的维护

一、任务描述

知道 TSR 设备的设置处所；掌握 TSR 临时限速设备的结构、功能及原理；能使用 TSR 临时限速设备，并能按要求对其进行维护。

二、所需设备与工具

TSR 临时限速设备、软件工具等。

三、操作步骤

（一）TSR 设备的启动

接通设备电源后，TSR 设备的启动应按照以下步骤进行。

1. 逐个开启 TSR 机柜中的所有服务器，顺序不做要求。

2. 使用 Ptrscr 键在各服务器的人机界面间切换，确认各设备均已正常启动。

3. 登录 TSR 维护终端，检查设备运行状态。

4. 如果由于外部供电中断导致设备关闭，在供电恢复之后 TSR 设备将自动启动，程序也将自动运行，无需人工开启，此时只需要检查系统运行状态即可。

（二）日常维护

1. 系统显示及切换的检查

每周检查一次 TSRS，TSR-CTC 接口服务器，TSRT、TSRM 等。

方法：逐个切换显示，观察是否出现黑屏、显示不正常等现象；如不正常则需要检查供电、液晶套件、KVM 交换机、通信连接是否故障。

2. 服务器工作状态的检查

每周检查一次 TSR 所有的服务器。

方法：观察是否出现系统运行故障；通过查看 TSRM 报警历史记录至上次检查期间是否出现过异常主备切换和崩溃。

3. TSR 系统接口状态的检查

每天检查一次 TSR。

方法：检查 TSRM 终端上显示的系统接口状态是否正常。

【故障案例 A】TSR 临时限速设备故障案例

（一）故障现象

TSR 双系自动重启。

（二）原因分析与对策

联系调度中心对 TSR 进行初始化。

自我检测

1. 简述 TSR 临时限速服务器系统的结构及功能。
2. 说明 TSR 临时限速服务器系统的接口。
3. 说明 CTCS-3 级列控限速的主要设置流程。
4. 说明 TSR 临时限速日常维护的项目及内容。
5. 简述 TSR 临时限速设备特点。

项目九　CTCS-3 级列控车载设备(ATP)

列车运行控制系统是行车指挥和列车控制的关键技术之一，是列车安全运营的保障。CTCS-3 级列控车载设备负责接收地面数据命令信息，生成速度模式曲线，监控列车运行，保证列车运行安全。

本项目主要介绍 CTCS-3 级(300T)列控车载设备的结构、功能及工作原理。重点阐述对其的使用维护及常见故障的分析与处理的知识与技能。

知能目标

1. CTCS-3 级(300T)车载设备的认知。
2. 掌握 CTCS-3 级(300T)车载设备主要模块和单元功能。
3. 理解 CTCS-3 级列控车载设备集成功能。
4. 了解车载设备的控车模式。
5. 能按要求对车载设备进行维护及常见故障的分析与处理。

知能链接

一、CTCS-3 级(300T)车载设备的构成及功能

(一)车载设备的构成

CTCS-3 级列控车载设备采用分布式结构，设备组成框图及机柜组成分别如图 9-1、图 9-2 所示。其主要包括车载安全计算机单元(VCU)、应答器信息接收模块(BTM+CAU)、轨道电路信息接收单元(TCR)、测速测距单元(SDU)、人机界面(DMI)、列车接口(TIU)、司法记录单元(JRU)、GSM-R 无线通信单元(RTU)、动态监测接口等。

(二)主要模块和单元功能

1. 车载安全计算机单元(ATP CU)

ATP CU 是 CTCS-3 主机控制核心单元，接收 RBC 传来的数据，结合 BTM 传来的数据和当前列车速度计算速度曲线，监控列车运行。

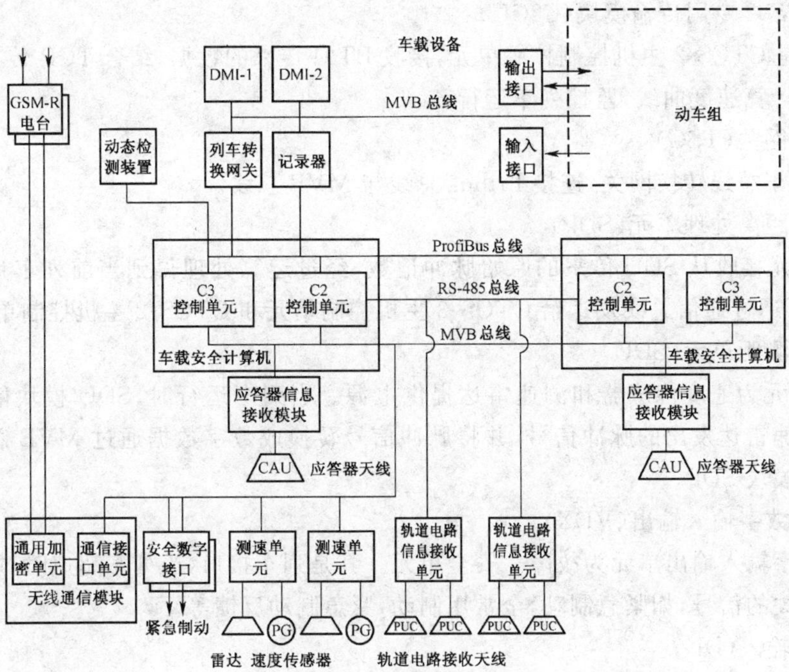

图 9-1　车载系统设备框图

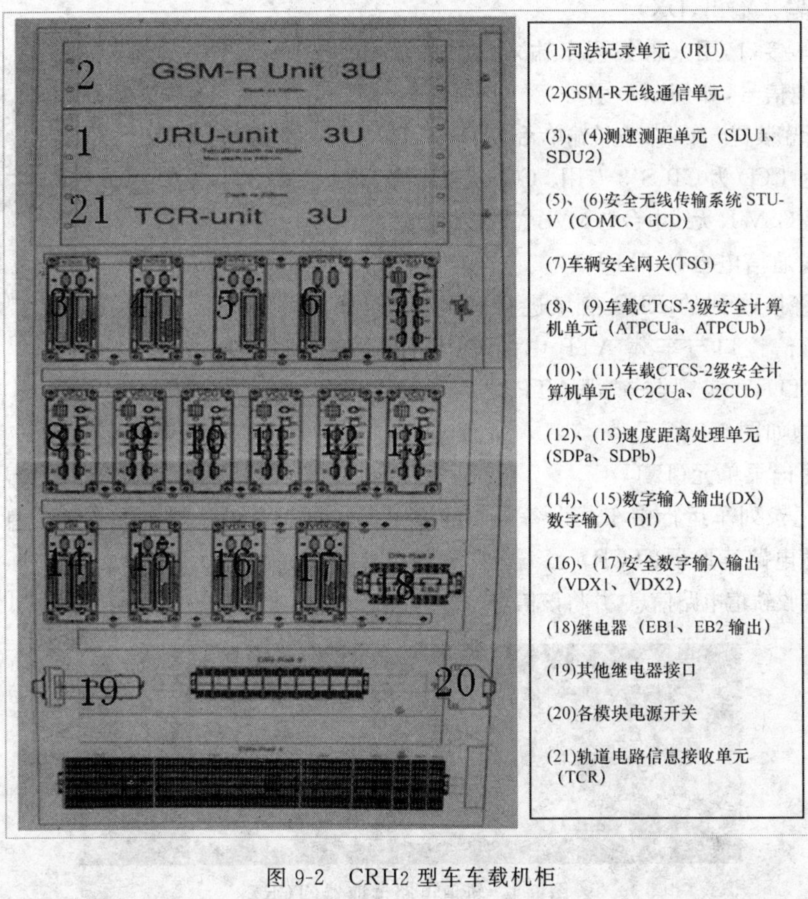

图 9-2　CRH2 型车车载机柜

2. CTCS-2 专用传输模块(C2CU)

C2CU 是 CTCS-2 主机控制核心单元,接收 BTM 传来的数据,结合 TCR 传来的数据和当前列车速度计算速度曲线,监控列车运行。

3. 列车网关(TSG)

TSG 列车总线转换网关,连接 Pribus 总线与 MVB 总线。

4. 速度距离处理单元(SDP)

SDP 单元接收从 SDU 传来的原始脉冲记数,经过运算处理得到当前列车运行的速度和距离数据,再通过通信总线发送给 CTCS-3 主机控制单元和 CTCS-2 主机控制单元。

5. 测速测距单元(SDU)

SDU 单元为速度传感器和测速雷达提供电源。当列车运行时,SDU 模块能够接收速度传感器和测速雷达发出的脉冲信号,并将脉冲信号转换成数字数据通过 MVB 总线发送给速度距离处理模块 SDP。

6. 安全数字输入输出(VDX)

安全数字输入输出单元为故障—安全单元。其是列车接口,当列车超速时,用来实现输入输出安全相关的信号,如紧急制动,全常用制动,紧急制动反馈等。

7. 数字输入(DI)

它是列车接口,用来采集列车输入信号,包括驾驶室激活、向前、向后、睡眠信号等。

8. 数字输入输出(DX)

它是列车接口,用来采集列车输入信号和输出控制列车的其他信号,如切断牵引等。

9. 通用保密装置+车载安全传输单元(GCD+STU-V)

STU-V 和 GCD 为 CTCS-3 专用。GCD 是密钥管理模块。STU-V 是 GSM-R 无线电台与 MVB 总线接口单元。

10. 无线通信电台(GSM-R)

它用来将接收到的 RBC 信息进行解调处理,通过 RS-422 通信接口与车载 ATP 中的 GCD 单元相连,再通过 STU-V 实现与车载 ATP 之间的数据交互。电台实物如图 9-3 所示。

图 9-3　无线通信电台

11. 司法记录单元(JRU)

它用来记录列车运行中车载设备采集的原始信息和车载设备输出的控制信息。

12. 轨道电路读取器(TCR)

它用来接收轨道电路信息,并将该信息通过 RS-422 接口传送给主机 C2CU。实物如图 9-4 所示。

图 9-4　轨道电路读取器(TCR)

13. 速度传感器

它通过检测轮轴转速的方式，得到当前列车运行速度。实物如图 9-5 所示。

14. 雷达

当目标向雷达天线靠近时，反射信号频率将高于发射频率；反之，当目标远离天线而去时，反射信号频率将低于发射频率。如此即可借由频率的改变数值，计算出目标与雷达的相对速度。实物如图 9-6 所示。

图 9-5　速度传感器

图 9-6　雷达

15. 应答器传输模块（BTM）＋紧凑型天线装置（CAU）

它用来接收地面应答器信息并将其转发给 ATP CU、C2CU 处理。

16. 人机界面（DMI）

它用来显示列车当前速度、最大限速、目标速度、目标距离等驾驶信息；完成列车相关数据的输入。

17. 冗余开关

冗余开关有三挡，如图 9-7 所示。其用来选择系统 1、系统 2 和系统关闭电源。当开关处在 1 位时选择系统 1 工作，开关处在 2 位时选择系统 2 工作，开关处在 0 位时，系统断电。

18. 隔离开关

隔离开关有两挡，如图 9-7 所示。开关处在 1 位时，设备正常工作；开关处在 2 位时，设备断电，并切除 ATP 设备输出控制。

图 9-7　冗余开关及隔离开关

二、CTCS-3 级列控车载设备集成功能

CTCS-3 级列控车载设备既包含 CTCS-3 控制单元，也包括 CTCS-2 控制单元。其中

CTCS-3控制单元负责CTCS-3级模式下的核心控制逻辑计算功能；CTCS-2控制单元负责CTCS-2级核心控制逻辑计算功能；两者共用DMI人机界面模块、列车接口单元模块、测速测距模块、BTM模块、速度传感器及雷达速度传感器。

CTCS-3控制单元连接GSM-R单元，并负责系统总线管理及统一对外输出；CTCS-2级车载控制单元连接轨道电路读取器单元(TCR)，从TCR获得行车许可信息。

当CTCS-2控制单元设备控车的时候，CTCS-2控制单元根据接收到轨道电路信息和应答器信息计算限速曲线，对列车的速度进行监督控制，并把相关信息通过DMI进行显示。CTCS-2控制单元监督控制功能的实现，需要CTCS-3控制单元的辅助和监管，这时CTCS-3控制单元的作用如下：

(1)监视整个系统包括CTCS-2级设备的状态是否安全。

(2)控制系统的启动。(包括CTCS-2控制单元设备自检。当CTCS-3控制单元授权之后CTCS-2控制单元也可以检查列车接口)。

(3)提供访问列车接口通道。

(4)提供制动的控制。

(5)提供对速度传感器数据的访问通道。

在CTCS-3级设备控车时，CTCS-2设备可正常接收轨道电路信息和应答器信息，并根据接收到的地面信息计算限速曲线且和列车实际运行速度进行比较，但计算和比较结果不作为控制列车的依据也不传送DMI显示，仅作为CTCS-3控制单元的备用，在CTCS-3转换到CTCS-2时能马上进行控车和送DMI显示。

CTCS-3和CTCS-2之间的转换分为正常转换和故障转换。正常转换通过转换点设置的地面应答器实现不停车转换；在GSM-R通信中断时，当列车运行速度降至后备系统可控的允许速度后车载设备自动转为CTCS-2级设备控车(需司机确认)。

CTCS-2控制单元和TCR(轨道电路读取器)故障不影响CTCS-3级的正常运营；CTCS-3级专用模块(如GSM-R模块)故障不影响CTCS-2级的正常运营。

三、车载设备控制模式

CTCS-3级列控车载设备(含CTCS-2级功能)主要有以下9种主要工作模式。

1. 待机模式SB。当列控车载设备上电时，执行自检和外部设备测试正确后自动处于待机模式，车载设备禁止列车移动。当司机开启驾驶台后，列控车载设备中的DMI投入正常工作。

2. 完全监控模式FS。当车载设备具备列控所需的全部基本数据(包括列车数据、行车许可和线路数据等)时，列控车载设备生成目标距离连续速度控制模式曲线，并通过人机界面(DMI)显示列车运行速度、允许速度、目标速度和目标距离等信息，监控列车安全运行。

3. 部分监控模式PS。本模式为缺少应答器数据而采用缺省线路数据时的监控模式。

4. 引导模式CO。CTCS-2级主控时，车载设备从轨道电路接收到HB码后形成轨道区段终端限速40 km/h，接收到无码时，自动转入本模式，当列车速度超过45 km/h时，ATP触发常用制动。在本模式下，如果走行60 s或300 m不按压警惕按钮，则ATP触动紧急制动停车。CTCS-3 级主控时，当开放引导信号或出站信号机开放且列车前端距离出站信号机较远（大于 250 m）发车时，列控车载设备生成目标距离连续速度控制模式曲线，并通过 DMI 显示列车运行速度、允许速度、目标速度和目标距离等，车载设备按引导监控曲线控车，司机负责在列车运行时检查轨道占用情况。

5. 目视行车模式 OS。CTCS-2 级主控时，如果轨道电路出现 HU 或 H 或无信号，列车停车后，如果司机按压“目视”键，ATP 转入目视行车模式，限速 40 km/h，当列车速度超过 45 km/h时，ATP 触发常用制动。在本模式下，如果走行 60 s 或 300 m 不按压警惕按钮，则 ATP 触动紧急制动停车。CTCS-3 级主控时，在待机模式下，且 RBC 无法确定列车位置时，司机按压“越行”键，转入“目视”，限速 40 km/h。

6. 调车监控模式 SH。CTCS-2 级主控时，在站内停车时，司机按压“调车”键，ATP 车载装置不管有无轨道电路信息，都会生成 40 km/h 的限速，当列车超过该 45 km/h 速度时，ATP 触发常用制动。同时当收到出站口“调车危险”的应答器信息包时，列控车载设备启动紧急制动停车。CTCS-3 级主控时，当进行调车作业时，司机按压调车按钮，向 RBC 发出调车请求，经 RBC 同意，列控车载设备转入调车模式（SH）后，并与 RBC 断开连接，退出调车模式（SH）后再重新与 RBC 连接。

7. 隔离模式 IS。当列控车载设备停用时，需在停车情况下，经操作隔离列控车载设备的制动功能。在该模式下，车载设备不具备安全监控功能。列控车载设备应能够监测隔离开关状态。

8. 机车信号模式 CS。该模式仅用于 CTCS-2 级控车。当列车运行到地面设备配置未装备 CTCS-3/CTCS-2 级列控系统的区段时，根据行车管理办法（含调度命令），经司机操作后，列控车载设备按码行车，并显示机车信号。当列车越过禁止信号时触发紧急制动。

9. 休眠模式 SL。该模式仅用于 CTCS-3 级控车，适用于非本务端列控车载设备。在该模式下，列控车载设备仍执行列车定位、测速测距、记录等级转换及 RBC 切换信息等功能。

列车折返，非本务端升为本务端后，车载设备可自动进入正常工作状态。

操作实践

【任务 1】列控车载设备（ATP）的检修

一、任务描述

通过对列控车载设备（ATP）的检修，掌握车载设备（ATP）的检修工作周期、内容及检修流程。

二、所需设备与工具

列控车载设备（ATP），万用表，专用螺丝刀等。

三、操作步骤

（一）检修作业的种类、周期及项目内容

1. 检修作业包括日常检查（出库检查和入库检查）、月检查和年整治。

2. 检修作业周期和项目内容。

(1)日常检查。每次在车辆出、入库时,通过观察确认 ATP 控制设备的动作、LED 显示和传送状态中无异常。

(2)月检查。1 个月以内,将 ATP 控制设备安装在车辆上,确认设备的状态、性能、功能,并使用试验器进一步确认其性能、功能。

(3)年整治。1 年以内,将 ATP 控制设备的箱体、印刷板从设备上拆卸下来进行清扫。另外,仔细确认配线、印刷板等部件的状态。

(二)检修作业流程及项目内容和标准

1. 入库检查

(1)访问司机。询问司机 ATP 设备在运行途中是否运用正常,如有异常做好记录,并按照故障处理程序进行查找、处理。

(2)将 ATP 隔离开关设在"正常"位置。

(3)请司机配合接通 ATP 控制设备电源。

(4)LED 显示确认。对照 LED 检查卡内容确认 VC1、VC2、DRU 和 RLU 上的 LED 显示状态。(如发现显示异常,在故障记录表上做好记录,并切断 ATP 设备电源,拔出 PC 卡转储数据。此后,按照故障处理程序进行故障处理。)

(5)检查合格后,切断 ATP 设备电源,拔出 PC 卡转储数据。

(6)回收旧合格证,填写检测记录,并请司机进行盖章签认。

2. 出库检查

(1)确认 DRU 的 PCR 基板已经插入 PC 卡。

(2)确认 STM 的记录基板已经插入 CF 卡。

(3)对 ATP 设备的下列开关进行设置。

①将 ATP 隔离开关设在"正常"位置。

②设定 VC1、VC2 的 BUF 基板的拨码开关 SW1(车种)。1:KHI,2:BSP,4:ALSTOM。

③设定 VC1、VC2 的 BUF 基板的拨码开关 SW2(机控优先/人控优先)。1:机控优先,2:人控优先。

④设定 VC1、VC2 的 BUF 基板的拨码开关 SW3(启动模式)。0:CTCS-0,2:CTCS-2。

⑤设定 VC1、VC2 的 OPE 基板的拨码开关 100,10,1(车轮径)。

⑥将 DRU 的 BUF 基板的拨码开关 SW1、SW2、SW3 设定为"0"。

(4)将 NFB 面板上的 ATP 显示器、主机、记录器、连续、点式、风扇 6 个电源开关全部置于 ON。

(5)请司机配合接通 ATP 控制设备电源。

(6)上电 1 分钟后 DMI 画面能正常显示,确认没有 VC1 系或 VC2 系故障的故障信息。

(7)LED 显示确认。对照 LED 检查卡内容确认 VC1、VC2、DRU 和 RLU 上的 LED 显示状态。

(8)检查合格后,填写检测记录,填发出库合格证,司机签收。

3. 月检查

(1)设备外观的确认。先将 ATP 控制设备的电源切断后,再进行以下作业。

①将 NFB 面板上的 DMI、VC、DRU、STM、BTM、FAN 电源开关全部置于 OFF。

②ATP 控制设备各部外观无歪斜、龟裂、损伤、腐蚀。

(2)接地线安装状态确认。接地线在筐体接地座上安装紧固。

(3)设备主体螺丝确认。ATP 控制设备筐体的各螺丝安装紧固。

(4)箱体固定螺丝确认。VC1、VC2、DRU、RLU、STM 和 BTM 箱体的固定螺丝安装紧固。

(5)继电器固定螺丝确认。RLU 箱体的继电器固定螺丝安装紧固。

(6)面板安装螺丝确认。VC1、VC2、DRU 和 RLU 箱体的各印刷板上面板安装螺丝安装紧固。

(7)连接器安装状态确认。ATP 控制设备所有的连接器无松动。

(8)ATP 隔离开关 ATPCOS 的切换。对 ATP 隔离开关 ATPCOS 进行 5 次左右的互切转换后，恢复到"正常"位置。

(9)FAN 动作状态确认。先将 ATP 控制设备的电源接通并打开后，再进行以下作业。

①将 NFB 面板上的 DMI、VC、DRU、STM、BTM、FAN 电源开关全部置于 OFF。

②将 VC1、VC2、RLU 和 STM 的连接器拔下。

③将 VC1、VC2、RLU 和 STM 箱体拆下。

④将 NFB 面板上的 FAN 电源开关置于 ON。

⑤FAN1～FAN5 扇叶旋转良好，风向朝上。如扇叶不转，更换风扇。

⑥将 NFB 面板上的 FAN 电源开关置于 OFF。

⑦按照②～③的逆序，将 ATP 设备恢复到原来状态。

⑧将 NFB 面板上的 DMI、VC、DUR、STM、BTM、FAN 电源开关全部置于 ON。

(10)恒定电压电源的输出电压确认。

①用电压表测量安装在 VC1、VC2 和 DRU 上的恒定电压电源(EUR 基板)的输出电压是否在规定的范围内。(直流 24V 电压:23.76～24.24V;直流 5V 电压:4.95～5.05V)。

②如不在规定范围，用螺丝刀旋转电压调整螺丝进行调节。

(11)使用试验器进行动作确认。先按要求正确连接测试仪后，再对以下项目进行试验。

①STM 信号接收确认试验良好。

②BTM 信号接收确认试验良好。

③速度表显示确认试验良好。

④速度核对动作确认试验良好。

⑤速度传感器断线检测试验良好。

⑥速度差异常检测试验良好。

⑦通信电路确认试验良好。

⑧输入、输出确认试验良好。

试验结束后，将试验电缆从 ATP 设备上拆下，恢复设备配线。

(12)对照 LED 检查卡内容确认 VC1、VC2、DRU 和 RLU 上的 LED 显示状态。

(13)切断 ATP 控制设备电源。

4. 年整治

(1)分解清扫及内部配线检查。先将 ATP 控制设备的电源切断后,再进行以下作业。

①将 NFB 面板上的 DMI、VC、DRU、STM、BTM、FAN 电源开关全部置于 OFF。

②将 ATP 控制设备的全部连接器拔下,将带螺丝的电缆拆下。

③将 VC1、VC2、DRU、RLU、STM 和 BTM 箱体及速度分配盘和 FAN1～FAN5 拆下。

④将顶棚的盖子和侧面的挡板取下。

⑤从 VC1、VC2、DRU 和 RLU 上将印刷板拔下。

⑥用抹布、毛刷、吸尘器等对箱体内外侧、拆下设备部件及印刷板等进行清扫(不要用空气吹)。

⑦清扫完毕后,检查设备内部配线有无损伤,内部和箱体各螺丝有无松动。

⑧将拆下设备按顺序依次安装恢复至原来状态。

(2)按器材寿命管理要求更换到期器材。

(3)其余整治项目按月检查内容依次进行。

【任务 2】列控车载设备(ATP)的校正维护

一、任务描述

通过对列控车载设备(ATP)的校正维护,理解通用原则、掉电模式及故障模式,掌握故障的处理程序。

二、所需设备与工具

列控车载设备(ATP),专用螺丝刀等。

三、操作步骤

(一)通用原则

如果是通过替换单元来完成校正工作,则测试顺序为上电测试→驾驶室激活测试→移动测试的测试必须被完成,且不能出现错误。在列车运行过程检测到故障时,停车故障反应措施被应用;列车停止后,车载系统进入系统故障模式。系统应用对安全相关故障的反应措施都是通过命令制动或警告司机立即实施制动的方式使列车停止。

(二)掉电模式

掉电模式为正常运行时的一个特例而不是故障。当对整个系统(即 ATP 主开关的初级侧)的供电中断时,系统自动进入该模式。ATP 确保给出安全反应,具体的反应动作取决于故障发生的位置。

1. BTM、TSG、DMI、DX/DI 或 SDU 掉电时,将导致停车故障反应。

2. ATPCU 掉电时,将导致平台故障反应措施,这是由于该单元受 SDP 单元中的平台主控器的监督。

3. SDP 掉电时,将导致平台故障反应,这是由于该单元受 VDX 单元中的平台实时看门狗的监督。

4. SDU-V 掉电时,将导致常用制动的应用,并使实际列车速度降到 250 km/h 以下,然后司机必须在 DMI 上确认进入 STM 模式的请求。关于详细信息,请参见司机手册。

5. VDX 掉电时,或内部或外部制动回路掉电时,将导致发出紧急制动命令,这是由于使该命令失效需要电源。

6. 当列车运行于C3级时，STM掉电不会产生任何问题，但在DMI上会给出表示，详细信息参见DMI操作手册。

（三）系统故障模式

在检测到影响安全运行的故障时，ATPCU SW将主动使系统进入系统故障模式。紧急制动被实施，且ATP车载系统需重新启动。

1. 平台故障

ATP的运行可能由于处理器或相关电路的故障而失控。根据系统配置，可给出紧急制动或常用制动命令且将被保持到ATP被重新启动。通过显示ATP故障的方式，DMI警告司机关于降级的条件。

2. 停车故障

为了提高ATP系统的可用性，当检测到故障时，ATP通知司机故障并发出常用制动命令。当前模式和所有正在进行的监控，包括制动监控，都将被保持。如果是ATPCU软件故障，列车静止后系统直接进入系统故障模式。如果是速度传感器子系统故障，从检测到故障起，ATP将使列车保持静止120 s。如果速度传感器在120 s内恢复，则一般的静止判断标准将被应用。

3. 表示故障

表示故障通常由列车上故障的冗余硬件、VDX和SDU引起（这里不是指ATP车载系统的ATPa或ATPb，因为未激活的单元是未上电的）。为了增加ATP系统的可用性，只要该单元不是必须的，则冗余硬件单元的故障可被容忍。一旦检测到表示故障，ATP将给司机显示故障消息，及司机对其已得知降级条件进行确认的要求。只要故障保持或直到驾驶室关闭，该消息将保持显示。当故障得以解决后，ATP将删除该消息，且无需司机动作。只要故障保持，则在每次输入司机数据后，该消息将再次显示且带有确认请求。这样做的目的是为了警告新的司机关于降级情况的信息。

典型的表示故障有DMI故障，脉冲发生器或速度传感器中故障，非安全设备故障、如辅助串行通信设备，冗余列车接口组件故障，如制动继电器和制动旁路继电器。

除了上述硬件相关的故障以外，表示故障机制也同样用于制动测试超时、传输测试超时及DMI通信测试。

（四）错误表示

1. 启动时的错误表示

在上电测试和正常运行过程中的检测到的故障可通过以下方式表示。

(1)在司机面板上通过显示一条有关错误的短消息的方式来给出错误表示。

(2)在VCU、COMC、STU-V和BTM上发光二极管的表示。

2. 司机面板上的错误和消息表示

在司机面板上表示的错误信息和消息被显示在如图9-8所示红色标记的矩形范围内。错误信息和消息按时间顺序显示，即显示的第一条消息也是最新的消息，且其是以高亮显示。

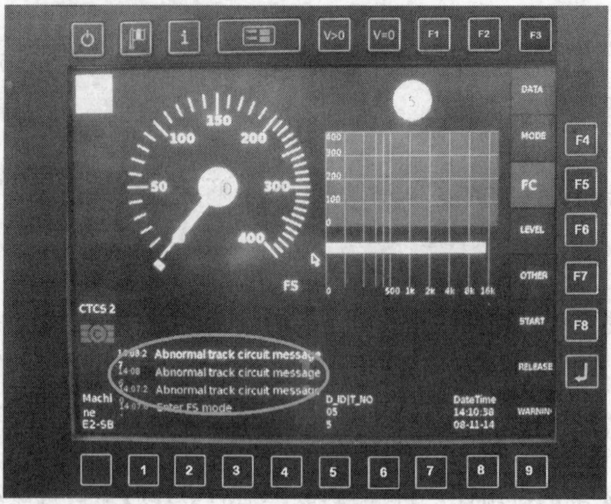

图 9-8　在 DMI 上显示的错误信息和消息

（五）故障处理

ATP 车载系统，应根据以下程序步骤进行故障处理。

1. 上电测试

必须对两端驾驶室都执行该程序，且每个驾驶室内的两套 ATP 系统（ATPa 和 ATPb），都必须被测试。

(1)在 ATP 车载系统上电以前，确保两端驾驶室的关闭

①关闭驾驶室。

②通过将选择开关从“0”位拨到“ATPa”位来给车载系统上电。在对 ATPa 执行完所有测试后，请不要忘记执行对 ATPb 的测试，以验证每个驾驶室端的整个车载系统的正确性。

③系统上电成功启动后，“驾驶室未被激活”的文本消息应被显示在 DMI 上。

(2)故障处理程序

①检查驾驶室是处于关闭状态。给整个系统上电，观察所有的系统已启动并运行。当启动并运行后，“驾驶室未被激活”的文本消息将显示在 DMI 上。

②如果没有“驾驶室未被激活”的文本信息，则系统未启动并运行，检查系统单元上的 LED；如果一个或多个单元未处于运行状态，则尝试重新上电，否则用新单元替换。

③将 DCUTerm 连接到 SDP(平台主控器)，通过命令 dbs 检查系统单元的状态。如果有一个单元或多个单元的错误表示，则再次重复该步骤以检查是否有相同的单元仍处于未工作状态。

④将 DCUTerm 连接到 TSG，通过命令 tsgm_id(驾驶室仍应被关闭)读取现场总线和所连接单元的状态。

⑤检查系统单元的软件校验和(将 DCUTerm 连接到各个单元)，与 PVI(程序版本信息)中表示的数据进行比较。

2. 驾驶室激活测试

(1)车载系统上电后，若未检测到故障则激活驾驶室，并检查以下内容。

①待机模式 DMI 显示。

②司机数据输入菜单应出现在 DMI 显示器上。

③将被询问系统是否应进行制动测试。在制动测试期间，列车必须位于制动缓解后不会引起任何列车移动的位置。

(2)如果制动测试成功，则应检查以下内容。

①执行任务开始程序。

②DMI 显示 SR 模式。

(3)故障处理程序

①当系统启动运行时，如果驾驶室开关在激活位，则系统将不能正常工作或故障。

②如果系统不能正常工作，检查在 DMI 上是否显示“系统故障”消息。系统将应用常用制动将列车制动到停止，然后系统等待约 5 s 的“系统恢复”时间。如果系统故障仍存在，则系统将进入“平台故障”状态，且 SB(CRH2)或 EB(CRH3)将被应用。

③进入平台故障状态后，系统将尝试重新自启。

3. 传输测试

在 DMI 显示器上选择传输测试；如果传输测试成功，则继续移动测试。

4. 移动测试

在 ATP 上电、驾驶室激活，且 ATP 制动测试和传输测试中未出现任何故障后，将驾驶模式切换为调车模式，并执行移动测试，具体程序如下。

(1)将方向控制手柄设置在前进位，向前驾驶约 20 m。检查 DMI 上显示的列车速度是否正确。ATP 不应给出制动命令。

(2)将方向控制手柄设置在后退位，向后驾驶约 20 m。检查 DMI 上显示的列车速度是否正确。ATP 不应给出制动命令。

在线路上放置含有 MA 和速度限制信息的应答器，进行移动测试的下一步测试。请注意进行该测试地点的安全事宜。

(3)将方向控制手柄设置在前进位，并加速到速度参数值。ATP 命令常用制动。不要在 DMI 上缓解制动。让 ATP 以常用制动停止列车。检查系统未发出紧急制动命令，在 DMI 上无故障报告。列车停车后，在 DMI 上缓解常用制动。

(4)继续测试，加速到设置的紧急制动的速度参数值。ATP 发出紧急制动命令。检查在 DMI 上无故障报告。列车停车后，在 DMI 上缓解紧急制动。

5. 临时故障

如果故障是临时的且由很难再现的特定条件引起，如接触不良、电缆损坏或瞬间干扰(EMC 等)，则其可能需要对引脚/插座、触点和电缆进行手动检查。如果检查后一切正常，则根据安装指导中的说明替换引脚/触点和电缆。

【故障案例 A】上电测试故障案例

一、案 例 一

(一)故障现象

打开开关后车载系统未上电。

(二)原因分析

1. 隔离开关位于“隔离”位置或断路器(主断路器或单元断路器)在“断开”位置。

2. 选择开关在“0”位。

3. 保险跳闸或不牢固的电路连接。

4. 驾驶室激活。

5. 紧急制动阀在“切断”位置。

(三)对　策

1. 检查 ATP 隔离开关是否在“接通”位。

2. 检查选择开关是否在 ATPa 或 ATPb 位。

3. 检查整个车载系统的主断路器是否在“接通”位。

4. 检查车载系统各个单元的断路器是否在“接通”位。

5. 检查 VCU 是否已启动(检查单元上的 LED)。

6. 检查车载系统其他单元的 LED。

7. 按照表示不同组件间电路的相关 ESD(电气接口图)图执行故障追踪,检查电缆连接。

8. 使用 DCUTerm 检查 DSP(PM)中的 ae 记录。

9. 使用 DCUTerm 检查 TSG 中的 ae 记录以检查系统状态。

10. 切换到另一个 ATP(a 或 b)以检查上电后系统是否启动运行。

注意:如果是保险跳闸,则在 ATP 系统被投入运行前,必须调查原因。

二、案 例 二

(一)故障现象

DMI 故障。

(二)原因分析

DMI 故障。

(三)对　策

1. 检查电源是否在限定范围内。如果“OK”显示为绿灯(DMI 左侧)则在限定范围内。如果无此显示,再替换 DMI。

2. 检查 MVB 电缆和终端。

三、案 例 三

(一)故障现象

SDU 电源单元故障。

(二)原因分析

1. 从 SDU 到速度传感器无电源或电源不符合要求。

2. 速度传感器的一路输入信号缺失,或不满足要求,或速度传感器损坏。

3. 多普勒雷达未上电。

4. 检查信号电缆(SDU—雷达)。

5. 速度传感器信号受到干扰(EMC 问题)。

6. SDU 单元、速度传感器或多普勒雷达硬件故障。

7. MVB 错误。

(三)对　策

1. 检查该单元的电源是否正常且在限定范围内。

2. 根据相关的电气示意图检查地址跳线是否正确。

3. 根据相关的电气示意图检查所有到/从 SDU 的电缆接线是否正确。

4. 替换该单元。

四、案 例 四

(一)故障现象

BTM 故障。

(二)原因分析

1. BTM 电源故障。

2. BTM 或 BTM-CAU 通信故障。

(三)对　　策

1. 检查 BTM 的电源是否正常,且电压在定义的范围内。

2. 检查 BTM 电缆是否正确连接。

3. 检查 BTM 的 LED。

4. 清洁 CAU。

5. 执行 BTM 校准程序。

6. 使用 BAVT 工具检查 CAU。

7. 替换故障单元。

五、案 例 五

(一)故障现象

VDX 故障。

(二)原因分析

1. VDX 单元无电源或 VDX 输出无电源。

2. 硬件装置地址跳线不正确。

3. VDX 硬件故障。

4. VDX 输出电路上的电阻被损坏。

5. VDX 输出中的一路不能变为开路状态。这意味着当输出为关断时,输出电压不能被降低到 6 V 左右。可能的原因是电缆上存在干扰或电池电压意外的直接连接到了输出电路上。

(三)对　　策

1. 检查到该单元的电源是否正常且在限定范围内。

2. 根据相关电气示意图检查地址跳线。

3. 根据相关电气示意图检查到/从 VDX 的所有接线。

4. 检查 MVB 连接和终端。

5. 替换单元。

六、案 例 六

(一)故障现象

STM 故障。

(二)对　　策

通过 DCUTerm 检查 ae 记录。

七、案 例 七

(一)故障现象

轨道电路模块故障。

(二)对　　策

1. 观察 TCR 单元通信板上的 LED 显示。

2. 检查 C2CU 到 C2CU 之间通信电缆。

3. 检查 TCR 天线到 TCR 之间信号电缆。

八、案 例 八

(一)故障现象

STU-V,上电后状态 LED 为灭灯状态。

(二)原因分析

(1)X3(COMC)的电缆插头盒或 X10(GCD)插头的连接不紧固。

(2)内部装置保护保险关断(GCD)。

(3)内部错误(COMC)。

(三)对　　策

1. 紧固电缆接线盒的螺栓。

2. 替换 GCD。

3. 替换 COMC。

九、案 例 九

(一)故障现象

STU-V(COMC),未自动进入运行状态,如 MVB LED 保持灭灯。

(二)原因分析

总线控制器未被激活。

(三)对　　策

重新启动。

十、案 例 十

(一)故障现象

STU-V(COMC),GCD 适配器/COMC 通信故障、S-CO LED 保持灭灯。

(二)原因分析

1. GCD 适配器受到干扰。

2. 电缆连接错误。

3. 插头连接松动。

4. COMC 装置地址不正确。

(三)对　　策

1. 重新启动 COMC。

2. 修复连接。

3. 修复连接。

4. 检查 X3 插头。

十一、案例十一

(一)故障现象

STU-V(COMC),状态 LED ER 和 WA 灯持续点亮。

（二）原因分析

1. 输入电压不在正常范围内。

2. 内部错误。

（三）对　　策

1. 检查电源是否正常且在限定范围内。

2. 替换 COMC。

十二、案例十二

（一）故障现象

GCD，上电后状态 LED 保持灭灯。

（二）原因分析

(1)X10 电缆插头盒的连接不牢靠。

(2)内部装置保护保险跳闸。

（三）对　　策

1. 重新紧固螺栓。

2. 替换 GCD。

十三、案例十三

（一）故障现象

GCD，未进入正常运行状态，GCS_L1、GCD_L2 或 COMC_L2 灯持续点亮。

（二）原因分析

内部错误。

（三）对　　策

尝试重新启动 STU-V；替换 GCD。

十四、案例十四

（一）故障现象

GCD，GCD 通信故障，GCD_L2 灯持续点亮。

（二）原因分析

GCD 内部错误。

（三）对　　策

重新启动以确定错误位置；替换 GCD。

十五、案例十五

（一）故障现象

GCD 周期性的进入重设状态。

（二）原因分析

总线控制器未激活；GCD 配置不正确。

（三）对　　策

检查 MVB 电缆和总线控制器(SDP)；替换 GCD。

【故障案例 B】驾驶室激活测试故障案例

一、案 例 一

(一)故障现象

驾驶室控制失效。

(二)原因分析

1. 驾驶室激活信号未被 ATP 接收到。

2. 无效的驾驶室控制输入信号组合。

(三)对 策

1. 根据相关的电气示意图检查两端驾驶室的驾驶室激活信号的功能。

2. 检查 DI/DX(CRH2)的状态和地址跳线。

3. 检查 MVB 通信。CRH3 将直接通过 MVB 消息而不是通过 DX/DI 信号与驾驶室通信。

4. 替换故障单元。

二、案 例 二

(一)故障现象

系统故障模式。

(二)原因分析

一个单元未处于运行状态。

(三)对 策

1. 使用 DCUTerm 检查各个单元的 ae 记录并评估其状态确定错误所在。

2. 替换故障单元。

三、案 例 三

(一)故障现象

不能开始制动测试。

(二)原因分析

1. 列车接口继电器的故障状态。

2. 列车已应用制动,其激活了 ATP 压力开关。

3. 列车处于移动状态。

4. ATP 已经命令制动。

5. 制动反馈故障。CRH3 通过 MVB 消息通信。

6. 接线或电缆故障。

7. DX(CRH2)或 VDX 硬件故障。

(三)对 策

1. 检查列车接口继电器的状态。

2. 根据相关的电气示意图检查继电器间的连接。

3. 确保 DI/DX(CRH2)和 VDX 硬件工作。

四、案 例 四

(一)故障现象

制动测试失败。

（二）原因分析

1. 列车接口继电器故障。

2. ATP 命令制动后未在规定的时间内接收到制动反馈信息。

3. DX/DI(CRH2)或 VDX 硬件故障。

4. 接线或电缆故障。

（三）对　　策

1. 检查在 DMI 上显示的故障代码。

2. 使用 DCUTerm 工具检查记录文件 ae 中的错误代码。

3. 确保车辆制动功能正常。

4. 确保 DEX/DI(CRH2)和 VDX 硬件工作。

5. 检查制动继电器是否正常工作(CRH2)。

6. 对于 CRH3,无继电器,通过 MVB 消息通信。

五、案 例 五

（一）故障现象

紧急制动反馈故障或常用制动反馈故障。

（二）原因分析

1. 制动继电器不能切断紧急制动阀的电压(即继电器触电被旁路)(CRH2)。

2. 制动继电器不能正常工作(线圈未释放或连接到紧急制动阀的触点未断开)(CRH2)。

3. 当制动测试开始时,车辆已经应用的紧急制动。

4. 制动系统的制动该反馈未被及时收到。

5. 制动反馈信号在制动继电器和 DX 或 VDX 输入间被切断(CRH2)。

6. VDX 或 DX/DI 单元(CRH2)硬件故障。

7. 接线或电缆故障。

（三）对　　策

1. 检测列车制动是否能够正确执行。(ATP 隔离时)

2. 检测 DX/DI(CRH2)和 VDX 硬件工作是否正常(通过 IO-TOOLS)。

3. 检查紧急制动、冗余制动和常用制动继电器。

4. 检查 ATP 制动继电器和 VDX 间的接线。

自我检测

1. 说明 CTCS-3 级(300T)车载设备主要模块和单元功能。

2. 简述 CTCS-3 级列控车载设备集成功能。

3. 简述车载设备的控车模式。

4. 说明列控车载设备(ATP)的检修项目及内容。

5. 说明列控车载设备(ATP)校正维护的项目及内容。

项目十　铁路综合数字移动通信系统(GSM-R)

铁路综合数字移动通信系统(GSM-R)是基于铁路对移动通信的需求而推出的专用系统。它是在数字蜂窝移动通信系统(GSM)上增加了调度通信功能和适合高速环境下使用的要素,能满足国际铁路联盟提出的对铁路专用调度通信的要求。

GSM-R 是以移动交换中心(MSC)为平台的移动通信网络和以固定用户接入交换机(FAS)为平台的有线通信网络互联互通,可实现站车通信一体化,从而形成集调度通信、公务移动、信息传输、列车传输于一体的通信系统。

本项目主要介绍铁路综合数字移动通信系统(GSM-R)的结构及功能,重点阐述对其的维护及常见故障分析与处理的知识与技能。

知能目标

1. 认知 GSM-R 系统设备。
2. 理解 GSM-R 系统的组成及功能。
3. 能按要求对 GSM-R 系统设备进行维护。

知能链接

一、GSM-R 系统的组成

GSM-R 系统由网络子系统(NSS)、基站子系统(BSS)、运行与业务支持子系统(OSS/BSS)及终端设备等构成,如图 10-1 所示。其中,网络子系统包括移动交换子系统(SSS)、移动智能网子系统(IN)和通用分组无线业务子系统(GPRS)。

(一)移动交换子系统(SSS)

移动交换子系统(SSS)主要完成用户的业务交换功能,完成用户数据与移动性管理、安全性管理。SSS 由一系列功能实体构成,各功能实体之间通过 NO. 7 信令协议互相通信。

1. 移动业务交换中心(MSC)

MSC 是网络的核心,其负责用户的移动性管理和呼叫控制,并提供与其他通信网络的接口。

2. 拜访位置寄存器(VLR)

VLR 负责储存漫游用户的动态数据信息,为移动用户提供呼叫接续的必要数据。

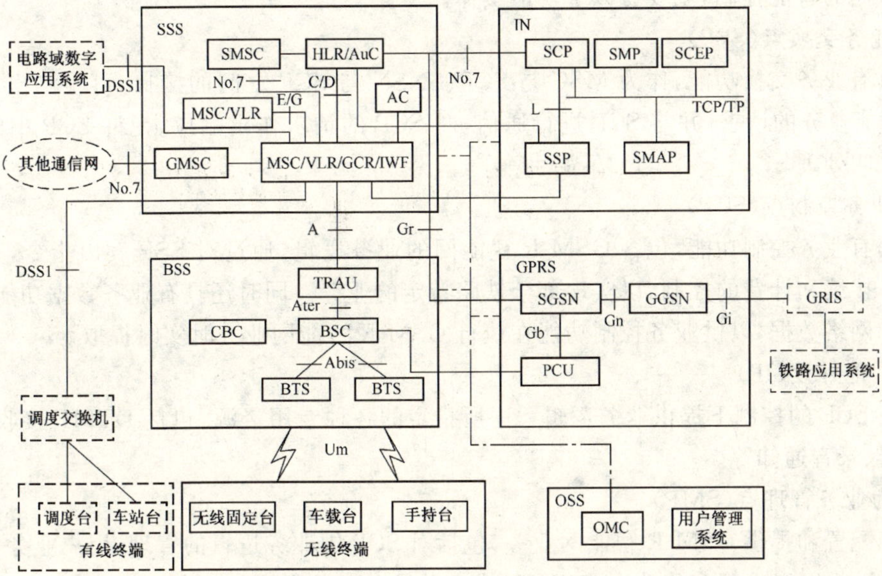

图 10-1　GSM-R 系统组成示意图

3. 归属位置寄存器(HLR)

HLR 是一个负责管理移动用户的数据库。HLR 存储本归属区的所有移动用户数据，如识别标志、位置信息、签约业务等。

4. 鉴权中心(AuC)

AuC 是存储用户鉴权算法和加密密钥的实体，其负责对用户的 IMSI 号进行鉴权，为移动台和网络之间在无线路径上的通信加密。

5. 设备寄存器(EIR)

EIR 负责储存设备识别号(IMEI)。IMEI 可分为白名单、黑名单和灰名单三类，网络根据用户的 IMEI 号所在的名单来决定是否为用户提供服务。

6. 互连功能单元(IWF)

IWF 是与 MSC 相关的功能实体，负责 GSM-R 网与其他相关应用系统的互联、提供不同网络与 GSM-R 网络之间的协议转换和速率适配。

7. 组呼寄存器(GCR)

GCR 用于存储组呼参考(组 ID、组区域)以及发起组呼的 MSC 是否负责处理呼叫的指示信息。

8. 短消息服务中心(SMS)

SMS 与 MSC 等功能实体互联，具有短消息的接收、存储和转发功能，支持移动用户发起和终止的短消息。

9. 确认中心(AC)

AC 负责记录、存储铁路紧急呼叫相关信息。

(二)移动智能网子系统(IN)

IN 子系统是在 SSS 中引入的智能网功能实体，将网络交换功能和业务控制功能相分离，实现对呼叫的智能控制，主要有以下功能实体。

1. 业务交换点(SSP)

它具有业务交换功能，作为 MSC 与 SCP、SNSN 与 SCP 之间的接口，可检测出 GSM-R、GPRS 智能业务的请求，并与 SCP 进行通信，对 SCP 的请求作出响应，允许 SCP 中的业务逻辑影响呼叫处理。

2. 业务控制点(SCP)

它具有业务控制功能，包含 GSM-R 智能网的业务逻辑，通过对 SSP 发出指令，完成对智能网业务接续和计费的控制，以实现部分铁路特定的业务。同时还具有业务数据功能，包含用户数据和网络数据，以供业务控制功能在执行 GSM-R 智能网业务时实时提取。

3. 智能外设(IP)

它在 SCP 的控制下提供业务逻辑程序所指定的各种专用资源，包括 DTMF 接收器、信号音发生器、录音通知等。

4. 为业务管理点(SMP)

它能配置和提供 GSM-R 智能网业务，包括对 SCP 中业务逻辑的管理，用户业务数据的增删、修改等，也可以管理和修改在 SSP(IP)中有关的业务信息。

5. 业务管理接入点(SMAP)

它具有业务管理接入功能，为业务管理员提供接入到 SMP 的能力，并通过 SMP 来修改、增删用户数据和业务性能。

6. 业务生成环境点(SCEP)

它用于开发、生成 GSM-R 智能网业务并对这些业务进行测试和验证，并将验证惠普的智能网的业务逻辑、管理逻辑和业务数据等信息接入到 SMP 中。

(三)通用分组无线业务子系统(GPRS)

GPRS 子系统负责为无线用户提供分组数据承载业务，主要由以下功能实体构成。

1. 服务 GPRS 支持节点(SGSN)

它具有分组域数据业务的移动性管理、会话管理等功能，记录 MS 当前的位置信息，在 MS 和 GPRS 网络之间完成数据的发送和接收，并提供呼叫记录信息。

2. 网关 GPRS 支持节点(GGSN)

它提供 GPRS 网与铁路相关应用系统之间的借口，负责存储管辖范围内业务用户的路由信息，具有路由功能。

3. 域名服务器(DNS)

它负责对 APN、SGSN、GGSN 等网络节点以及 MS 的域名进行解析，确定相应的 IP 地址等。

4. 认证服务器(RADIUS)

它负责储存用户的身份信息，并完成用户的认证和鉴权等功能。

5. 分组控制单元(PCU)

它负责分组控制单元，负责数据分组、无线信道管理、错误发送检测和自动重发。

6. 边界网关(BG)

它用于不同 GPRS 网的互联，具有基本安全功能并可根据网络之间的漫游协议增加相关功能。

7. 计费网关(CG)

实时采集各 GPRS 支持节点的花旦记录，存储/备份/合并话单，并向计费中心传送话单文件。

(四)站子系统(BSS)

BSS 通过无线接口直接与移动台相接，负责无线信号发送接收和无线资源管理；与 MSC 相连，实现移动用户之间或移动用户与固定网络用户之间的通信连接，传送系统信号和用户信息等，主要由以下功能实体构成。

1. 基站控制器(BSC)

BSC 是 BSS 的控制部分，负责各种接口的管理，承担无线资源和无线参数的管理，负责呼叫建立的信令处理以及小区中的信道分配。

2. 编译码和速率适配单元(TRAU)

TRAU 负责在 BSC 和 MSC 之间提供语音编码和速率适配功能，将 16 kbit/s 的话音或数据转换为 64 kbit/s 的数据。

3. 小区广播短消息中心(CBC)

CBC 负责管理小区广播短消息业务。

4. 基站收发信机(BTS)

BTS 是由 BSC 控制、服务于某个小区的无线收发信设备，完成 BSC 与无线信道之间的转换，并通过空中接口实现 BSC 与 MS 之间的无线传输及相关的控制功能。

5. 中继传输设备

中继传输设备用于 GSM-R 弱电场区的无线覆盖，包括直放站、漏泄同轴电缆等。

(五)运行与支持子系统(OSS/BSS)

OSS/BSS 是网络运行和业务支撑的综合管理平台，主要由网络管理、用户管理等部分组成，负责提供网络管理、资源管理、用户管理、业务开通及业务保障等功能。

(六)终　　端

终端是供 GSM-R 系统用户直接操作、使用，用来接入 GSM-R 网的设备，包括移动台和无线固定台。

1. 移动台

移动台由移动设备和 SIM 卡组成。包括(机车、汽车)车载台，手持台、列控数据传输设备、列尾信息传输设备和防灾检测信息传输、车辆安全检测信息传输终端等。

2. 无线固定台

无线固定台为非移动状态下使用的无线终端，具备与移动台相同的业务功能。

二、GSM-R 系统的功能

GSM-R 系统可提供语音业务、数据业务、与呼叫相关的业务和铁路特定业务，并可在上述业务的基础上扩展新的应用。

(一)GSM-R 系统业务

GSM-R 基于 GSM 的基础设施及其提供的先进语音呼叫业务(ASCI)，其中包括增强多优先级与强拆(eMlpp)、语音组呼(VGCS)、语音广播(VBS)，并提供铁路特有的调度业务，且以此作为信息化平台，使铁路部门用户可以开发各种铁路应用。GSM-R 系统的业务模型层次结构如图 10-2 所示。

GSM-R 业务＝GSM 业务＋语音调度业务＋铁路应用

(二)业务类型

1. 语音业务。点对点话音呼叫业务；语音广播业务(VBS)；语音组呼业务(VGCS)；紧急呼叫；多方通信。

2. 数据业务。电路交换数据传输业务；短消息业务；分组交换数据传输业务。

3. 基本业务。

(1)功能寻址业务

根据被叫用户所承担的功能来发起呼叫，而不是根据被叫用户的号码来寻址。主叫方可以是有线用户，也可以是无线用户。

(2)功能号表示

将铁路用户根据其当前行使的职能进行编号，该号码可能是非永久的，需要注册和注销。

(3)基于位置寻址业务

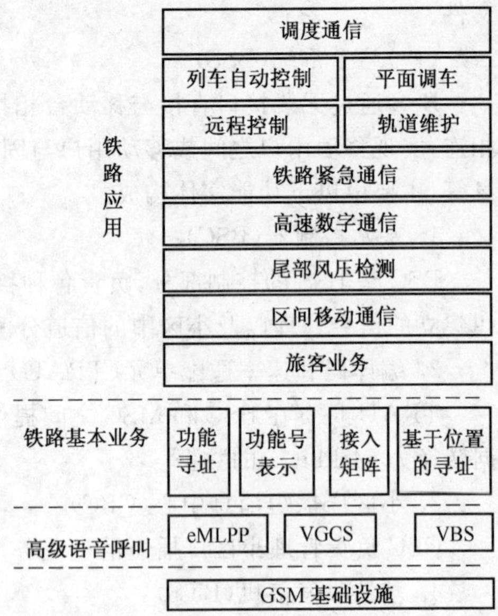

图 10-2 GSM-R 系统业务模型示意图

将移动用户发起的呼叫，路由到一个与该用户当前所处位置相关的目的地址。这个功能主要用于解决移动用户呼叫固定用户，包括司机或运营手持台用户呼叫调度员和当前车站值班员等。

(4)接入矩阵。定义哪些签约用户在网络中与其他签约用户联系。

4. 扩展业务

(1)基于位置的呼叫限制业务。将用户(包括调度员、车站值班员和助理值班员)发起功能号呼叫的范围限制在其管辖区域内。

(2)自动获取调度中心的 IP 地址业务。用于实现列车在运行中自动获取调度中心(TDCS 中心)的 IP 地址。

(3)短信的智能业务。包括短信的功能寻址和基于位置寻址等。

(三)铁路应用

1. 区间移动通信。代替区间通话柱，满足紧急救援、应急抢险通信指挥的需要。也可实现区间作业人员的移动通信。

2. 尾部风压检测。尾部风压状态由车尾装置移动设备获取，通过 GSM-R 网络传输数据信息、司机可以随时查询、反馈车尾工作状态。

3. 在 CTCS-3 级列控系统中，GSM-R 系统用来实现车、地之间信息的传输，如图 10-3 所示。其中，RBC 无线闭塞中心传送给车载通信单元的信息有移动授权、线路数据及指令等；车载通信单元传送给 RBC 无线闭塞的信息有列车位置、速度、状态、类型等。

4. 在机车同步操控中，GSM-R 实现了主控机与从控机的通信及控制命令的实时传送，使它们置于同步或独立工况。

5. 分散自律调度集中系统对数据信息传送的要求有调度命令，接车进路预告信息，调车作业通知单，车次号校核等。

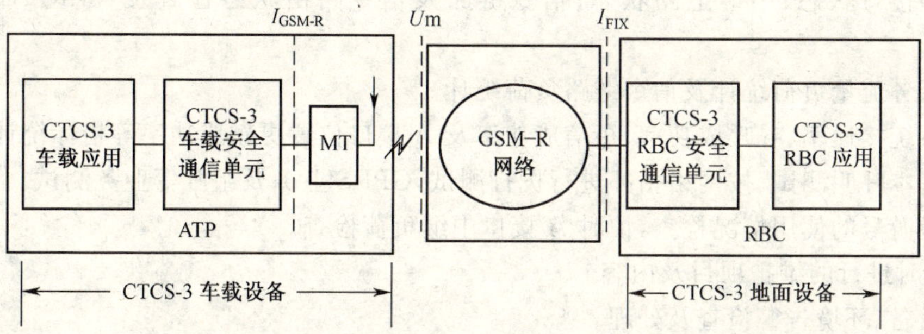

图 10-3　GSM-R 与 CTCS-3

6. 旅客业务。如购票服务、预订服务、时刻表信息以及与公网通信等。可增加旅行的舒适性。

操作实践

【任务 1】GSM-R 系统设备的维护

一、任务描述

通过对 GSM-R 系统设备的维护通，掌握 GSM-R 系统设备的维护工作周期、项目内容及维护流程。

二、所需设备与工具

GSM-R 系统设备、GSM-R 和 GPRS 无线网络路测仪、GSM-R 和 GPRS 信令分析仪、测试接收机、便携式场强测试仪、GSM-R/GPRS 测试手机及测试卡、基站系统时钟校准仪、天馈线测试分析仪、天馈线及漏缆专用工具、数字兆欧表及数字万用表等。

三、操作步骤

GSM-R 系统设备实行预防性维护为主、障碍性维护为辅的运行维护原则，系统设备质量完好标准如下。

1. 要满足主要技术指标、电气性能应符合维护技术标准。

2. 结构完整，部件完好，机械性能达到规定要求。

3. 设备运行正常，使用良好。

4. 技术资料齐全，图纸与实物相符等质量完好标准。

（一）网络子系统设备的维护

维护人员对机房环境、设备外观强度、指示灯进行巡视，依据厂家提供的操作说明和方法，通过输入不同的操作命令，对设备的各种功能进行检查、发现并及时解决问题，以保证系统工作的正常可靠。

1. 每日需进行的维护项目及内容

(1)机房环境状况、温度、湿度检查及设备表面清洁。

(2)配套传输系统、电源、空调检查及设备状态(门、指示灯)巡视。

(3)系统单板状态及时钟同步状态，负荷性能、高话务量外围模块负荷检查。

(4)各接口状态、中继电路状态、信令链路及信令路由状态检查及 VLR/HLR 占用率检查。

(5)话务流量负荷统计及信令链路负荷统计。

(6)系统接通率、寻呼成功率、短信成功率及 A 接口位置更新成功率等指标统计。

(7)基本呼叫测试、按网络拓扑进行拨打测试,GPRS 业务及组呼等业务测试。

(8)漫游号的使用情况检查,忙时 A 接口中继负荷检查。

2. 实时进行的维护项目及内容

(1)设备、环境告警检查及处理。

(2)根据数据工单进行数据增加和修改。

3. 每月需进行的维护项目及内容

(1)局数据(系统和用户)备份及系统时间校对。

(2)设备面板、防尘网、机架清洁;备品、备件、工具、仪表和资料的清理。

(3)电风扇、设备地线及信号电缆巡检。

(4)检查指定单板的 CPU 负荷情况,检查蓄电池和电源设备,测试输出电压。

(5)障碍及话务量统计、分析及各种呼叫功能测试。

(6)系统设备口令、维护用户名和密码核对或修改。

(7)设备告警、障碍、用户投诉等统计、分析。

(8)局数据/修改过的系统数据核对检查;录音通知的正确性检查。

(9)系统运用质量统计分析、网络优化方案。

4. 每年需进行的维护项目及内容

(1)地线的检查、测试和紧固。

(2)网络例行测试。

此外,应按需进行软件升级与补丁程序。

(二)基站子系统设备维护

基站子系统设备的维护由 BSC 机房维护人员和现场维护人员共同负责,BSC 机房维护人员通过维护终端对基站子系统设备运用状态及环境进行实时监控,各种数据的修改、备份等,现场维护人员负责进行定期巡视检查、测试。

1. 每日需进行的维护项目及内容

(1)BTS、光纤直放站运行状态及机房环境告警监控和性能监控。

(2)X. 25 的链路检查、BTS 传输检查。

(3)小区 TDMA 时隙分配、BTS 阻塞率、掉话率检查,TCH 分配失败率统计。

2. 每半月需进行的维护项目及内容

(1)机房环境及安全隐患、机房温度、湿度、空调检查。

(2)机房、设备清洁、滤网清洗,机房配套传输、电源及备有蓄电池检查。

(3)设备地线、电源线及信号电缆巡检。

(4)设备防雷系统强度及设备单板工作状态、指示灯检查。

(5)各种配线、接头、漏缆、铁塔、电杆等外观强度检查。

(6)基站天线安装参数、天线抱杆、天线安装固定及周围环境检查。

(7)基站馈线、小跳线安装固定、天馈系统防雨、密封性能、回水弯、馈线接头等强度检查;

环境告警采集及电风扇检查。

3. 每月需进行的维护项目及内容

(1)场强覆盖范围和小区切换测试。

(2)各种接地装置、防雷系统检查。

4. 每年需进行的维护项目及内容

(1)铁塔及抱杆结构、紧固件强度检查、紧固。

(2)防腐防锈、检查、漏缆、天馈线接头、避雷接地夹检查及垂直度测量。

(3)BTS、光纤直放站频率及时钟校准。

(4)用手机测试基站各个信道运行情况。

(5)测量基站输出功率，基站、直放站天馈线驻波比。

(6)直放站信号强度、接地电阻阻值测试(在雷雨季前进行)。

(三)运行与维护子系统设备维护

运行与维护子系统 OSS 设备的维护项目和参考周期如下。

1. 每日需进行的维护项目及内容

主机、外设、通信端口等硬件检查；操作系统、应用系统、文件系统、进程监视、数据库系统等软件检查；服务器文件系统及主要进程的运行状态监测。

2. 每周需进行的维护项目及内容

各种原始统计数据备份。

3. 每月需进行的维护项目及内容

(1)系统设备口令修改。

(2)日志文件、系统数据、性能数据等备份。

4. 每季度需进行的维护项目及内容

将网管数据与由网元直接采集的数据进行核对。

5. 需实时进行的维护项目及内容

(1)各网管服务器状态、各节点状态、所连接网元的告警、CPU、内外存利用率等监测。

(2)病毒检测与清除。

(四)移动终端设备维护

移动终端设备主要指机车综合无线通信设备，简称 CIR。其日常维护结合机车的修程同步进行。

1. 机车入库时需进行的维护项目及内容

(1)访问用户了解设备运用情况。

(2)设备供电电源电压、配线、配件、MMI、送受话器及扬声器、打印机等外观强度检查。

(3)设备表面清扫，打印机色带、打印纸的检查、更换及添加。

(4)机车号检查(是否与实际相符)注册试验。

(5)呼叫通话及各种功能试验。

(6)司机确认签字。

2. 机车入段定期检修的项目及内容

(1)各部配线、配件、MMI、送受话器、扬声器、打印机等强度检查、清扫及整修更换。

(2)CIR 机箱清扫。

(3)打印机功能试验，打印机色带、打印纸检查、更换、添加。

(4)机车天馈线整修、驻波比等测试。

(5)机车号注册、呼叫通话及各种功能试验。

3. 结合机车厂修设备落地进行的项目及内容

(1)MMI、主机各部件强度整修。

(2)接收灵敏度及最大发射功率测试。

(3)蓄电池的充放电试验检查。

【任务 2】GSM-R 系统设备的故障处理

一、任务描述

通过对 GSM-R 系统设备故障的处理,熟悉故障的操作处理方法及处理流程。

二、所需设备与工具

GSM-R 系统设备、GSM-R 和 GPRS 无线网络路测仪、GSM-R 和 GPRS 信令分析仪、测试接收机、便携式场强测试仪、GSM-R/GPRS 测试手机及测试卡、基站系统时钟校准仪、天馈线测试分析仪、天馈线及漏缆专用工具、数字兆欧表及数字万用表等。

三、操作步骤

(一)设备故障及其类型

设备障碍是设备维护管理、运用质量的重要标志及反映设备质量的信息来源。凡运用中的通信设备发生障碍影响正常使用的,均为通信故障。铁路通信障碍共分为通信行车事故、通信故障、通信一类障碍及通信二类障碍四种。

1. 通信一类障碍

凡属设备性能失效构成下列情况之一者,均为通信一类障碍。

(1)MSC(含 TMSC)设备宕机、重启。

(2)GPRS 设备宕机、重启。

(3)IN 设备宕机、重启。

(4)BSC 设备宕机、重启。

(5)HLRi 设备宕机、重启。

(6)基站设备故障影响使用≥6 h。

(7)区间光纤直放站故障影响使用≥8 h。

(8)漏缆故障影响使用≥24 h。

2. 通信二类障碍

不属于上述规定范围内的障碍为二类障碍。

(二)设备故障处理

发生障碍时,值班人员应在规定时间内判断出障碍区段及类型,并通知相关维护单位进行障碍处理;网管值班人员负责监视及统计障碍次数及延时情况,掌握障碍处理进程;维护单位应在规定时限将障碍处理情况通知网管,从而实现障碍处理的闭环管理。

障碍处理必须做到"五清",即时间清、原因清、地点清、处理过程清、影响范围清。同时应坚持"先恢复,后修复,先本端,后对端,先业务层,后传输层"的原则。及时采取倒代措施,将设备故障对用户的影响降到最低限度。

1. 一般故障处理流程如图 10-4 所示。

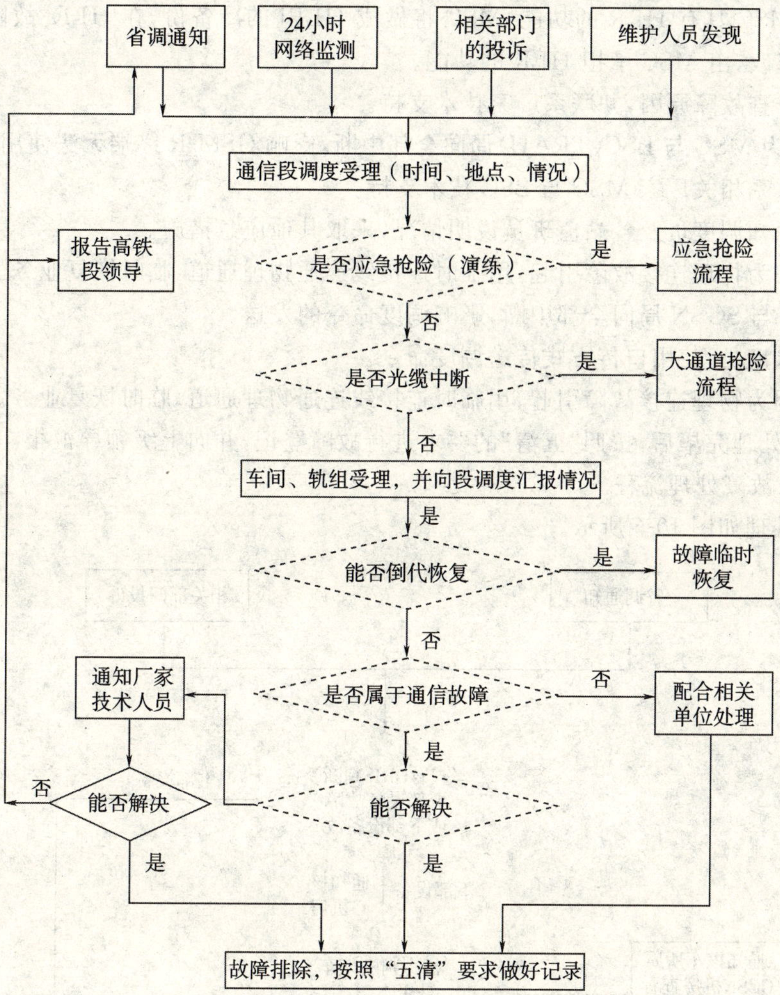

图 10-4　一般故障处理流程

2. MSC 故障处理流程

(1)判断设备是否掉电、是否为外电故障异或保险损坏，并进行电源故障处理及恢复供电。

(2)是否交换机 CP 侧启机，影响所有 GSM-R 业务，需立即对 CP 侧进行启机。

(3)是否交换机 MP 侧瘫痪，影响所有 GSM-R 业务，需立即对 MP 侧进行启机。

(4)是否影响 MSC 与 FAS 系统全部中断，影响调度台与 GSM-R 移动终端通信。

①立即通知调度员，采用自动电话联系。

②立即排查故障原因，并联系厂家技术支持。

(5)是否为 MSC 与 SCP 局向全部中断，影响位置寻址及功能寻址。

①立即通知调度员启动备用应急通信，将短号码及功能号对应的 MSISDN 通知列车调度员，列车调度员把所对应的 MSISDN 号通知司机。

②立即排查故障原因，并联系厂家技术支持。

(6)是否为 MSC 与 HLRi 局向全部中断，影响 GSM-R 终端鉴权。

①目前 MSC 具有 HLR 的功能，MSC 将做成 HLRi 的冷备份，在 HLRi 故障时，在 MSC 上进行数据修改，由 MSC 承担 HLR 的功能。

②立即排查故障原因，并联系厂家技术支持。

(7)是否为 MSC 与 BSC(TRAU)局向全部中断，影响 GSM-R 终端无法使用。

①立即联系相关厂家 MSC 与 BSC 技术支持。

②立即通知调度员及各站值班员说明情况，采取其他应急措施。

③若原因为物理连接故障引起，用临时连接线连通物理通道，临时恢复业务。

(8)MSC 与 SGSN 局向全部中断，影响调度命令的发送。

①通知调度员，使用口传方式传送调度命令。

②若原因为物理连接故障引起，用临时连接线连通物理通道，临时恢复业务。

(9)故障处理完毕后，按照“五清”的要求进行故障登记，并向上级领导汇报。

3. GPRS 故障处理流程

该故障处理如图 10 5 所示。

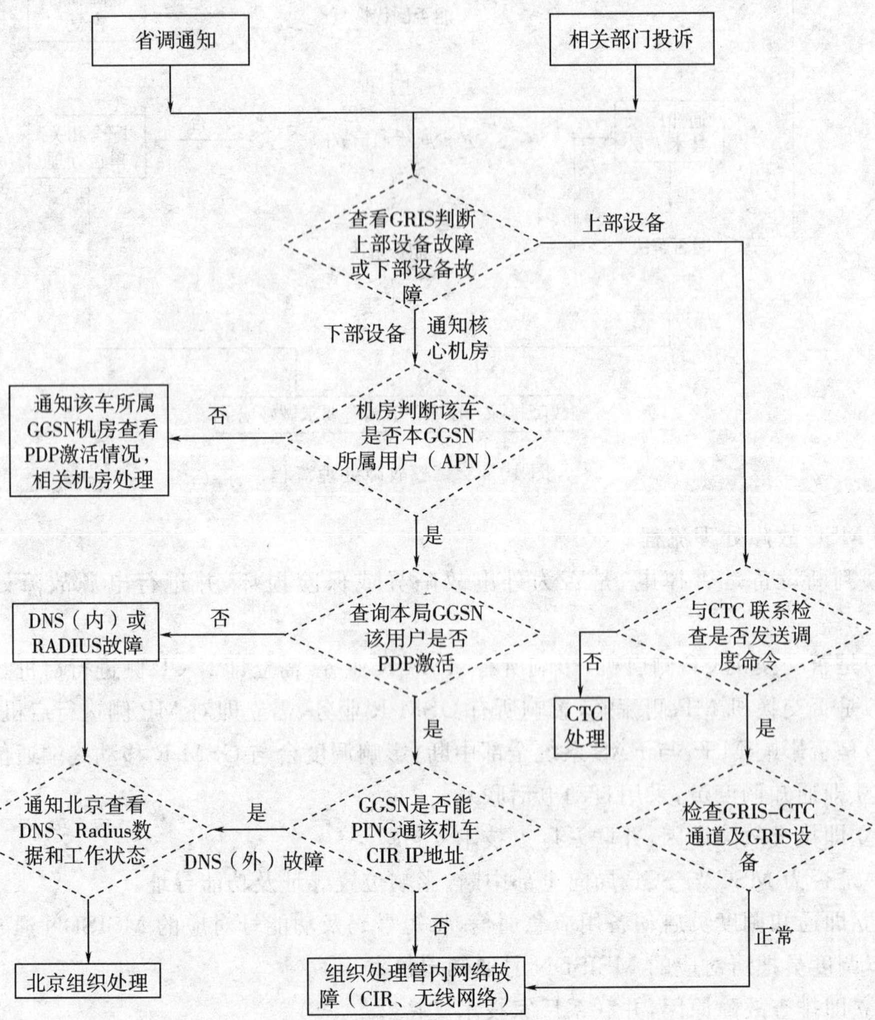

图 10-5 GPRS 故障处理流程

4. 调度命令故障处理流程

该故障处理如图 10-6 所示。

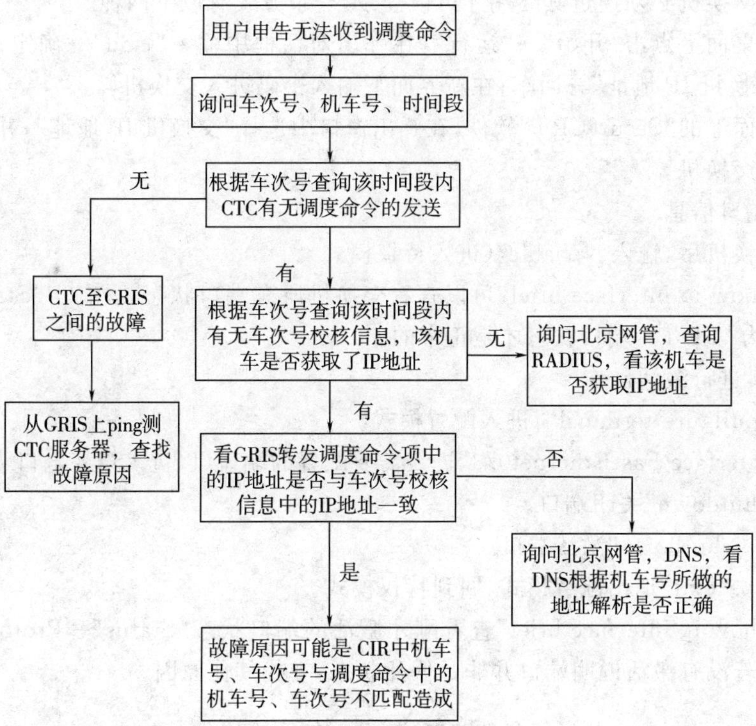

图 10-6　调度命令故障处理流程

5. 进路预告故障处理流程

该故障处理如图 10-7 所示。

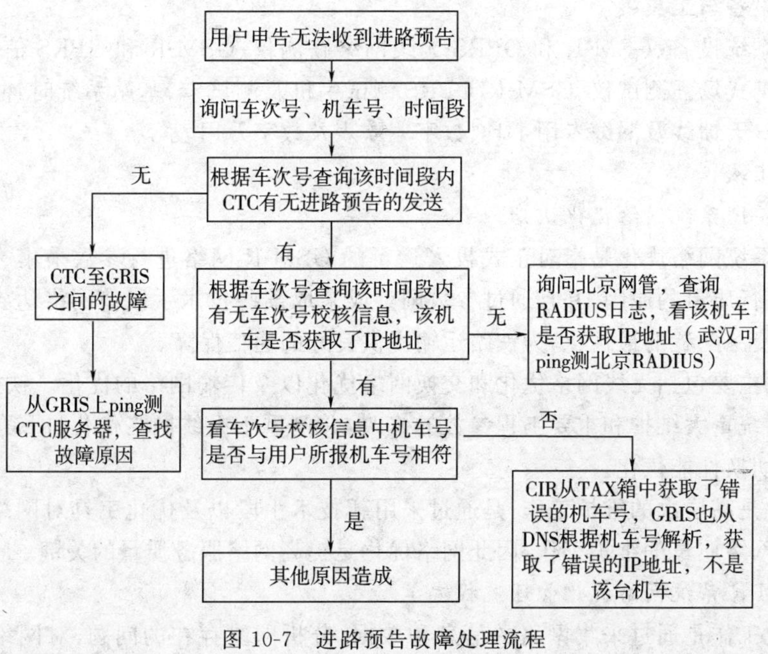

图 10-7　进路预告故障处理流程

6. 网络交换机故障处理流程

(1)交换机登录

智能网的交换机必须通过其终端才可以登录,登录方式有以下两种。

①在电脑桌面上点击"开始"→"运行",在弹出对话框中输入"cmd"→确定;在DOS窗口输入"telnet 交换机 IP 地址"→回车;在新界面下输入密码进入交换机。

②点击桌面上的"SecureCRT"软件,在弹出窗口中选择"交换机 IP 地址",并点击"连接";输入密码进入交换机。

(2)参看端口信息

①进入交换机后,输入:"enable"(进入特权模式)。

②输入"show ip interface brief"可以查看交换机所有端口状态,只有当"Status"、"Protocol"全部显示为"UP"时,端口状态才是正常的。

(3)对端口进行激活操作

①输入"configure terminal",进入配置模式。

②输入"interface FastEthernet0/3"进入需要配置的端口(以进入第3电口为例)。

③输入"shutdown"关闭端口。

④输入"no shutdown"激活端口。

⑤输入两次"exit"退出配置模式,回到特权模式。

⑥输入"show ip interface brief"查看刚才激活的端口状态"Status"、"Protocol"是否全部显示为"UP",若没有激活说明端口并非是假死状态,查找其他原因。

【任务3】GSM-R系统的网络优化

一、任务描述

认知GSM-R系统的网络优化,掌握GSM-R系统网络优化的方法与流程。

二、所需设备与工具

GSM-R系统设备、GSM-R和GPRS无线网络路测仪、GSM-R和GPRS信令分析仪、测试接收机、便携式场强测试仪、GSM-R/GPRS测试手机及测试卡、基站系统时钟校准仪、天馈线测试分析仪、天馈线及漏缆专用工具、数字兆欧表及数字万用表等。

三、操作步骤

(一)GSM-R系统网络优化认知

GSM-R系统网络优化是指对正式投入运行的GSM-R网络进行参数采集、数据分析、找出影响网络运行质量的原因,并且通过参数调整或采取某些技术手段使网络达到最佳运行状态,实现网络资源配置的最优化,为铁路运输提供良好的通信保障。

网络优化主要包括无线网络优化和交换网络优化以及传输网络的优化。铁路GSM-R网络优化包括系统重大维护和重要工程参数的修改,并侧重于无线网络优化,即覆盖优化、干扰分析和优化、切换性能优化。

网络优化是高层次的维护工作,是通过采用新技术手段以及优化工具对网络参数合理调整,从而提高网络质量的维护工作,因此网络优化是提高网络服务质量的关键。

(二)GSM-R系统网络优化管理流程

网络优化工作是通过采集网络的信息和数据,分析网络存在的问题,对网络进行合理调整,改善网络的性能。网络优化管理流程如图 10-8 所示。

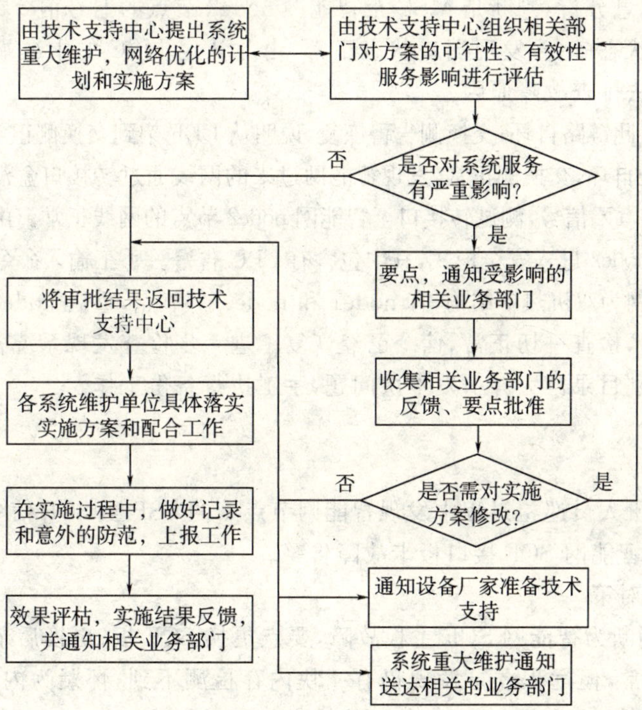

图 10-8　网络优化管理流程

(1)数据收集。通过用户申告汇总分析、网络测试、网络规划、数据核查、系统数据检查及统计数据分析等方面进行相关数据的收集。

(2)数据分析。对收集得到的数据进行分析,判定存在的问题。

(3)制定和实施优化调整方案。根据数据分析所发现的问题,制定和完善优化调整方案以及防止方案失败的应急保障措施。

(4)方案上报审批、要点实施。报请上级技术主管和主管领导进行方案对系统影响的评估,预先通知受影响的相关业务部门,综合各部门的反馈意见后,对实施方案进行调整。对于影响铁路运输使用的操作,必须向铁路有关部门申请要点。

将审批后的实施方案返回给维护操作单位实施。同时将批准的维护操作日期,时间和对系统的影响通知相关的受影响业务部门。

(5)优化效果的评估。优化方案实施后,要加强测试、统计与分析,注意进行方案实施前后效果的比较。如达到预期目的,则本次优化工作结束并进行总结,否则应继续进行优化调整,直到完全达到预期目的。

【故障案例 A】GSM-R 系统设备故障案例

一、交换设备故障案例

(一)案 例 一

1. 故障现象

××线交换网管显示 MSC 的 1 号中继板 36 端口的中继链路告警;智能网管显示信令链路告警。

2. 原因分析及对策

(1)根据告警信息分析，判断是MSC至智能网node2节点的七号信令链路中断，在交换网管上执行查看端口状态命令，发现端口状态正常，由此认定MSC的中继端口没有问题，网管机房人员通过环回法排查故障原因。

(2)在DDF架将此链路自环，交换侧告警恢复，说明从DDF架到交换侧正常；在DDF架至智能网之间的转接口盒处自环，交换侧正常，发现智能网过来的网线通过转接口盒没有TX(发送)信号，更换转接口盒仍没有TX信号，测试转接口至智能网node2节点的网线正常。由此判断认为SCP侧没有信号发送消息，node2进入安全模式，其中包含有CPU告警。手工输入命令boot后系统自动重新启动(××线智能网为双机热备结构，有node1和node2个节点，重启node2不影响业务)。

(3)启动完成后，检查一切正常，信令已经恢复。进一步检查发现系统备份一直没有进行，该情况导致系统个别目录巨大并引发本次问题，手工执行备份工作。

(二)案 例 二

1. 故障现象

××线机房值班人员巡检过程中发现智能网节点1的SSP至SCP信令中断，且未能切换到节点2，同时发现智能网SCF接口板卡故障告警。

2. 原因分析及对策

(1)维护人员判断为智能网SCF主板故障，要点更换SCF板；更换后节点1恢复正常，节点2信令和进程正常，但远程登录发现仍有4块内存检测不到，怀疑为内存卡槽触点接触不良。要点处理智能网内存接触不良问题，倒换内存位置后测试恢复。

(2)本故障由智能网设备引起，由于智能网SCF接口板卡坏，导致智能网节点1无法成功切换到节点2。更换接口板后，节点1故障恢复。节点2信令和进路正常。

二、分组设备故障案例

(一)案 例 一

1. 故障现象

××线核心网维护人员发现无法从SGSN的网关终端登录到GGSN，但可以PING通。

2. 原因分析及对策

(1)首先用笔记本电脑连接到局域网交换机的某空闲端口上，然后选择一个空闲的网管网段的IP地址设置笔记本电脑的IP地址，此时应该可以PING通局域网设备中的所有设备的IP地址，包括GGSN的网管IP地址。其次，在笔记本电脑上尝试登录到GGSN的操作平台地址，登录不成功。初步判定非网络原因造成不能登录。

(2)用笔记本电脑连上GGSN的CONSOLE口，打开超级终端，执行相关的命令，根据显示信息，判断GGSN数据没有错误，从GGSN的数据库中可以看到有exec-timeout数据。如果Telnet的会话不能正常释放就容易造成会话连接被吊死，出现有exec-timeout数据，从而出现登录不成功的情况。经过分析确定是GGSN上的登录进程被吊死，利用相关维护命令清除所有的Telnet会话连接，问题得以解决。

三、无线设备故障案例

(一)案 例 一

1. 故障现象

××线某基站EDU(合分路单元)支路低噪声放大器告警。

2. 原因分析及对策

EDU 板坏，更换 EDU 板后恢复。

(二)案 例 二

1. 故障现象

××线某基站载压驻波比告警。

2. 原因分析及对策

合路器坏，更换后恢复。

(三)案 例 三

1. 故障现象

××线 QZ182ADRX-LINK 告警，DRX0 退服，未影响行车。

2. 原因分析及对策

DRX 板卡故障，更换板卡后恢复。

(四)案 例 四

1. 故障现象

××线某城 A 无线链路告警，未影响业务。

2. 原因分析及对策

载频板故障，更换载频板后恢复。

(五)案 例 五

1. 故障现象

××线 B 网某基站 EDU 严重驻波告警，TRX 关功放告警。

2. 原因分析与对策

塔上功分器坏，更换基站塔上功分器后恢复。

(六)案 例 六

1. 故障现象

M 到 N 台发生通信超时。

2. 原因分析与对策

(1)通过三个接口数据发现 QZ030A 信号覆盖发生较前期有所下降。检查了基站 QZ030、QZ031 的场强、驻波比、天线方位角，都没有变化。

(2)检查直放站 QZ2030R1 的驻波比是 10.57(标准值小于等于 1.5)，不符合标准，检查馈线发现馈线和天线的接头松动，紧固后驻波比恢复正常，故障消除。

(七)案 例 七

1. 故障现象

××线路测过程中，手机占 8212 小区，TA=0，手机平均接收电平为－92 dBm，话音质量为 5-7 级毛刺。

2. 原因分析与对策

(1)此路段属于 8212 覆盖范围，在占用频点 1012 所在载频的 TCH 信道时，TA=0，手机平均接收电平为－46 dBm，话音质量良好；而在占用 1014 所在载频的 TCH 信道时电平异常的低，初步怀疑此硬件存在隐性故障或跳线连接方式有误。

(2)检查该小区载频、合路器是否存在硬件隐性故障。维护人员经检查发现合路器连接方式有误,修改后正常。

(八)案 例 八

1. 故障现象

切换时间过小,××线 K460 至某段 LOCOTROL 中断。

2. 原因分析与对策

通过 Abis 接口监测系统的分析,在 K460 和某段隧道西口之间由于距离仅 1 km,导致切换重叠区较小,使得在隧道口无法切换,2008 年 1 月 22 日,在 BSC 网管对 K460 往某段切换的统计时间改小,使 K460 往某段切换的判决时间提前,更易切换。修改完参数后,中断情况有了明显的改善。

(九)案 例 九

1. 故障现象

××线 K195 至某区段乒乓切换造成掉话。

2. 原因分析与对策

(1)通过 Abis 接口监测系统的分析,中断的地点多发生在 K195 至某区段和某基站及某直放站之间,中断原因为某上行质量差,发生切换时失败或由网络正常清除而造成通信中断。

(2)将某 B 网基站改为与 A 网基站同层同级,随后观察发现,某 B 的上行质量好于某 A,但电平强度没有某 A 的高,所以将某 B 向某 A 的 PBGT 切换门限由 70 改为 80,通过调大切换门限避免了留驻在本小区 B 网的用户再切回 A 网,即降低了乒乓切换,修改后中断次数明显减少。

(十)案 例 十

1. 故障现象

T24/055 列车在 M 至 M 西间通信发生一次通信超时。

2. 原因分析与对策

(1)怀疑 QZ580 和 QZ580R3 可能存在同频干扰。将 QZ580R3 直放站 A 网上行增益降低 15dB,降低 QZ580R3 对 QZ580 的同频干扰。

(2)同时将 QZ580R3 直放站 B 网上行增益降低 10dB 整改后该点未发现通信超时。

【故障案例 B】GSM-R 业务故障案例

一、案 例 一

(一)故障现象

××调度反映,某车站值班员用车次功能号呼叫 N 次动车司机,呼叫不通。

(二)原因分析与对策

(1)通知北京核心网机房查询 SCP,查询到 N 次动车车次号同时被 A、B 两个用户注册,××机房根据这两 MSISDN 号进行呼叫,B 用户关机;A 用户被呼通,确认是 N 次动车的司机。

(2)××机房根据这两 MSISDN 进行呼叫,其中一个关机,是由于关机的用户在跑完 N 次动车入库后,没有按程序从网络注销车次号,从而致使下一个机车在跑相同的 N 次动车时,智能网存储了不同用户注册相同车次号的数据,导致调度无法通过车次号呼叫到司机。

二、案 例 二

(一)故障现象

××线行调反映,调度台有紧急组呼用户呼入时,调度台出现报警声音(为 299 紧急组呼),调度员选择挂断,调度台会弹出话框显示“在 GSMRDDT2M. exe 发生一个错误,请选择退出或者重启”,导致调度台死机。维护人员经调度员同意重启调度台后恢复。由于有助调台,不影响实际使用。

(二)原因分析与对策

本次调度台死机,实为异常的紧急组呼(即在很短的时间里,很频繁的发起和释放紧急组呼)出现,造成了调度台客户端软件的出错,从而导致其意外退出,引起死机。在紧急组呼呼入后,调度台会播放声音提示,时长大概有几秒钟左右,等语音播放完成后再进行接续,而如果在播放语音期间马上发拆除信号,调度台就会出错,由于以前没有考虑到紧急组呼会快速拆除,所以调度台在语音播放期间没有对线路持续进行判断(认为播放紧急组呼语音提示期间,调度台不会发生对本次呼叫接续的拆除),最终造成了软件的出错,导致调度台死机。

三、案例三

(一)故障现象

CIR 从 GROS 不能解析到正确的 GRIS。

(二)原因分析与对策

1. 通知北京核心网机房查询 GROS,在 GROS 的查询日志记录中可以看到终端 CIR 对 GROS 发起了请求,但返回 GRIS 值的字段(返回的 GRIS IP 地址)显示结果为空,可以定位到 GROS 对 CIR 送上来的数据无法正确处理导致解析异常。

2. 由于各厂家的 CIR 的数据格式没有统一标准,CIR 在向 GROS 发送请求时的数据格式不完全一致,导致 GROS 在处理请求数据时可能出现错误,不能正确解析。具体数据可在 GROS 日志记录中的数据内容字段查到。比如部分 CIR 送上来的数据少两个字节,需要 CIR 厂家升级处理。

3. 目前 CIR 都有预置的 GRIS 地址,当解析不正确时 CIR 会使用默认的 GRIS 地址,因此此类问题基本不影响使用。但如果机车发生转线运行,进入不同的调度区段(CTC)时,使用的 GRIS 也应该变化,这时再使用默认 GRIS 地址就会发生机车无法与正确的 CTC 通信(GPRS),出现通信故障。

自我检测

1. 简述铁路 GSM－R 系统的构成及功能。
2. 简述 GSM－R 系统的功能及铁路应用。
3. 说明 GSM－R 系统设备维护项目及内容。
4. 说明 GSM－R 系统设备障碍处理流程。
5. 说明 GSM－R 系统网络优化的流程。

参考文献

[1]钟邦旺．武汉铁路局武广客运专线干部培训系列教材(电务部分)．2009．

[2]北京全路通信信号研究设计院．ZPW－2000A轨道电路设备说明书．2008．

[3]北京铁路信号工厂．客运专线ZPW－2000A型无绝缘轨道电路设备(用户手册)．2006．

[4]北京铁路局太原电务器材厂．ZY(J)系列电动液压转辙机使用说明书．2006．

[5]林伟．S700K－C型电动转辙机及EIJP319密贴检查器的使用与维修．1999．

[6]北京全路通信信号研究设计院．计算机联锁设备说明书．2009．

[7]中国铁通集团有限公司．铁路GSM－R数字移动通信系统维护管理办法(试行)．2006．